支付金融大未來

SWIFT 環球銀行金融電信協會前執行長
Gottfried Leibbrandt
戈特弗里德・萊勃朗
Natasha de Terán
娜塔莎・德特蘭 著

游懿萱、曹嬿恆、吳慕書、王怡棻 譯

How Changing
the Way We Pay Changes Everything

THE PAY OFF

前言 006

PART 1 移動的錢

CHAPTER 1 什麼是支付？ 014

CHAPTER 2 如果錢不會移動，那要如何使世界運轉？ 024

CHAPTER 3 沒這麼簡單：支付的重大挑戰 029

PART 2 金錢的歷史

CHAPTER 4 現金之謎 036

CHAPTER 5 現金戰爭 046

CHAPTER 6 神奇的塑膠：信用卡的來臨 056

CHAPTER 7 發明之母：卡片技術的進步 063

CHAPTER 8 打造塑膠卡：從信用卡到簽帳卡 074

PART 3 支付的地緣影響

CHAPTER 9 地理的牢籠：支付習慣為什麼有民族性？ 082
CHAPTER 10 白手起家：中國與肯亞如何將支付行動化？ 094
CHAPTER 11 無敵印度：瘋狂的支付革命 102

PART 4 支付的經濟學

CHAPTER 12 花錢來付錢：支付的隱藏成本 110
CHAPTER 13 搬錢就能賺錢：誰能從支付中獲利？ 119

PART 5 移動大筆金錢

CHAPTER 14 如何偷走一億元？：詐騙與竊盜 130
CHAPTER 15 隱形管道：支付背後的機制 142
CHAPTER 16 我們為何需要央行？ 151
CHAPTER 17 跨境支付：要是錢從不流動，你怎樣送到國外？ 165

PART 6 科技革命

CHAPTER 18 不速之客：挑戰銀行的角色 184
CHAPTER 19 刷卡獲利：收購方的崛起 191
CHAPTER 20 現在生活，以後付款：隱形的魅力 201
CHAPTER 21 新時代的黑金？數據的重要性 209
CHAPTER 22 我們信仰程式碼：認識加密貨幣 220
CHAPTER 23 科技老大哥和銀行加入混戰 240
CHAPTER 24 成年人的加密貨幣：中央銀行走向數位化 250
CHAPTER 25 開放造訪或自成一國：支付網絡如何競爭客戶？ 259

PART 7 政治與監管

CHAPTER 26 誰是幕後推手？法規與監管機構 270
CHAPTER 27 歐洲統一對外口徑：歐盟監管機構重塑支付之道 279
CHAPTER 28 支付是如何成為一項武器？ 285
CHAPTER 29 追著金流跑：支付路徑與打擊金融犯罪 298
CHAPTER 30 支付無門：被排除在支付系統外 310

結語：未來情況會如何？ 315
致謝 321
參考書目 324

前言

你上一次花錢是什麼時候？

應該是不久之前。平均而言，大家每天都會花錢一次，不過多數人花錢的次數遠多於這個數字。但你有多常想到支付的過程呢？

支付是免費的嗎？誰看到你在支付，過程當中他們會獲得多少資訊？金錢如何移動？收款人何時會實際收到款項？他們收到多少？在過程當中，有多少機構、機器或是人員參與金錢的流動中？這些如何連結在一起？誰替他們付款？誰控制他們？如果系統無法運作，那結果又會如何？

如果你特別留意，就會發現支付的行為無所不在。在收銀台前，你可能會使用硬幣、信用卡或手機支付。在網路上，你會把虛擬購物車推到虛擬收銀台處，使用你的虛擬信用卡。沒錯，就是如此。比較少人注意的，是你用定期支付或是直接從帳戶扣款的方式支付每個月的房租、貸款、水電費等。更少人注意的，就是你在亞馬遜網站上付費看電影，或是搭乘 Uber 的時候。無疑地，一些絕頂聰明的人正不斷努力的把我們的支付方式變得更容易。

據說金錢就是讓社會能夠超越史前部落的三個抽象概念之一（另外兩個是宗教與文字書寫）。我們都知道錢很重要，即使我們對錢扮演的角色不怎麼感興趣也一樣。但錢最終的目的當然就是要使用，用來支付，這也就是為什麼我們多少都該了解支付運作的方式。

支付可能不怎麼有趣，但卻非常強而有力，也非常重要：我們如何支付這件事，對日常生活有著實際且深遠的影響。支付的方式對了，經濟活動就會欣欣向榮；支付的方式錯了，經濟活動就會遭到扼殺。沒有支付，錢就不會發揮作用，如果錢失效了，我們的經濟與社會就可能（或者恕我直言，是就會）失去作用。想像一下貨架上沒有食物，油泵沒有油，沒有供電網的情形，還記得美國記者阿弗雷德．亨利．路易士（Alfred Henry Lewis）所說的話嗎：「人類與混亂狀態之間的距離只有九餐之遙。」我們與其說是那條不可跨越的準則，不如說是我們間的支付系統以及法律規範完全崩壞的距離。

支付的豐富程度與重要性，使這個議題在任何時候都攸關重大，但今天更值得我們探討，因為支付的「當下」比過去更令人興奮。改變的速度很快。各國或是各州幾乎在一夜之間就推翻了過去的習慣，錢潮以前所未有的方式湧入該產業。

支付很可能是簡單且即時的動作，但我們今日所選擇的支付方式卻會帶來深遠的影響。我們支付的方式正在改變，運用的支付工具也在改變，這些改變的結果讓我們不僅使用錢包；新的支付方式讓我們能夠用前所未有的方式花錢與借錢。這些都太重要了，不容我們忽視或是留待專家面對，這也就是本書要探討這個主題的原因。

改變支付方式同時帶來了風險與機會。科技改變了全球的支付方式，但卻沒有一體適用的解決方法，因此風險相當高。

我們的社會是貨幣的社會；因此，這仰賴大家用錢。可選擇的支付方式決定了是否、在何處以及如何融入社會。要用錢，你就必須能夠移動錢，但如果我們選擇了自私的支付方式，導致社會的某些部門無法再這麼做，結果會如何？如果無現金的數位支付選擇，使得大都會的人口承受不公的沉重負擔，甚至排除那些鄉村地區的居民、窮人、老年人、或是數位弱勢者，又會如何？如果某些人無法付款或是收款，那麼他們在社會當中如何擁有籌碼？

接著就是教育與節儉的問題了。如果小孩都碰不到錢，那麼我們要如何教小孩節儉？如果我們沒有看到數字，更沒有支付的慘痛經驗，又怎麼會規劃預算？那些想要分期付款的人，在瘋狂的人群中摩肩擦踵的人，以及那些投資與規範支付的人，仍沒有完全了解分拆與重新包裝支付款項的後果。

我們的支付方式，決定了誰能夠取得我們的資料，在支付的時候會有什麼風險，以及要付多少錢給支付的服務。這是由於改變的並非支付方式本身，也包含了背後支持支付方式的系統，以及擁有那些系統的人。除此之外，支付的經濟也在改變當中，支付的政策正在改變，支付方式背後的力量也在改變。我們支付方式的每個部分，都有著多方角力，例如央行與社群媒體龍頭。我們做出的日常支付選擇，都預示著我們未來的支付方式：我們所有的選擇，會決定哪些群體能從支付當中獲得多少利益；誰「擁有」支付的權力，以及如何運用這種權力。這些改變的潛在影響與分支影響相當大，可以說是難以估量。

接著就是支付方式的多元性。個人痛苦平凡的支付方式很可能只是個人的事，但是整體而言卻是強而有力、具有政治性且往往無所不在。支付的世界是全球性的，但支付的體制卻與地方有強烈的關聯。支付的行為是立即的，但是收到支付款項的時間往往慢到令人挫折。這是多方規範形成的雙邊作業。支付同時包含了操作與流程：可以是實體有形的，數位或類比的，古老或是最新的，有時候同時並存。支票很可能是老派的支付方式，但是在處理時卻需要最新的影像技術。

支付的市場（可說完全不是個市場）同時是集中與分散的。支付的款項同時流向來自約世界兩百多國約兩萬五千間銀行，但幾乎每一筆跨國的支付僅經由十五間銀行之一。當中包含了許多技術，但僅有一些技術是所有支付都需要的。支付的網路既是單數也是複數的：就像網路是單一的系統，但結合了大量的子系統。

廣大系統的一些部分多到難以勝數。目前沒有已知的資料記載這些主要的支付方式，這些數字與大小會讓交易癱瘓。支付可能是不記名或記名的，或者在加密貨幣的狀況下是兩者並存的：比特幣的交易是匿名的，但所有人都看得到。系統同時是透明也是不透明的；既乾淨又骯髒，壞人可以用，好人也可以用。

支付當中包含了國際間的錯綜複雜關係，地理政治關係，搶劫以及法院的攻防，這些一點都沒有少。

藉由破壞支付程序以獲取不法利益的情形也在所多有，同時包含了高科技與低階的手法。還記得《終極警探3》（*Die Hard with a Vengeance*）電影當中的情節，那些壞人想要從紐約央行偷黃金的場景？二十年之後，北韓的駭客深入孟加拉的央行網路，想從央行的帳戶當中獲取十億美元。接著還有高盛最低階的助理在高階合夥人的眼皮底下，用不起眼的支票簿盜取數百萬英鎊。還有鑽石大亨尼拉夫·莫迪（Nirav Modi）用古老的支付工具並且夥同內部人員從印度旁遮普國家銀行偷取十五億美元。支付方式是通往金錢的通道，因此總是多方的目標。

支付方式之所以重要，不只是因為能夠做什麼，還有當中包含的資訊：支付當中的資料當然是那些想利用資料獲利者稱頌的標的，同樣也讓相關機構在追蹤恐怖分子或軍火交易時讚不絕口；同樣的，那些想要在經濟或地理政治取得優勢的國際人士，同樣也高度讚譽這些資料；追查逃稅者的政府機構也是如此，更不用說那些懷疑配偶出軌者想要攤牌時用來當作證據了。

相對而言，由於隱私權條款，擁有權限制，累積整理相關資料的挑戰，我們的支付資料不可能像個資那樣被廣泛使用。但在獲利與政治權力岌岌可危時，很難說銀行會永遠如此。

最後在少數國家當中，支付與存款體系是合而為一的。銀行「擁有」支付體系，享受著兩者的好處。但銀行並沒有支付的神聖權利。支付與風險、流動性、技術、網路、體制有關。銀行非常擅長前兩項（風險和流動性），中間兩項（技術和網路）則表現一般，在第五項（體制）則沒有比其他機構好；你大可以說科技公司是他們的鏡像，這些公司在技術與網路方面發揮主要專長，擅長建構體制，但卻沒有風險與流動性的專業，不過現在他們卻涉足支付這一塊。他們擁有網路的力量與行銷知識，將存款與支付一分為二，改變我們目前習慣的付款方式。輕鬆就能支付有助於刺激商業活動，但把支付和銀行服務拆開會造成其他後果，目前很少有人想到這點。

社會「認為」的金錢世界運作方式及其「實際」的運作方式之間存在著鴻溝，最後往往會讓整個社會付出代價。就像把戰爭的責任全留給將軍扛實在太過沉重了一樣，金錢與支付的責任全由專家一肩扛起，同樣也太過沉重。在金錢的世界當中，沒有什麼比支付對日常生活造成的影響更大，也可以說金錢中的支付是最常遭到忽略的。我們希望藉由本書彌補這個部分，縮小我們對支付的依賴與對支付認知之間的鴻溝。

PART 1

移動的錢

什麼是支付？

在南威爾斯朗卡嫩塔夫谷地中，有座名為佩尼宛（Penywaun）的小村莊，村民僅有一千五百人。座落在英國經濟最落後的地區，該區的地貌限制了兩個方向的往來，不能上山或下谷。這個小村落以擁有郵局、雜貨超商與咖啡館自豪，但卻罕見其他經濟活動。對許多居民而言，取得現金很重要，但唯一的來源僅有郵局，且只在平日的上班時間以及星期六早上營業。最近的自動櫃員機（ATM）在一點五英里外，必須開車開個十分鐘，或對那些喜歡活動的人來說，來回走上一個小時可能沒問題。不過，其中一半的家庭沒有車輛，三分之一的人有著讓生活受限的疾病或是失能問題，因此這個方法並不適用於所有人。當地有公車，但卻需要額外的費用，對該村落的經濟體來說也是如此。既然要取得現金有好一段距離，那麼大家比較可能在哪裡花錢呢？是在提款機附近，還是回到非常需要現金的村莊呢？[1]

在倫敦中部則沒有缺提款機的問題，但這種情形在二〇一〇年時，對朱利安·亞桑傑（Julian Assange）卻仍幫不上忙。當時的他因為在瑞典遭到起訴而向英國警方投案。亞桑傑同時也因為發布美國外交電報而遭到美國通緝。他成立的維基解密公布了數十萬則美國國務院與大使館間的外洩訊息。也因此PayPal、Visa、萬事達卡（Mastercard）與其他機構拒絕處理捐給維基解密的款項。[2]因為無法取得資金，亞桑傑與他創立的機構都無法支付帳單款項，甚至無法付費給儲存解密資訊的伺服器主機。無論你認為亞桑傑或維基解密如何，當時他只是遭到刑事「起訴」，無涉金錢，也還沒有正式的法律審判，但私人公司卻決定撤回他取得金錢的管道。除了亞桑傑與維基解密之外，類似的資訊戰爭（例如美國極右派的「新聞」網站）以及Pornhub（色情影片網站）都曾經遭到類似的「阻擋支付」情況。無論你覺得這個團隊如何，請你想想那樣的行動實質上會讓審查權落入私人企業當中。

對我們大部分的人而言，能夠支付這件事非常不可能成為我們要擔心的事，甚至根本連想都沒想過這件事。老實說，你是否曾經實際擔心過你或是其他人「能夠」付款或是「能夠」收

1 佩尼宛是布里斯托大學進行一項研究的對象，研究主題為〈取得現金管道的地理〉。

2 這是他在倫敦厄瓜多大使館躲藏七年（二〇一二～一九）之前發生的事。

款這件事？相較之下，其他諸如基本收入、負債、存款、年金、貧窮等問題，無論這些是否影響你個人，都普遍得多，大家也比較能夠理解，比較像是日常生活會聽到的主題。

因此，支付到底是什麼，對於每個人來說都很重要，無論是對威爾斯小村莊的居民或是國際逃犯都一樣。

伯特蘭·羅素（Bertrand Russsell）最著名的事蹟，就是在他的《數學原理》（*Principia Mathematica*）一書中花了七百頁的篇幅來定義數字「1」。就像數字1，支付的概念看似再明顯不過了，就是任何錢從一方到另一方的動作。但當然還不止如此。這裡我們不會寫出長篇的正式定義（雖然我們很可能要花個一百頁左右來寫），不過簡單看一下，就法律而言，支付實際上「是」什麼，卻相當有用。

在法律上約略地說，支付就是「清償債務的一種方式」。[3]債務可能要很費力地用「一磅的肉」來償還，或者如果你正好迷上園藝，那麼就用鬱金香的球莖來還，[4]不過，大部分的債務都是用錢來清償。我們想到錢作為法定貨幣的概念時，這點就息息相關了。這並「不」代表商人必須接受一百元的鈔票，也可以回絕所有的現金；只不過意味著一百元鈔票是解決債務的合法方式。

在馬克吐溫的短篇故事《百萬英鎊》（*The Million Pound Bank Note*）當中，年輕的亨利·亞當斯（Henry Adams）透過持有絕無僅有且無法將價值兌現的紙鈔而過了三十天（但實際上卻沒有用紙鈔付款）。我們很少有人願意只把錢當作最終支付的象徵，但小型簡單的經濟體基本上可以在沒有支付的狀態下存活下去。他們可以追蹤誰欠誰什麼，信任相互之間的義務會在經過一段時間之後兌現，也可以取消。

我們最喜歡的故事，是一位旅客在小島上入住旅館，並且預先用一百美元付款。旅館的老闆用這張紙鈔來支付給肉販的債務，而肉販則用來支付給農夫的錢，農夫用來付修車廠幫他修理曳引機的錢，修車廠則用紙鈔來支付上個月在旅館替女兒舉行婚禮的費用。在這些發生之後，顧客來到櫃檯前，說他要改變心意，不住了。旅館老闆把一百美元還給他，他就離開了。一切一如往昔，只不過小島上所有的債務都解決了。

想像一下如果這些債務都懸而未決，如果肉販沒有付款給農夫，農夫沒有付款給修車廠，以此類推。不久之後整個島很可能出現暴力事件，變得失序失控。

無論規模大小，我們今日的經濟體都是又多又複雜的，並且相互連結，唯一的例外可能只有北韓；那個小島的系統很聰明但無法適用在我們身上，但是支付方式則可以。

3 如同莎劇《威尼斯商人》（*The Merchant of Venice*）中的放高利貸者夏洛克（Shylock）所說的一樣。
4 十七世紀荷蘭黃金時期的一小段時間裡，時尚鬱金香的球莖價格超過普通工人一年的薪資。

實際上，支付方式運作得相當順利，現代的經濟體對支付的需求就像需要水、電、能源一樣。沒有順暢運作的支付方式、金融市場、貿易、聘雇、失業，整體的功能就會受到阻礙。請看看在新冠肺炎封城的狀態之下，你們國家當中的主要工作者是誰，你就會發現那些負責處理支付的人員名列其中。除非你能過著完全沒水沒電的生活，並且完全自給自足且孤立，否則你就必須能夠付款，同時（我們絕大多數的人）也需要接收他人支付的款項。

如果能夠使用支付系統對大家都很重要，那麼我們現在以金錢為主的社會首先就必須確保具有良好的系統，其次就是每個人都能夠使用這個系統。在本書稍後的章節當中，我們會談論這些系統如何運作，以及是否發揮良好的作用。

雖然能夠使用銀行系統被視為國家發展的重要部分，也能夠讓人民脫離貧窮，但卻不像能夠支付一樣是基本需求。支付和銀行體系不見得兩者同時發展，但對許多人來說，沒有銀行帳戶，那麼支付就只剩下現金這個選項。他們無法輕易地使用遠端付款，也比較容易貪汙（例如將款項付給政府的中間人），無法領得利息，並且面臨保存現金的風險，例如遭竊或是通貨膨脹。

發展中的經濟體在近年來已經進步迅速，有越來越多公民進入金融體系當中，脫離倚賴現金的維生方式。但他們最大的進步，是把數位支付方式推展到最貧窮且偏遠的鄉村地區。

已開發的經濟體擁有自己的無銀行帳戶人口，有少量的人長期以來只靠現金過活。現在這些人（以及可能還有其他人）可能有被重要金融服務，也就是支付的系統，排除在外的風險。

諷刺的是，在開發中國家促進金融活動的事物，在已開發國家當中可能會增加遭到金融服務排除在外的風險，也就是科技與電子支付。同樣是脫離現金，很可能對開發中國家的弱勢地區有幫助，例如非洲的路沙卡，但可能對大城市路易斯維爾、利物浦、里昂來說反而是有害的。

我們的每一次與每一筆支付都會對未來的支付造成影響，決定未來結帳的方式：是否接受支票，以及應在何時與何處配置現金。如果不使用現金的趨勢在英國與瑞典等國家不斷擴大，那麼商店就會不再接受現金，ATM就會消失，那些沒有銀行帳號且仰賴現金的人就無法付款或收款。

大家無法支付的時候，就會尋找替代方式。如果被逼急了，可能會去偷去搶，但在雙方同意且文明的情況下，你要用什麼支付，以及你準備要接受什麼，取決於你和借方、貸方之間的協議。我們用什麼來解決雙方的債務並不重要，只要雙方能接受即可。如果你無法支付房貸的利息，銀行會取得你的房子。戰爭時，大家經常使用以物易物的方式。在納粹占領荷蘭時，整個影子經濟有效地支援了荷蘭對抗納粹。擔任支援抵抗的財務主管是銀行家瓦拉文・霍・范海爾（Walraven van Hall），他想出了兩個當地的策略來規避統治的政權。

首先，他找到一種向銀行與荷蘭富人借錢的方式。這些人會收到一文不值的舊股票作為投資的證明，也就是他們支付的基爾德（荷蘭貨幣）投資額。范海爾的承諾與這些人的希望，就是在戰後他們能夠用這種「貨幣」把錢拿回來。他們認為這是筆好交易。但在戰爭結束之後，荷蘭政府凍結了所有的戶頭，並且宣布廢止鈔票。范海爾的多位金融家已經換到了可用的紙鈔，這些如果當初用來買以為之後可變現的股票，就會落得血本無歸。

其次，在荷蘭流亡政府的核可下，范海爾犯下了荷蘭史上最大宗的詐欺案。在央行內神通外鬼的情況下，他從金庫取出議定的五千萬荷蘭基爾德（約等同今日的五億美元）鈔票，把原本的換成偽鈔，用這筆資金來挹注抵禦外敵。在戰爭之後，這些借款都妥善地清償了。[5]

一九七〇年代愛爾蘭銀行罷工之際，該地區的經濟主要靠著未能立即兌現的支票存續下去。在超過六個月的時間裡，該地區的人民有效地印製了自己的鈔票。在二〇二〇年上半年，新冠肺炎爆發之後，現金流出了巴布亞紐幾內亞的部分地區，居民就必須仰賴「塔布」，也就是一串串海螺殼來交易，計算的方式以手臂長度為單位。萬一你臨時有需要，那麼一個手臂半長的塔布可以買到一包米，在我們虛構的島嶼上，四處流通的是鈔票，但流通的也可能是黃金、鹽、木棒，甚至是香菸，這些或多或少都可以當作貨幣。這正是造成問題的一點。身為消費者，我們可以隨意選擇雙邊支付的方式，商人和公司也可以。但我們選擇造成的影響，遠超過我們自己：誰從支付當中賺錢，怎麼賺到的，誰掌控了支付的力量，以及誰決定我們支付的未來。我們的選擇可能會讓其他人無法付款或收款，我們忽略這個可能性，很可能也必須承擔後果。

要了解這是如何進行的，回顧當初支付最早出現的情形，對我們會非常有幫助。傳統的經濟理論認為貨幣也就是支付的工具，是隨著時間慢慢進化的，從具體的方式慢慢變成抽象的方式。部落社會為了簡化以物易物的方式，選擇一種少見且具有價值的商品來交換其他物品。這類商品貨幣，例如貝殼或是黃金，不屬於任何人的負債，這種特色對那些將債務視為萬惡根源或是金融之惡的人來說，具有特殊的吸引力。

大衛・葛瑞伯（David Graeber）等人擁護的對消理論，主張債務在貨幣之前，最初大部分的貨幣都是可交易的債務。[6]這些經濟學家的理論看來似是而非，但人類學家這邊似乎有著部落社會行為的事實佐證，無論在過去或現在都是如此。人無法住在伊甸園裡，用貝殼進行交易。生命是負債，也是齷齪、殘酷、短暫的。

我們的生命有可能比較長，但是負債並沒有比較少。我們現在的貨幣都是「債務貨幣」，代表另一個人支付的義務。比方說我放在花旗銀行的錢，或多或少都可以說是花旗銀行對我的負債。如果我從花旗銀行的帳戶，支付款項到你的滙豐銀行帳戶當中，我實際上做的事，就是把花旗銀行對我的負債，轉變成滙豐銀行對你的負債。

我當然可以（暫時）不要用現金付款給你，但是我口袋當中的鈔票卻是發行央行對付款的

---

5 很可惜范海爾活得不夠久，無法親眼目睹。一九四五年初，他遭到背叛與處決。

6 公道地說，債務貨幣的理論最早是在十九世紀末，二十世紀初由經濟學家亨利・當寧・麥可里歐德（Henry Dunning McLeod）與阿弗雷德・米契爾印內斯（Alfred Mitchell-Innes）提出來的。

紙本承諾。我們可以打趣地說，如果我們把央行自己的鈔票給他們，但那些鈔票只不過是他們資產負債表上的負債而已，那麼央行會說什麼。可轉移的債務就是我們用來支付的東西，也是我們收到款項時得到的東西。

不同於貝殼或黃金等商品貨幣，這種我們的債務貨幣具有先天的預設風險，但卻沒有任何（進步的）經濟體能夠棄之不用。這也正是為何在亞歷山大・漢彌爾敦（Alexander Hamilton）變成一部音樂劇主題之前，他提倡創造聯邦債務來取代十八世紀末期各州東拼西湊的「欠條」。有鑑於初形成的美國經濟因為缺乏貨幣而停滯不前，他的用意不是要鼓勵聯邦為所欲為的借款，而是要創造高流動性的支付方式來促進經濟發展。[7]

或許說來有些諷刺，若要付款也就是要解除我們的債務，我們需要更多的「債務」。我們付款給債權人時，就是用貨幣取代我們對他們的債務，而貨幣本身也是另一種形式的債務。當然，這種取代行為的重點，在於我們的債權人偏好銀行欠他們錢（或是他們的央行，如果我們給他們鈔票的話），而不是我們欠他們錢。因此支付和貨幣的核心就是信任，或者說，不信任彼此之間的信用，也就是我們不信任彼此，但我們「確實」相信整個體系。經濟學家清瀧信宏（Nobuhiro Kiyotaki）與約翰・摩爾（John Moore）改編了聖經的話，用一句令人難忘的話點出這種情形：「邪惡是所有貨幣的根源。」[8]

7 除了是百老匯一齣歌舞劇的主題之外，亞歷山大·漢彌爾敦也是美國的「開國元老」之一，也是美國財政部的第一位財政部長。美國財政系統的許多基礎都是他奠立的。

8 在欽定版聖經當中的原文為：「貪財為萬惡之根」，〈提摩太前書〉，第六章。

CHAPTER 2

如果錢不會移動，那要如何使世界運轉？

在二〇一八年，一個轉變命運的下午，金融時報記者婕米瑪．凱莉（Jemima Kelly）用她的iPhone支付了倫敦一．五英鎊的公車費用。十五分鐘之後，查票員要查票時，她發現iPhone沒電了。在被要求出示付款證據的狀況之下，最後她提供了銀行往來紀錄佐證，但由於她的提款卡沒有在倫敦的運輸系統當中註冊，因此無法顯示她搭乘的趟次。接著就出現了一連串的官僚體系惡夢。無論當天她是否達到付款的上限，都必須面臨四百七十六英鎊的罰款，以及刑事訴訟（後來分別收到退款與撤銷告訴）。[9]

這個故事告訴我們，現代的支付方式首重「資訊」。語言很可能會造成誤會。我們提到支付時，說的就是移動金錢以及付出金錢：是有關管道與通道；有關流動與移動；有關軌道與路線；有關交通、旅行、運輸、轉移、傳送。所有的這些內容，都暗示了移動，但是說實話，大部分的支付方式，都是噱頭：就是分類帳目的項目改變罷了。此外，雖然科技的改變已經超越了我們的認知，英格蘭銀行副總裁約翰．肯里夫（John Cunliffe）說今日的支付方式，「就經濟上而言，等同於十八世紀銀行職員用於毛筆修改銀行的分類帳，一個帳戶計入借方，另一個計入貸方」，說的一點都沒錯。

凡有規則必有例外，這裡的例外，當然就是現金付款。如果你有銀行帳戶，你的現金交易，很可能會從ATM提款開始，並從帳戶當中扣除相應的款項。最終，會是商人把實體的現金存入銀行當中，在這裡所有的資金會進入帳戶當中。你的現金支付因此是把錢從你的銀行帳戶轉移到商人帳戶當中的迂迴路徑；分類帳再次改變。除了現金之外，錢並沒有真正的「移動」；擁有者的紀錄只不過是帳本上的項目改變而已。

黃金也是一樣。黃金很少移動。事實上，每一條金塊上，都有獨特的序號。你買賣黃金的時候，在大部分的情況下，只是轉移金條上的序號，或是金條的一部分，而不是金屬本身。即使是在金本位的狀況下，黃金大部分也只是帳本條目上的移動而已。上個世紀早期，全世界有

9 在使用零接觸支付時，英國倫敦交通局對於單日或單週支付的車費設有上限。在達到上限之後，無論你搭幾趟車都不會再向你收費。

許多黃金都存放在英格蘭銀行金庫當中層層疊起來的箱子裡，而有少量存放在美國聯準會。外國央行需要相互轉移黃金的時候，交易會記錄在英格蘭銀行或聯準會的帳冊裡，大部分時候，黃金本身並不會移動（雖然有時候可能會把金塊從一個箱子移到另外一個箱子當中）。兩次世界大戰以及一些事件之後，聯準會持有全世界最多的黃金庫存，而英格蘭銀行的庫存量則少了許多，但也適用同樣的情形。

在黃金「確實」移動的時候，必須要有詳盡的計劃以及昂貴的運輸成本。二〇一九年十月，波蘭的央行決定要取回二戰從華沙運到倫敦的黃金，市值四十億元。最高機密的行動包含了頂尖的警方部隊、包機、直升機，以及高科技火車，最後需要八趟夜間飛行的班機，經歷了好幾個月的時間，才把重達一百公噸的八千條黃金運回國。

銀行在帳面記錄方面，還是扮演了重要的角色。如果我是你，你和我都在同一間銀行有戶頭，那麼我的銀行只要從我的帳戶扣款，加入你的帳戶即可。這種「移動」的情形發生在銀行的分類帳當中。如果我們和其他銀行往來，兩間銀行之間仍然會根據個別帳戶進行加減，接著處理他們之間的付款方式。

視支付方式而定，銀行（與其他支付服務提供者）進行這些不同方式的清算，不過都與更改分類帳的帳目有關，最後成為了央行的分類帳，所有的商業銀行都列出了個別的結餘。

因此除了現金以外，今日所有的支付方式都是記錄在分類帳系統當中的債務帳目，這是幾世紀之前就已經發明的系統。這種古老的做法，藉由電腦系統中帳冊裡跳動的數字，賦予了現代的意義。

今日的支付方式與金錢脫不了關係，最終也必定與銀行有關。我們大可以把存放在銀行的存款想成是用來支付日常費用的來源。就是這些付款帳戶讓銀行能夠賺錢，這點讓銀行與其他產業大相逕庭。他們是怎麼辦到的？要了解這點，我們就必須稍微了解歷史的來龍去脈。

要了解銀行體系的起源，就必須了解中世紀晚期的歷史，以及維也納城區。因此，讓我們想像一下中世紀的商人總共存了一百枚的錢幣在田野廣場（Piazza del Campo）。銀行承諾會保存這些錢幣，在商人需要的時候就能夠提領。銀行同時也保證透過收到指示時，能夠在帳面上把錢幣從一個商人處轉移給另外一個商人。

一陣子之後，銀行了解商人的個性非常謹慎，因為他們至少會放九十枚金幣在金庫裡。銀行決定把這些錢借給其他商人來賺取放款的利息。因此，銀行把九十枚金幣當中的七十五枚借出去，並且收取百分之五的利息。理論上，可能會有商人同時領錢，要取回金幣的風險，但銀行認為，這點相當不可能發生，當然也想要賺取額外的利息。

商人仍然擁有一百枚他們存入的金幣。對他們而言，這是真正的錢，他們可以隨時用來付款。這就像錢包裡面有金幣一樣，還省去了攜帶的麻煩。在此同時，借款人也能夠得到七十五枚金幣供他們花用。因此，銀行透過收取存放的金幣來放款，就創造了七十五枚金幣。真的很神奇吧！

現在的銀行也是以類似的方式「創造」金錢。客戶把錢存在銀行當中，銀行用這些錢來放款。銀行把剩下的錢存入央行當中，確保具備足夠的流動性，以因應客戶提款的需求。銀行可以用現金放款，或者將款項存入借款人的帳戶當中。因此，銀行「神奇地」大筆一揮，就創造了許多錢，或者應該說揮兩次，損益平衡表兩邊各一次。在資產方加上一筆放款，例如為某間公司增加十萬元的放款，在負債方的活存或是支票帳戶當中記上同樣的金額，讓他們能夠花用。透過這兩筆，銀行就創造了十萬元的借款。

當然，這種神奇的情形也可能造成大災難。想想迪士尼的《幻想曲》（*Fantasia*）電影當中，米老鼠是魔法師的學徒。米老鼠在擁有新的能力之後，他創造了魔法掃把替他扛水桶，後來發現卻不斷變多，最後整個地方都是。雖然大部分的經濟學家都同意現代的經濟要是沒有創造金錢的銀行，那麼就無法發揮正常的功能，但是這種做法無疑地會造成景氣繁榮與蕭條，我們已經經歷很多次了。折衷的方式，就是允許魔法的存在，但是必須讓魔法受到控制。這也就是為何銀行的法規非常嚴格，以及央行非常重要的原因了。這些就是能夠防止學徒（銀行）把整個地方毀了的魔法師。

創造錢的能力，也讓銀行在過去幾世紀以來成為付款的核心。然而，漸漸的，我們付款的方式正在改變：新的科技撼動了這一切，新的競爭者競相提供傳統銀行體系的替代方案。銀行很可能需要付款，但是付款真的需要銀行嗎？

CHAPTER 3

沒這麼簡單：支付的重大挑戰

現在你很可能做出這樣的結論，認為所有創造金錢的魔法，只不過是銀行家製造的煙霧彈，目的是為了要讓他們的存在以及薪水有正當的理由。畢竟，是付款變成了數位帳本當中的位元之後，難道我們不應該把這件事情交由軟體工程師來處理嗎？這麼想的不是只有你而已。實際上，七百億元的支付新創公司「條帶」（Stripe）的基礎，就是認為支付的本質是「程式碼的問題，不是財務問題」：內建於七行的程式碼當中。不意外的，現實總是複雜許多，對條帶的支付方式來說也是如此。

任何支付方式，包含現金在內，都必須處理三個價值轉移原本就有的問題：風險、流動性、體制。如果我不知道你會出貨，我就「不會」付款給你，我沒有錢的話，就「不能」付款給你，除非我們都接受的付款方式，否則我「不會」付款給你。這就是支付方式出現的原因：現金、信用卡、支票、銀行轉帳等。每一種方式，都必須處理這三項挑戰。讓我們來逐一說明。

風險

支付本來就有風險。任何的交易，都具有收不到款或是貨物的風險；或許是因為付款者沒有錢，他們的支票跳票了，或者投資者已經付款給債券，但賣家在轉帳之前就破產了。這稱為交割風險。

如同門是所有建築物的安全弱點一樣，支付就是任何價值儲存的弱點。在錢進來以及出去的時間與地點，是最容易偷走的。海盜會在公海打劫；攔路強盜會在空曠的道路上洗劫旅客；順手牽羊的人，我會把目標鎖定在剛從銀行或者是提款機領錢的人。同樣的，比特幣私有金鑰碼最容易被劫走的時候，就是剛從離線儲存處取出，用來付款的時候。[10]

接著是一定會有詐欺的風險。雙方進行交易時，不是只有一位付款者會面臨詐欺的風險。商店的顧客，很可能不是本人的身分，而是使用竊得的信用卡或者是從搶劫而來的鈔票付款。或者，商店很可能會販售仿冒品給沒有防備的顧客。有時候這兩種風險，也就是交割風險與詐欺風險會同時存在；例如，在賣家已出貨但買家不願意付款的時候，或者買家在貨品收到的時候取消付款。令人驚訝的是，賣家有時候會看到交易取消，已經存入他們帳戶當中的錢會突然被扣除。一種常見的惡意剝削行為就是許多銀行會在未驗證之前，就把款項撥給收款者。如果他們發現開票方的款項不足，銀行就會取消交易；這點有時候要好幾天之後才會發生，受害者已經把貨物寄出了，結果最後同時損失了貨物與金錢。

流動性

你需要在對的地方有適當的錢才能夠付款。擁有船隻和城堡很棒，但是你無法用這些來支付店內購物的款項。流動性才是關鍵。一九四六年時，當時的荷蘭財政部長皮耶特·賴夫亭克（Piet Lieftinck）在前一年才收回所有流通的紙鈔，希望能夠控制通膨，並且對戰時的獲利者徵稅，卻發現自己需要這種流動性。[11]在他急著要打電話時，請路人給他十分錢「打電話給一位朋友」（這是使用公共電話亭的時代）。可想而知，賴夫亭克在當時非常不受歡迎，據說路人這樣回答：「拿去，拿著兩枚，你就可以打給所有的朋友。」

10 私有金鑰是讓用戶能夠存取比特幣與其他加密貨幣的祕密數字。

11 賴夫亭克收回所有流通中的鈔票，對那些不願繳回的人則不予發放銀行信貸。接著銀行收到新鈔，大家就能夠在下一個月當中收到薪水，帳戶開始解封，但卻針對一九四〇年五月到一九四五年十二月之間累積的資產徵收百分之九十的稅金。這些與其他財務措施有助於確保該國符合美國馬歇爾計畫援助的條件。賴夫亭克離職之後加入了世界銀行以及國際貨幣基金。

你的朋友可能比賴夫亭克多，但你仍然需要錢包裡有鈔票與硬幣的流動性，就像他一樣。必須要有適當的貨幣，是因為大部分的店家不收外幣。要買債券的話，投資者不僅需要足夠的資金，還必須和債券處在同樣的地方，才能夠購買。他們可能在美國的銀行當中有很多美金，或在英國銀行裡有很多英鎊，但如果是在日本發行的債券，那麼他們或是他們的交易員就必須要在日本的銀行當中有日圓帳戶。

然而流動性是有代價的。錢包或支票帳戶當中的錢是沒有利息的，在日本更是如此，存款利率是負的。銀行必須保留足夠的款項給其他銀行或是清算的系統，但這麼做是要花錢的；流動性是一種資產，有了資產之後，銀行必須持有相對應的資本。

體制

我們每次付款的時候，都是在做支付的選擇，單一的決定形成了更龐大的體系。我們付款與收款的方式，不僅是「我們」想要如何付款或收款而已，也是我們「周遭」那些人想要如何付款與收款的展現。付款的機制，無論是透過銀行、錢包、卡片、現金或是其他方式，只有在人類付款時才有用。最終，那會是一種社會建構。

支付的機制也取決於看不見的體制，例如共同的標準、常規、法律架構，以及（通常是未明言的）規範。這些其中有些是技術性的：你的終端機可以讀取我的卡片嗎？其他的規則，例如在美國和法國如果開立的支票無法兌現（也就是帳戶當中的款項不足以支付支票的金額），是要坐牢的。還有一些是習俗，大家偏好他們熟知且覺得比較自在的付款方式。

好的付款機制能夠同時解決這三項挑戰，把風險與流動性問題降到最低，並且把能夠讓人接受與使用的體制放到最大。

風險和流動性之間要取得平衡，就必須各退一步，在你日常生活當中的付款方式也一樣：你如何去買雜貨，你是否喜歡在亞馬遜上探險購物，在晚上看著Netflix（網飛）都一樣。銀行用預支的方式讓我們在帳戶當中沒錢時還能夠付款，但這麼做的話，他們就會增加信用風險（接著再與其他因素加乘），因此銀行願意讓我們透支的額度是經過仔細計算的，取決於我們償還款項或應付款項的能力。同樣的，收取支票時，商人會增加銷售機會，只不過他們要久一點才會收到款項。

但在支付的過程當中，體制扮演了最重要的角色。數百萬的消費者與業者每天都必須付款給彼此，也需要共有的系統來做這件事。引進新的零售支付工具說來容易做來難，因為體制和工具在真正應用之前，都必須被大眾接受。如果一間商店採用新的支付方式，卻沒有顧客試用，或者顧客採用新的支付方式，但接受的零售商店不多，都不是好事。

改變零售行為並不容易，這也就是為何大部分最成功的支付創新，都是建立在現有的體制上。例如 Apple Pay 建立在簽帳卡（charge card）和信用卡的制度上。當然這個規則也有少數的例外，但基本上都是從一小群人或商店定期付款開始。PayPal 協助剛上市的 eBay 進行交易，這就是這類創新的絕佳範例。信用卡最早是替一小群在一九五〇年代經常光顧紐約同一間餐廳的人服務，這又是另一個例子。

這三項挑戰，風險、流動性、體制深遠地形塑了整個支付的面貌，我們在之後的章節當中，也會不斷提到這些。首先，讓我們先仔細來看看世界上最古老的支付方式。

PART 2

金錢的歷史

CHAPTER 4

現金之謎

現金既簡單又熟悉。這是到目前為止，我們最古老的支付方式，既獨特也不會仰賴數位方式與神祕的分類帳來轉移價值。這非常簡單，是不記名、立即、且確定的：某個人給你現金的時候，不會有他們資金不夠的風險。現金也無法追蹤，你可以立刻用收到的錢進行另一筆交易，轉移時也不需要有中間人或是律師。毫不意外的，長久以來這是犯罪幫派最喜歡的方式。

而且不只是黑社會；就交易次數來說，現金也是全世界最廣泛使用的交易方式。你可能會認為如果我們只知道一種支付方式，那一定是現金。我們使用現金的情形大多數仍是個謎。英國審計處在二〇二〇年終發現有多達五百億的英國鈔票是不記名的。我們不知道大家進行了多少的現金交易，或是交易的金額有多少。我們（或多或少）知道大家從提款機或銀行領了多少錢出來，但就到此為止。若要繼續了解錢的旅程，我們只能夠從調查當中推論。

為什麼呢？因為你可以用從提款機領取的二十美元的鈔票支付一筆款項，或是分別支付二十筆一美元的款項。收款人可能把二十美元的鈔票存回銀行，或是把錢花掉，如此繼續下去。在任何情況下，這樣的調查僅說明了故事的一部分，因為大部分流通的現金實際上並沒有流通；當中包含了提款機很少流通的紙鈔，例如一百元美鈔，或是二百元、五百元英鎊的鈔票。在財政方面，瑞士有一點令人難望其項背，就是他們有一千元瑞士法郎的鈔票，價值是一千美元。中央銀行保留這種鈔票，不是要讓人用來幹不法勾當，而是要讓守法的瑞士公民在郵局支付帳單的款項。

現金的其中一個謎團，就是大部分都有大面值的鈔票，但大眾卻很少使用這種鈔票。五百英鎊的鈔票有個暱稱叫「賓．拉登」，因為大家都知道有這種鈔票存在、長什麼樣子，但卻不知道在哪可以看到這種鈔票。

一百美元的鈔票約占市值一兆八千萬流通美鈔的百分之八十，意味著印有華盛頓頭像的一美元鈔票數量，遠不及印有班傑明．富蘭克林頭像的一百元美鈔。[12]將流通中鈔票的面值均分

---

12 不僅是面額，還有數量，因為每位美國成年人有五十五張一百元鈔票，相較之下一元鈔票只有五十張。

給美國所有成年人，平均每人持有的十元美鈔為七張，但持有的百元鈔票則為二十五張。[13]雖然這樣的流通量可能會讓扒手收穫滿滿，但這點卻和美國扒手普遍的經驗不一致。我們透過問卷調查，得知美國消費者皮夾內攜帶的鈔票為七十五美元。即使我們納入提款機當中的鈔票，以及銀行與收銀台內的現金，這些仍然只是流通中鈔票的少數。那麼這就造成一個問題：錢都到哪裡去了呢？

就美鈔而言，大部分的都「放假去了」。約有百分之六十的美元以及百分之七十五的百元美鈔都在國外。美國主管機關不斷支持一項政策，就是讓貨幣在外國的「要求下」能夠取得美元，意為著他們會將實體的美鈔（通常是一百美元）運送到這些國家去，讓該國的人能夠從當地銀行以及換匯處購買與提領美元。這種海外的需求自一九九〇年代起就開始穩定地增加，當時僅占流通美鈔的百分之二十而已。在阿根廷發生國內貨幣危機時，以及蘇聯解體時，美鈔的需求量突然大幅增加。在一九九三年至二〇一三年間，美國光是運送到那些國家的美鈔就高達兩百億美元。相當知名的一件事，就是美國用軍機運送了一百二十億美元（很可能多達四百億美元）到伊拉克，用來支付政府重新掌權的費用以及基礎服務。為了讓你對實際上的規模有概念，就是總金額十億美元的美鈔，若用面額一百美元的鈔票換算，總共可以堆成滿滿的十個棧板。

歐元也是另一種主要在海外流通的貨幣，雖然數量和美元相較之下仍然相當懸殊。有關歐元的研究資料相較之下比較有限，但是德國聯邦銀行過去發行的五百歐元紙鈔中，有百分之七十的發行量會在外流通，據估計，有三分之二的發行量都在國外流通。德國印製的鈔票有許多可能最終到了南歐，當地人比較信任德國發行的鈔票，也就是序號是X開頭的鈔票，而不是希臘印製開頭序號為Y的鈔票。

國外的使用量當然也很大，但卻只解決了鈔票下落的部分問題，也只解決了美元歐元鈔票的問題。此外，研究結果只說明了大部分流通貨幣的百分之五到十而已。要不是央行會檢查所有收到的鈔票，取代淘汰破損的鈔票，我們一定不清楚剩下的鈔票的下落。這樣的過程，是讓我們能夠一窺鈔票使用方式的寶貴資料。美國貨幣教育計畫（The US Currency Education Program, CEP）指出，一美元紙鈔的壽命只超過五年一些，但一百美元的紙鈔卻長達十五年左右。大面額鈔票的使用頻率比小廟來得少，但卻不可能一直放在保險箱當中，或是壓在床墊下。最可能的情況，就是在地下經濟當中流通，比小面額的鈔票更少進入聯準會當中。

現金的特性對非法活動者來說當然非常有吸引力。大面額鈔票的數量與用途資料顯示（請見表一），有些統計數字認為黑社會經濟的規模高達國內生產毛額的百分之二五，在非常進步的經濟體如美國當中也不例外。這包含了逃漏稅，以及毒品與人口販運等犯罪行為。美國毒品

13 加上七張五十元鈔票，三十七張二十美元，十三張五美元鈔票，以及五十張一美元。

的經濟規模據估計約為每年一千億到一千五百億美元，大部分都是現金交易，我們也可以推測這些都是用大面額鈔票進行的。有趣的是，雖然美國百分之九十的紙鈔都有古柯鹼的痕跡，但百元鈔沾染的比例明顯較低。顯然，雖然高面值的鈔票被用來購買毒品，但面額較低的鈔票則有不同用途。

表一　從罪犯的視角檢視不同交易機制的特性

	匿名？	可追蹤？	接受的普遍性	價值轉移的立即程度	不可逆？	不變價值	交易費用	實際方便程度
銀行轉帳	否	是	需要付款人與收管人都有銀行帳號	越來越多在一天內可完成	否	高	不等	是
非銀行轉帳	否	是	透過承辦人	立即	有時	高	不等	是
比特幣	是	有限	很有限	是	是	波動很大	不等	是
黃金	是	否	有限	是	是	會波動	高	又重又龐大
鑽石	是	否	很有限	是	是	會波動	很高	很精緻
現金	是	否	各處都接受	是	是	高	低	數量大時可能很重也很龐大

經濟學家早已指出政府反洗錢法規以及發行大面額鈔票之間的矛盾。大面額鈔票顯然對執行犯罪行為非常方便：一百萬的一美元紙鈔重量超過一公噸，體積超過一立方公尺，但是一百萬的一百美元紙鈔，約只有十公斤左右（二十二磅），輕輕鬆鬆就能夠放進行李箱裡。如果使用面額更大的鈔票，例如五百歐元的紙鈔，那麼同樣的一百萬美元只有兩公斤，可以裝進一個小袋子裡，或是胃比較大的人就可以直接吞進去。確實如此，二〇〇四年時在哥倫比亞查獲一位「歐元騾子」在胃裡裝了高達兩百萬歐元的五百歐元鈔票。

不過不是所有的不法分子都執著使用高面額的紙鈔。在哥倫比亞「騾子」吞入四百張賓．拉登的二十年前，荷蘭釀酒大亨弗雷迪．海尼根（Freddy Heineken）的綁架案轟動一時。海尼根在離開辦公室回家時，在自己的轎車內遭到挾持，地點距離荷蘭央行只有兩百公尺遠。綁匪不收一千荷蘭盾（價值超過五百美元）的鈔票，因為他們擔心這種鈔票很容易追蹤，也不好換錢。因此，他們要求家屬用中等面額的鈔票支付史無前例的三千五百萬荷蘭盾（約兩千萬美元）的贖金。[14]但很不幸的是，這麼做讓贖金變得很笨重，約重達四百公斤。綁匪決定用非常荷蘭

---

14 他們要求每一種面額五萬張：一百荷蘭盾鈔票、一百美元鈔票、五百法郎、一百德國馬克。

式的方法逃逸，就是騎腳踏車，因此他們必須把得手的贖金埋在阿姆斯特丹的樹林裡，所以在路人發現他們埋藏的錢之前，他們只取走了總款項的四分之一。雖然綁架的過程對海尼根來說必定是可怕的折磨，但是他熬了過來，並且和綁匪互動文明。後來他寫道：「他們折磨我……他們要我喝嘉士伯啤酒！」

渣打銀行前執行長彼得．山德斯（Peter Sands）替《為難壞蛋》（*Making it Harder for the Bad Guys*）當中的情形做了簡單的結論，他表示高面額的鈔票是「現代經濟當中的不合時宜」：「這些鈔票在合法經濟當中所扮演的角色無足輕重，卻在地下經濟當中舉足輕重。諷刺的是這些鈔票是由國家提供給罪犯使用的。」那麼為何某些國家對於用大面額鈔票來逃漏稅、犯罪、恐攻、貪汙等行為視而不見，同時又對銀行施行嚴格的反洗錢法？嗯，有些政府「確實」再度審視高面額的鈔票，或是任何的支付方式，但這點說來容易做來難。民眾情緒高漲，依賴性很強，習慣難以改變，運輸也不是簡單的事。

加拿大在二〇〇〇年時停止發行一千元加幣的紙鈔，新加坡也在二〇一四年時終止發行一萬新幣的紙鈔，但在歐元區當中，這點相當不容易。在同一年裡，歐元區十九個央行當中的十七個都停止印行惡名昭彰的賓．拉登鈔票。德國和奧地利都是大量使用現金的國家，他們在二〇一九年時跟進，雖然抗議聲浪不斷。在此同時，德國聯邦銀行主席延斯．魏德曼（Jens Weidmann）則有不同的看法，認為取消大面額紙鈔「對於打擊犯罪效果有限，反而會傷害大家對歐元的信心。」雖然其他歐元區（或英國）已不接受五百歐元紙鈔與用來換匯，但這種鈔票在德國和奧地利仍是法定貨幣，而且在兩國間的商業銀行中仍能夠用來換匯與不斷流通。理論上，這種鈔票應該會在德國央行停止印行新鈔時就會慢慢消失。

這種折衷方式無法立刻解決問題，但卻能夠避免更糟糕的後果發生，不會讓大家對現金失去信心。這就是魏德曼的觀點：不收五百歐元的鈔票可能讓大家擔心其他面額的紙鈔是否也會有同樣的情形。他們很可能在擔心之餘開始拒絕使用兩百歐元，甚至是一百歐元的鈔票。更重要的是，這點展現了要讓大家對現金有信心，央行扮演了重要的角色，在德語系國家更是如此。

採取更多劇烈手段來抑制高面額鈔很可能會造成干擾。二〇一六年時，印度政府「廢除」了市面上面額最高的鈔票，也就是五百盧比（約七．五美元）以及一千盧比（約十五美元）的鈔票，目的是為了讓「灰錢」[15]浮上檯面。當時這兩種紙鈔占市面上流通貨幣的百分之八六，但實際上占百分之十四的小額紙鈔才是用來進行大多數日常交易的貨幣。

印度總理納倫德拉．莫迪（Narendra Modi）在當年十一月八日的傍晚電視直播中宣布那兩種鈔票在午夜過後禁用，讓大家震驚不已，因為那距離當時只有四小時。接下來大家有幾週的

15 「灰錢」是透過逃稅或是藏匿不讓稅捐機構發現的資金。

時間可以去銀行將禁用的鈔票換成新的紙鈔，但新鈔票印行的時間不夠快。結果就是現金短缺的情形讓數千萬印度人無現金可用，或是為了取得少量的現金而排好幾個小時的隊。好幾週之後一切才就緒，對於國內生產毛額有著顯著的負面影響。同時，就是印度人偏好用黃金來代替現金，這也上漲了百分之二十到三十。[16]

這種操作模式最後發揮的效果有限。清理資金背後的概念，是只有能夠合理說出現金來源的人，才能夠進行紙鈔舊換新，讓那些持有灰色資金的人無鈔票可用。在經過了兩年千辛萬苦的審計之後，印度儲備銀行表示百分之九九．三的廢棄鈔票已經回到銀行體系當中，並沒有被淨化。要不是灰錢比莫迪預測的少，就是印度洗錢的制度比淨化金錢的制度來得更有效。

接著是北韓。雖然這個隱士國家的政府擅長宣揚正面的國內新聞，有個國外的產業則是負責宣傳負面新聞。雙方的報導都必須小心看待，但即使如此，有關該國最近貨幣重新估價的新聞卻讓該國嚴重陷入災難當中。

目前的最高領導人之父金正日在二〇〇九年時下令將北韓圜重新估值。政府立刻刪除紙鈔上的兩個零，將舊鈔票自法定貨幣除名，並且限制舊鈔換新鈔的額度。如此一來，不僅讓大筆存款消失，而且在舊鈔廢止後一週才發行新鈔，意味著在過度時期經濟活動必定停滯不前。此舉沒有讓受困的舊韓圜漸入佳境，反而促使北韓人立刻持有外幣，因為他們對政府發行的貨幣失去信心。結果就是出現罕見的地方暴動，以及讓貨幣大幅崩盤，從一美元兌三十韓圜，變成一美元兑八千五百韓圜。二〇一三年時，據估計在這個規模兩百一十五億美元的經濟體當中，約有二十億美元的鈔票在當中流通，也就是山姆大叔比較有用，而不是金氏紙鈔。

印度和北韓的作為與其說是對現金的戰爭，不如說是對某些實體貨幣的攻擊。目前範圍更廣的戰爭正在發生當中，可能導致現金無法存續下去。

16 印度家庭據估計擁有二萬五千公噸的黃金，價值為一兆五千萬美元，是國內流通貨幣的四倍。

CHAPTER 5

現金戰爭

「現金戰爭」的情形在近二十年來越來越明顯。擔心有能力的菁英想要消滅現金並且追蹤交易的想法，讓自由主義者、反貧窮活動者、陰謀論者團結起來共同反對。不過有少數人把他們的論述放在世界魔日詞彙的框架之下，例如引起許多爭議的評論家吉姆·里卡德（Jim Ricklards），他在二〇一九年十月時寫道：「在豬被屠宰之前，他們會成群進入豬圈當中。在存款人受到負利率屠宰前，他們會成群進入數位帳戶當中，在那裡無處可逃，那裡無法回頭。最重要的，就是現金之戰是千真萬確的，那就揮之不去。」

如果你以為里卡德住在北韓也不奇怪。其實他雖然住在美國，但美國也是他頭號敵人的大本營，這位敵人就是「優於現金聯盟」（Better than Cash Alliance, BTCA），這是私人公司、政府、發展機構的聯盟，有著微妙的名稱，對於無現金世界抱持著較樂觀的看法。

優於現金聯盟受到多方資金的挹注，例如比爾與美琳達‧蓋茲基金會、福特基金會、萬事達卡、花旗卡、奧米迪亞網路、美國國際開發署（USAID）等等，聯盟成立的目的在於提倡用電子支付進行交易，而不要使用現金。他們表示，如此一來就能夠減少支出，讓交易變得更透明也更容易追溯，減少安全風險，增加窮人利用金融服務的管道，並且能夠促進經濟成長。

如果這一切聽起來是大家都同意的看法，那麼優於現金聯盟就能夠輕鬆看待不用現金的政治以及實際情形，就像里卡德覺得惱怒一樣。「就政治上而言，廢除貨幣很可能會引起合法仰賴現金的窮人和老人，以及希望能保有現金匿名特性的人反對，因為他們從事非法活動，另外還會引起自由主義者的反對，」花旗銀行當時的首席經濟學家威廉姆‧彼特（Willem Buiter）寫道：「我們可以幫助第一群人，忽略第二群人，至於第三群則應為了團體利益而犧牲個人。」

無論哪一群人是對的（而實際上雙方的觀點都有可取之處），現金的使用確實是在減少當中。這或許是世界上最古老的支付方式，但在許多已開發的經濟體中，卻迅速被逼到近乎滅絕，這是因為棲息地的流失，以及入侵的掠食者之故，多到一些立法人員現在必須宣布現在的現金已經是瀕危物種，並且通過法律來保存與保護。

不過就像支付一樣，不同的文化與國家當中的情形大相逕庭。有些國家會看到現金的使用減少到近乎滅絕的地步，必須立法來保存現金，但在大部分的國家當中，現金只有緩緩地減少而已。

阿爾巴尼亞位於歐洲東南方，是個非常熱衷使用現金的國家。根據世界銀行的估計，該國的商業行為當中，有高達百分之九九．二都是現金付款，消費者付現的比例高達百分之九十六；甚至大部分的老人年金都是用現金支付。整體而言，這種使用現金的習慣，會使阿爾巴尼亞的經濟體支出國內生產毛額的百分之一．七。只要這些現金付款的水電費當中有一半改為直接從帳戶中扣款，那麼根據世界銀行的估計，阿爾巴尼亞的消費者每年將會省下七億五千萬列克（約六百五十萬美元），或是每位阿爾巴尼亞人每年能夠省下二．二美元。在最低薪資為每月一百九十美元的國家當中，這個數字顯得非常務實。

但我們現在要回去看看那些率先逐漸走向無現金交易的西北歐國家。在瑞典、芬蘭、英國，現在只有不到一半的交易是用現金，而且所占的比例持續下降。同時，奇怪的是，率先走上拋棄現金之路的國家是瑞典，也是第一個使用鈔票的歐洲國家。

在瑞典，現在在購物時使用現金的比例已經不到百分之十三。多數人從來都不使用現金，或是根本不帶現金。流通的現金大幅減少，國內生產毛額的百分之一左右，相較之下，在二〇〇五年時，則是占百分之四左右。現在，從宜家家具店到斯德哥爾摩的ＡＢＢＡ博物館都是如此（雖然這個團體的熱門曲《錢錢錢》仍然是點播清單的常客）。

但其實錢和現金並非同一回事，現金的成本比錢還多，當然需要有印製廠印刷鈔票，以及鑄幣廠鑄造錢幣，但這些只是成本的一部分而已：現金也需要運輸並且分送到各處；ＡＴＭ必須補鈔與保養，商人需要監控、清點與收集鈔票送到銀行去，銀行也需要重新清點，分類整理，才能再讓錢流通出去，如此不斷循環下去。

顯然這必須在安全的情況下進行，因此銀行的各個分行必須要有特殊的設施與金庫，商人需要監視攝影機與保險箱，運送鈔票的貨車也許需要配備武裝保全。總而言之，現金的整體費用約占全球國內生產毛額的百分之〇．二到〇．四，遠低於在阿爾巴尼亞的百分之一．七，但仍然比支付系統高出百分之十到二十。這個金額約為每次現金交易耗費〇．四美元，或者換算之下每十五元的交易，就要耗費百分之二．五的費用。

現金不僅成本高昂，而且當中許多都是固定費用。這些費用並不會因為現金的使用減少而降低，只有在完全廢除現金使用時才會消失。ATM網路就是很好的例子。無論你是幫還有鈔票的ATM補鈔，或是替空機補滿鈔票，費用都是一樣的。你無法關掉半數的ATM，希望剩下一半的提款機能夠發揮作用。這種情況很可能會讓剩下那一半的ATM變得毫無用處。既然現金的成本只有在最後一筆交易結束之後才會消失，因此那些先鋒國家當中的銀行和商人開始期盼無現金的生活也不是什麼令人意外的事了。

如果發生這種情況的話會如何呢？金融體系能夠存續下去嗎？大部分的經濟學家和銀行家會大膽地給出肯定的答案。現金不是央行的重要功能之一。即使實體的鈔票消失了，我們會繼續存放美元、歐元、英鎊、日圓、列克以及其他貨幣。

至於「印製」鈔票呢？央行如果不印鈔，還能夠發行貨幣嗎？同樣的，簡單來說是的。貨幣政策的隱喻在這裡幫不了什麼忙。許多用來說明新冠肺炎的經濟振興方案包含了印製鈔票：聯準會正在「摩拳擦掌準備印鈔」，歐洲中央銀行「正在擦亮印鈔的槍」，或者，用比較數位哏的風格來說，就是「印鈔機衝啊」的迷因了。這點喚醒了大家的注意，但是卻有些誤導。就像「送」錢並不是說銀行要付錢一樣，「印鈔」並不是央行要印錢出來。

但有些矛盾的是，印製鈔票並且透過銀行體系讓這些鈔票在市面上流通，並「不會」增加貨幣的供應量。央行會透過增加儲備金的方式創造錢，也就是央行保存商業銀行存款的機制，要在沒有現金的世界當中保有儲備金當然完全沒有問題。

雖然私部門推行無現金化的動機很多，銀行能夠減少支出，商人能夠減少商業摩擦以及經常性費用，信用卡產業、電子錢包與電子支付供應商也會增加收入，公部門也樂觀其成。

更有效率，更透明，對好人更便利，對壞人更困難，非現金付方式就是現金的大熱門。假設系統非常健全，供電穩定，溝通網路無礙，那麼理論上沒有現金的世界絕對行得通。但是那些想要拋棄現金的人，會面臨一些實際上的障礙與嚴重的反對；並且和他們發現的一樣，我們對現金的依賴程度其實很深。

北歐人整體來說較為務實，沒那麼感性，但即使在瑞典、英國、荷蘭等地，仍然有些人擔心這種隨處有 Uber 的無現金世界，當然背後有其道理在。除了上述的優點之外，現金有著另一項重要特性：在各個地方都能付款。你不需要有銀行帳號、信用卡、智慧型手機、電腦、網路、4G、虛擬錢包或實體錢包，就能夠收付現金。你只要人在場就可以了。我們的經濟仰賴支付系統有效率且安全地把錢從一處移到另一處，但如果不是大家都能這麼做就不好了。這樣的系統必須能為所有人提供服務，否則就無法服務大家。

在瑞典，現金逐漸減少的情形引發了抗議活動。「現金反抗」（Kontantuproret）是一個基於共同利益，也就是維護現金存續的機構聯盟。這個機構名副其實地說明了現金消失會對民主、隱私、個人自由造成重大的影響。

有趣的是，這個組織的領導人是前警政署的官員兼國際刑警組織的主席布約克・艾力克森（Björn Eriksson），他的履歷表看起來很可能讓人誤以為他很重視合法性而非自由。但他在二〇一八年時對《衛報》（*Guardian*）這麼說：「你擁有完整的數位系統時，如果有人把系統關掉，你根本沒有抵禦的武器。如果普丁入侵瑞典的哥特蘭島，他只要把付款系統關掉即可。其他國家根本不會考慮承受這樣的風險，他們可能會考慮某種類比系統。」

不知是「現金反抗」努力造成的直接成果，或是擔心未來有人入侵，瑞典已經明白立法保存現金的重要性。[17]英國財政大臣里希・蘇那克（Rishi Sunak）在二〇二〇年三月也公布了類似的計畫。[18]瑞典實施這些措施的關鍵理由有兩個，其一，要確保包含數位弱勢者在內的每個人都能夠付款與收款；其二，要確保如果系統受到嚴重干擾，仍然能夠進行付款。這兩項考量都不是小事。

銀行、商人、公部門都嘗到無現金經濟活動甜頭的這三個國家，現在都面臨了一個問題：要「如何」處理無法或是不願意離開現金的人，以及「誰」應該提供這些服務。許多瑞典與英國人現在僅使用電子錢包以及網路銀行，大方向已經直接與使用現金背道而馳。[19]但服務那些因為分行裁撤，支票消失，拒收現金以及缺乏免費的ATM（這一切都因為技術進步，對多數人有利而有可能發生）而無法付款的人，可說一點也不簡單。例如布里斯托大學在二〇一九年進行到一項研究指出，在貧困的區域當中，大家比較可能仰賴現金，免費的現金點數正在迅速消失當中。相較之下，較富裕的區域經濟活動則明顯較多；在克里夫頓的一條路上，也就是布里斯托較富裕的區域，研究人員發現有百分之七十一的ATM是銀行擁有的（因此是免費的），在較不富裕的易斯頓街上，只有百分之十一是免費的。

除了現金的成本以及誰收現金以外，其他干擾也是另一個問題。二〇一七年瑪麗亞颶風肆虐波多黎各時，現金是唯一還能運作的支付方式，但當然ATM無法使用。為了因應大量的現金需求，美國聯準會必須每週派兩趟飛機運送美鈔過去，用貨車配送到全島。波多黎各的範例經常被提倡加密貨幣者援引，[20]但這種主張很容易忽略加密貨幣和ATM及數位支付一樣，必須仰賴同樣的通訊網路以及電網。

災難會以不同的規模與樣態出現。二〇二〇年二月時，在美國封城之前一段時間，美國聯準會開始隔離亞洲送回的美元，將這些鈔票放置七到十週，才再度進入市場當中流通。相較之下，韓國和中國則更近一步，要求來自高風險地區如醫院等地的鈔票要用紫外線消毒，或者直接銷毀。在新冠疫情最嚴重之際，沒有實體交換的支付方式突然增加了吸引力，顧客和商家因為新聞報導表示接觸實體的金錢可能有助於病毒的傳播，因此避免接觸現金。數位支付方式正在崛起當中，根據預測，這很可能是邁向無現金未來的轉捩點。因此，很諷刺的是，大型數位支付商威卡（Wirecard）在應該可以儲備銀彈之際就倒了。這間德國公司背後的使用者是英國

---

17 二〇二〇年一月時，瑞典通過了〈特定機構有義務提供現金服務〉法案。該法案規定特定的地方信用機構與外國信用機構的分行必須為客戶與公司提供現金服務。

18 里希·蘇南克在二〇二〇年三月第一次提出預算，宣布英國政府即將立法保護人民取得現金的權利，確保英國的現金基礎設施能夠長期存續下去。二〇二〇年預算，1.53 章

19 電子錢包是實體錢包的電子版，能夠納入你的提款卡，並且記錄帳戶餘額。例如 Apple Pay、PayPal，以及中國的支付寶、財付通。

20 如比特幣等加密貨幣是僅有電子形式的「貨幣」，運用點對點或去中心化系統，沒有中央的主管機構。

的預付卡公司，這些卡片往往被認為是一種能夠代替現金的「新技術」，能夠讓那些沒有銀行帳戶的人進行交易。

行動銀行服務Pockit「簡單容易的當下帳戶」非常仰賴威卡的服務。約有五十萬名英國顧客使用Pockit來接收薪資與進行付款。二〇二〇年六月底的某天早上，他們收到這樣的通知：「最新重大訊息：你的Pockit帳戶暫時無法使用。」數百萬名其他預付卡的客戶也被鎖帳戶，無法用來付款。原因是什麼？查賬員發現威卡資金有異常的情形，在資產負債表上有十九億英鎊的資金下落不明，Pockit的支付服務處理者聲請破產。英國金融行為監理總署下令要威卡的英國營運商停止「所有異常活動」。在某方面來說，預付卡聽起來似乎是威爾斯佩尼宛等偏遠地區村民問題的解方，但二十億英鎊瞬間消失顯然並非如此。

雖然Pockit帳戶在幾天之內就恢復正常，但這個小問題卻凸顯了無法使用銀行服務的困境。許多人把希望放在金融科技（新創公司使用科技來提供金融服務是一種創新的方式，請見第十八章）上，期待能夠搭起「有銀行帳戶和無銀行帳戶者」之間的橋梁，把支付選擇帶到原本無法觸及之處。這點透露了一些真相。科技在非洲、印度、中國等地讓支付變得更容易，讓更多人與更多活動進入正式的經濟體當中。但本身卻仍帶著挑戰，對那些沒有智慧型手機或是網路可用的人來說更是如此。此外，許多服務提供者沒有受到法律規範，或是受到的規範比銀行寬鬆許多。把錢存在這些服務提供者處無法完全受到存款保險的保障，讓客戶在服務提供者陷入財務問題時，可能會損失存款。

現金消失還有其他讓人憂心之處。我們許多人對於目前的實體貨幣都有情感上的依賴，現金也在生活當中扮演了教育的角色。沒有現金之後，錢只是抽象的概念而已。鈔票和硬幣讓我們能夠摸得到，感受得到，聞得到，讓我們自然在花錢時有所節制。小孩無法看到實體貨幣時，要如何學習有關錢的事？如果你的小孩對金錢的理解是在應用程式當中購物，螢幕上的數字，按一下就能付款又如何呢？

有關現金之死的報導有些誇張，但支付的「大故事」則不斷在改變當中。雖然現在的改變都是數位的，但決定性的類比形式，則是始於一九五〇年代的餐桌上。

CHAPTER 6

神奇的塑膠：信用卡的來臨

有三種類型，但尺寸統一，大小正好是85.60乘以53.98公釐（33/8x21/8英吋）；圓角的半徑為2.88-3.48公釐（9/80-11/80吋存）；符合ISO/IEC7810ID-1標準？

大家對答案其實比問題更熟悉。信用卡是僅次於現金最主要的支付工具，也是唯一的全球支付工具，是非常成功的標準化範例。你無法把美規的插頭插進印度的插座裡，無法在西班牙的鐵軌上行駛法國的火車，你無法在三星的手機上使用iOS系統，也無法在華爾街上使用歐元消費，不過你可以在世界各地使用巴西發行的簽帳卡或是信用卡。

卡片的興起確實是蔚為奇觀。出現的時間約莫為五十年前左右，但現在商店內消費額的三分之二則都是信用卡。每一秒鐘約有一萬筆信用卡消費，信用卡消費每年成長的幅度為百分之十。信用卡和現金不同之處，在於信用卡是全球通用的。

對我們大部分人而言，信用卡只是一張塑膠片，在一個月之後變成帳單，但是用信用卡付帳的過程當中，則有很多神奇的「煉金術」。這樣的煉金術，現在發展出線上刷卡，但實際上卻不需要拿出卡片，這些都是透過多次錯誤、實驗、意外與大量幫助之下才達成的。詐騙者在信用卡創新當中扮演了重要的角色，而且各信用卡公司間的競爭也造成了商家成本的增加。卡片產業透過回顧與衍生的產業而不斷進步，這些衍生的產業也和母企業一樣成長茁壯。這些不斷的創新要歸功於其他公司的創新。但且讓我們從頭說起吧。

據說，現在無所不在的信用卡，源自於匆忙之間草創的概念。大來俱樂部創辦人法蘭克·麥克納瑪拉（Frank McNamara）因為出門時忘了帶錢包，在紐約一間餐廳當中等著太太開車送錢過來時想出來的概念。這是很棒的故事，但是大來俱樂部最早的公關主任麥提·西門斯（Matty Simmons）表示那是他自己編出來的。他說其實這個想法是某天早上麥克納瑪拉搭火車通勤到長島時想到的。

關於麥克納瑪拉的事，有一點是可以肯定的，就是他和共同創辦人拉斐爾·施奈德（Ralph Schneider）與西門斯在一九五〇年二月九日做出了第一張信用卡，那一天他在紐約的上將閣燒烤（Major's Cabin Grill）用信用卡支付了午餐的費用。麥克納瑪拉拿著卡號為1000的大來卡給服務生，服務生則拿了複寫三聯單給他。麥克納瑪拉簽名付款之後，服務生把第三聯交給他。第一聯要給大來卡公司，第二聯則給餐廳留存。

原本的設計機制很簡單：麥克納瑪拉發行可付款的卡片，可在紐約地區的餐廳使用。早期的卡片是用厚紙板製成的，背面列出了十四間加入的餐廳。每個月大來卡公司會寄發前三十天的消費款項帳單，餐廳會收到百分之九十三的款項，剩下的則為大來卡公司所有。不久之後則開始向持卡人收取年費。

雖然麥克納瑪拉在一九五二年時售出了大來卡公司，但公司卻為零售商簽帳奠定了堅實的基礎，讓大家敞開心胸接受卡片。當時最主要的對手是美國運通，挾著大量的資金進入市場。美國運通原本的業務是快遞，也就是當時的DHL服務，但在一八五〇年末期開始拓展業務，提供匯票，在三十年之後，想出了旅行支票的點子，自此生意興隆。在美國運通進入信用卡市場時，從（當時基礎穩固的）旅支業務帶入了資金，以及品牌與大量的客戶。

這兩家與其他較小的競爭對手，都是「簽帳」卡，就像目前的美國運通（的多數卡片）都是，也就是每個月底之前，必須支付全額的款項。當時的卡片仍是紙板製的，美國運通在一九五九年時推出了第一張塑膠卡片，但真正的改革始於美國銀行的卡片，也就是Visa卡的前身。

美國銀行以及一些對手公司共同推出了萬事達卡，透過三項重要機制帶來了信用卡的大幅成長與成功。第一項，就是美國銀行在一九五〇年末期推出了真正的「信用」卡，能讓顧客將帳款推遲到下個月再支付全額（這是另一個主題，我們會在第七章當中討論）。這些信用卡讓商人覺得很開心，因為這樣能夠讓他們把商品販售給當下手上沒有資金的顧客。

第二點，在一九六〇年代中期，美國銀行規避了州際銀行交易的規定，原本這樣的規定讓卡片無法在加州以外的地方使用。他們透過開放系統，以及將美國銀行卡授權給其他銀行，在過程當中發展出知名的「四角模型」，也就是大部分現代支付系統的基礎。這讓信用卡變得複雜許多，但這也是讓他們成功的關鍵因素。

四角指的是參與其中的四方：（1）持卡人；（2）商家；（3）持卡人的銀行，也就是發卡銀行；以及（4）商家的銀行，也就是收款行（圖一）。

這個模式的運作方式如下：持卡人把卡片交給商家，他們把指令交給他們的銀行，這些就是收款行，他們會把指令傳送給發卡行，發卡行會檢查持卡人的信用額度／帳戶額度是否

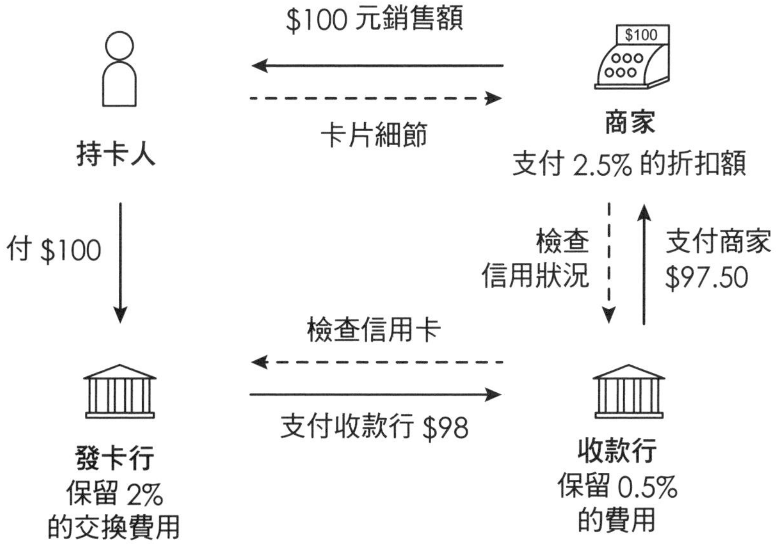

圖一 四角模型

足夠，如果足夠的話，就會從他們的帳戶扣款，把錢轉到收款行，接著收款行會把費用交給商家。

美國銀行信用卡的第三項重要創新，就是交換費。這筆費用是顧客不會看到的費用，是確保四角模式的經濟基礎，讓這個模式能夠運作的費用。沒有這筆費用的話，發卡行與收卡行可能會分別自行決定處理的費用。他們很可能讓持卡人與商家均攤這筆費用，減少卡片對用戶的吸引力。

交換費用是由商家的銀行支付給持卡人的銀行，這筆費用由提供卡片網路者規定（Visa 或萬事達）。費用會因地點、卡片類型（信用卡、簽帳卡）與商家（如超市、飯店等）而有所不同。通常這筆費用是交易金額的百分之一至三，由一間銀行

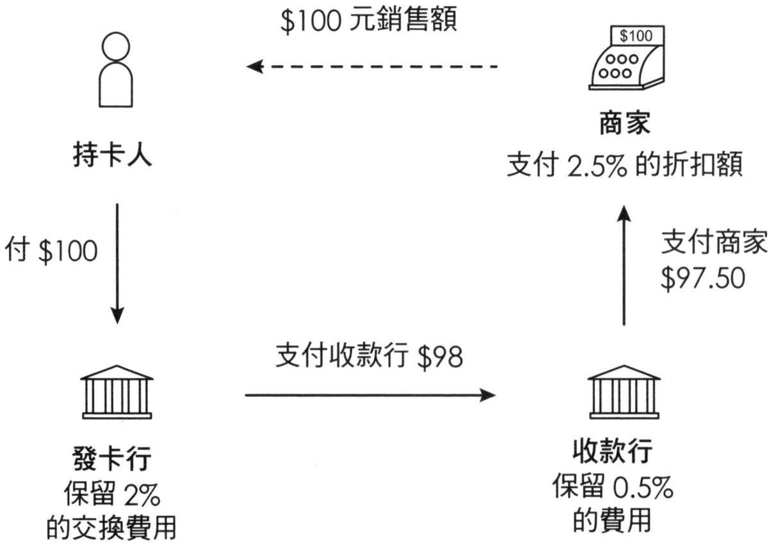

圖二 商家折扣與交換費

支付給另一間銀行，但無疑地會對商家與持卡人交易的費用造成重大的影響。

這就是運作的機制。讓我們假設交換費是百分之二，收卡行保留的費用為百分之〇．五。如果持卡人消費一百元，發卡行會收取這筆「費用」，並且把九十八美元交給收款行。收款行則會把九十七．五美元交給商家，留下〇．五美元來支付處理的成本。因此商家收到銷售的費用，是扣掉這筆「商家折扣額」二．五美元之後的費用（請見圖二）。

因此，發卡行會收到處理這筆交易的百分之二交易費。你可能會問，這到底是用來做什麼呢？其實這筆費用是支付處理付款的費用，但在大部分的情況下，這些費用都比這個數字低很多。這個利潤讓發款行能夠獎勵持卡人，例如可以享用機場的貴賓廳、購物的現金折扣、飛行里程數等。天下沒有白吃的午餐，付款也是一樣的。

交換費的實際作用是讓持卡人以為交易是免費的，甚至還有賺，讓商家負擔這些費用。背後的基礎是讓使用者而非銷售者決定使用哪種支付工具。因此持卡人必須收到獎勵或是獎勵金，這點和商家非常不一樣，商家別無選擇，如果想賣東西只能接受卡片。但持卡人「確實」會付款給卡片，只不過我們感受不到。交換費與手續費等費用都是向商家收款，而非向持卡人收款，但商家經常會透過提高售價來轉嫁這些費用。飛行里程、回饋點數、免費保險、現金回饋與其他方式很可能讓人覺得信用卡很划算，但實際上並非免費的。

這些交換以及商家的折購差異相當大，這點可能會讓你覺得很詫異。這不僅反映了規模與力量的優勢，但當中也有風險。超市龍頭支付的費用比街角商店少；夜店與妓院要折讓的金額最高。這點不是因為信用卡業較為謹慎，而是因為顧客隔天早上取消這筆交易的比例很高。第二高的則是電子產品零售商，販售手機、筆電、相機等容易再度出售的商品。如果你對線上的情形感到好奇，那麼我要告訴你，其實狀況差不多：世界各地色情產業、博弈與電子產品網站付出的費率，也高於雜貨商品等。

有位信用卡的高層曾經遇過一個案例，當時他必須處理一位石油大亨瘋狂刷卡的問題。他對於信用卡的運作機制說明如下。

那位石油大亨搭著私人飛機去德國四個城市中的妓院尋歡，用黑卡（無額度限制的卡）刷了約十萬美元的費用。他收到帳單之後，卻不承認那些交易。於是信用卡高層主管就必須分別打電話給每一家妓院，各家的老闆都十分樂意證實大亨曾經光顧，並且告知提供的服務細節。他們甚至承認在計算費用時他相當不拘小節。最後，顧客、「商家」、信用卡三方就達成了協議。

CHAPTER 7

發明之母：卡片技術的進步

一九五〇年代初期，美國消費者人均負債低於兩千美元（已換算為今日幣值），今日，他們光是卡債就超過一萬美元。這些都是因為美國銀行的創新點子，造成了商家因為向信用卡公司（如大來卡）請款，使得債務人必須在月底付費，如此不斷循環下去。

將便利性與借款結合的，最初來自銀行的客戶服務研究部，部門主管為二戰的資深步兵喬·威廉斯（Joe Williams）。在威廉斯退役之後，他開車到舊金山去找工作。他和美國銀行的創辦人A. P. 紀安尼尼（A. P. Giannini）見面，因為他非常欣賞紀安尼尼經營銀行的創意與積極進取。紀安尼尼也一定感受到威廉斯身上有同樣的精神，因此不久之後美國銀行大膽放手一搏，採用了威廉斯發行信用卡的點子，選擇弗雷斯諾作為初試啼聲之處。弗雷斯諾的人口約為二十五萬人，其中百分之四十五的戶數已是該銀行現有的客戶。在一九五八年九月十八日，銀行主動寄出了六萬封公司已審核通過但未寄出的美國銀行信用卡申請表。商家付出的費用設定在沉重的百分之六，但這種全面瞄準當地客戶的方式，讓銀行迅速簽下了弗雷斯諾超過三百間的商家。

如果美國銀行當初立下這個標竿時可說相當謹慎，那麼後來就加速了信用卡的拓展。在三個月內，就加入了莫德斯托和貝克斯斐爾德，之後舊金山、沙加緬度、洛杉磯則在一年內加入。到了一九五九年底，銀行已在加州各地發出約兩百萬張信用卡，並和兩萬間商家簽約。但是問題也漸漸浮現。

威廉斯原本預估延遲付款不會超過百分之四，現有的銀行信用系統也撐得住。但是他卻沒有設立收帳的部分，因此不久之後，延遲付款的比例高達百分之二二。加州各地警局因為信用卡盜刷案忙得不可開交，這是一種新型的犯罪，造成了政治與媒體創傷的海嘯。在洛杉磯，據稱妓女經常取消恩客的帳款，盜刷者也開始知道只要消費不超過限額就不需要審核。小偷從銀行的庫房中偷取空白卡片，並且勒索銀行，要銀行將卡片買回，不然就會在信用卡上打上數字使用，讓銀行損失的費用增加。

不久之後，威廉斯就離開了銀行。他把問題歸咎洛杉磯銀行的分行，認為他們在篩選持卡人方面的機制太過鬆散。或許吧，但還是有其他問題。其中一個惡名昭彰的例子，各分行雖然被要求要把那些不應該持有信用卡的人列入客戶清單當中。不過在接下來的一片混亂下，他們發卡給清單上的所有人。

這樣很可能會讓信用卡無疾而終，但是美國銀行卻撐下去了。銀行進行了一波大規模的清理，做出適當的財務控管，並且向主管機關人員、政治人物、持卡人致上十二萬分的歉意。他們力挽狂瀾，拯救了這個計劃。這幾年之內，美國銀行信用卡就開始獲利。至於其他部分，他們說那已成為歷史了。

那樣的歷史就是經過發明、再發明、再失敗的時候記取教訓。這或許不是那麼罕見，但是在這樣子的敘述當中，卻有著一些耐人尋味的主題。首先，那樣的歷史當中，有多少是外人推動的，包含了想要顛覆系統的盜刷犯，一直想要搞砸一切的第三方；第二，信用卡之所以成功，有多少是來自信用卡網路的力量；以及第三，我們消費者沒有注意到的事有多少。

一開始，卡片是厚紙板製成的，所有的細節都是每次使用時用手寫上去的。這樣非常耗時、不安全、不可靠，也很容易出現盜刷。美國運通決定用塑膠製作卡片的時候，就出現了大幅的進步。這種進步的方式，迅速帶來了壓印式的手動刷卡機，能夠把卡片凸起的部分用複寫紙轉印到紙上。其他人在簽單上簽名，保留複寫的副本（這會弄髒手指，讓錢包非常鼓），商家則把正本交給發卡銀行處理。如果交易的金額較大，商家可以致電發卡銀行要求授權，通常是一通電話需要花上五分鐘的時間，令人感到非常痛苦！

在一九七〇年代，信用卡業正在努力研發有效且符合成本效益的授權付款方式。考量到信用卡郵件詐欺，以及後續的盜刷問題，因此授權的機制顯然是眼前迫切需要的。光是在一九七三年，信用卡的損失金額據估計高達將近三億美元，預計是銷售額的百分之一．一五。解決方式明顯已經出現了。

一九六〇年代初期的某一天，朵樂西亞．裴瑞（Dorothea Parry）正在做家事，她在IBM擔任工程師的丈夫福里斯特（Forrest）回到家中跟她說工作上發生的問題。他的任務是要替CIA官員研發出一款機器能夠讀取的卡片。他的計劃是把一個磁條貼在塑膠卡片上，但是膠水會影響磁條，讓機器無法讀取。

足智多謀的裴瑞太太建議他用熨斗把磁條融到卡片上。結果成功了，有磁性的資料條，也就是「磁條」就這樣誕生了。

當時業界並沒有關於磁條的一致規範，但在一九七九年，當時的Visa卡執行長狄霍克（Dee Hock）宣布，在一九八〇年四月之後發行的卡片，背後都必須有磁條。這種裴瑞的發明，現在一年在全世界刷過讀卡機的次數超過五百億次。

磁條當中含有付款時所需的所有資訊：持卡人姓名、卡號、授權碼、有效期限。這也是首次能夠以電子的方式讀取卡片資訊，因此也帶來了後續改變全局的發展：現在無所不在的銷售時點訊息系統（POS）支付終端機。到了一九八一年，信用卡網路開始提供折扣給那些使用新自動交易技術的商家，前提是交易金額高於五十美元。問題在於成本，早期的POS終端機要價將近一千美元，對許多商家來說根本划不來。

到了一九八二年，位於美國的支付技術公司惠爾訊科技（Verifone）想出設計與製造終端機的方法，用五百美元的價格上市。兩年之後，惠爾訊科技的執行長比爾．梅爾頓（Bill Melton）推出了ZON信用卡授權系統，價格只要一百二十五美元。梅爾頓在一九八九年從公司退休時，公司售出的ZON系統已經超過百萬個。POS終端機能夠讓交易越來越安全，控管顧客的額度，讓發卡行接受或拒絕交易，至少不要讓盜刷者有機可乘。

信用卡技術的下一項關鍵發展，則是由埃及出生的法國人羅蘭．莫瑞諾（Roland Moreno）研發的。他是非常文藝復興風格的人，是位記者、連續創業家、工程師、發明家、熱衷社交和吃美食的人，以及幽默大師、作家、愛家的男人等，甚至有一陣子還主持廣播節目，但是他最知名的一件事（至少在法國是如此），就是發明了晶片，之後讓智慧卡誕生。

莫瑞諾自稱是「懶惰鬼」和「沙發馬鈴薯」，據說是在睡覺時想到了晶片卡的點子，並且把這個計畫稱為TMR，名稱源於一九六九年伍迪．艾倫（Woody Allen）的電影《傻瓜入獄記》（*Take the Money and Run*）。

他原創的想法是把「微晶片」（也就是微縮的線路，能夠儲存電子資料，並且用掃瞄器讀取）植入圖章戒指當中，時間比穿戴裝置成形之前早上許多。他最終把它改為較平凡的塑膠卡片，卡片因為含有微小的晶片而命名為「跳蚤卡」。莫瑞諾在一九七六年時初次示範用這張卡片與一台機器進行電子交易。這聽起來彷彿是辦家家酒，但其實是天才的想法。這種晶片變成了「晶片加密碼」授權方式的基礎，最初使用在法國的 Carte Bleue 借記卡系統上，現在則是在世界各地的簽帳卡與信用卡上都能看到。

磁條、電子 POS 終端機、莫瑞諾的晶片都是簽帳卡的重要先決條件，這些都需要線上授權。簽帳卡的交易會直接從持卡人的銀行帳戶扣款；他們不需要立刻付清款項，或是展延到月底再付款。換句話說，雖然信用卡有助於促進額外的消費，但簽帳卡則是用來執行「預算內」的購買。

從一開始簽帳卡就是要用來取代現金的，不是用來當作信用卡使用。這些卡片比現金方便許多，不需要再前往銀行，或者是從皮夾裡撈出鈔票，而且流動性也更好。你只有在實際消費的時候才會被扣款，不需要再跟你之前一樣先掏出現金。但是，他必須要被強調的一點，發明這種卡片的不是信用卡網路，而是銀行。

各家銀行推行簽帳卡的方式主要有兩種。第一種是他們允許顧客使用提款卡在商店內消費。提款機在一九六七年時已經出現了，到了一九八〇年代晚期已經隨處可見；銀行發卡片以及提款密碼給顧客。（很諷刺的是，雖然 ATM 領取現金更便利，卻同時在為簽帳卡通路鋪路，這種卡片取代現金的速度比其他工具更快。）第二種，這是銀行提供給商家的終端機，其實就是小型的 ATM，當中有密碼可供顧客使用。如此一來，銀行將小版簽帳卡送到顧客的皮夾當中即可，這張卡就是他們發給顧客使用的提款卡。

很重要的一點，這些密碼簽帳的交易對商家來說相當便宜，大約每次交易付出十美分的金額，比付給信用卡交易的一至二美元低了許多。那些從來都不接受信用卡的商店，例如小型超商、街角的商店，以及獨立的精品店等，也開始接受簽帳卡。

Visa卡與其銀行並沒有因為這點而自滿。相反地，他們引進了「經典卡」，這是偽裝成簽帳卡的信用卡，或是正好相反。

對商家而言，這些卡片看起來跟信用卡一模一樣，且交易流程一樣；卡片上面有著發卡機構的商標，顧客也必須在簽單上簽名，就像使用信用卡時一樣，因此才有這個名稱。但對其他人來說，卻有著巨大的差異。一來，他們沒有月結單，或者是信用循環的機制，交易會直接從顧客現有的帳戶當中扣款。不過主要的優點在於觸及率更廣：需要密碼的簽帳卡只能在有密碼簽帳終端機的商家當中使用，但是經典卡卻能夠在任何接受信用卡的商家當中使用。[21]

就某方面而言，經典卡與密碼簽帳卡都是偷渡的，或許就是因為使用兩者背後的邏輯是認為這種卡片不像信用卡一樣有著立即的吸引力。銀行透過在新年卡片上增加新功能，將密碼簽

21 從一開始經典簽帳卡就能夠在所有有Visa商標的商家當中使用。萬事達卡也做了同樣的事，只不過晚了一些，因此造成Visa卡在簽帳卡市場當中仍是主力。

帳卡偷偷送進了其他人的皮夾裡，整個網路偷偷將接受經典簽帳卡的能力，塞進了商家的信用卡終端機裡。

到目前為止，這麼說非常聰明。在網際網路出現之後，就是需要更多巧思的時候。在這種情況下，出現了完全的改變。有一張白紙，想要發明虛擬世界的支付機制，那麼你就非常不可能在當中硬塞入三英寸長的塑膠卡片。但是信用卡很成功地打入線上交易，因此現在成為了電子商務的核心部分。他們是怎麼辦到的？

信用卡產業承襲了早期遠端支付的風格。在網路出現之前很長一段時間，美國人與英國人特別喜歡透過電話訂購郵購目錄上的商品。接著美國最大的電視購物公司QVC等其他電視購物台以及其他電話零售的通路也出現了。在漫長的業配過程中，螢幕上出現明顯的電話號碼，同時購物專家勸觀眾「趕快來電，售完不補」。每次的演出以一成不變地誇口說「接受各大信用卡」作為結束。

這種無卡支付的交易方式，本來就比較容易造成盜刷，因為沒有卡片或者簽名可供驗證，這也可能造成退款，因為持卡人可能宣稱他沒有收到或是不喜歡他們訂的商品。[22]也因此，我看交易在過去與現在都會被收取高出許多的交換費，收款行也收取較高的手續費。這些較高的利潤，有助於吸收相關損失，同時也是因為透過電話售出的商品，本身利潤就比較高。

線上購物在一九九〇年代問世時，該產業在電話購物方面的經驗完全派不上用場。顧客已經習慣在遠端使用卡片，卡片的網路則是用來處理無卡購物。

然而簽下「線上」商店則有更多陷阱。商家透過電話銷售的商品通常利潤都很高，但網路讓許多較小的商家進入這項公式當中。例如 eBay 列出了所有的商家，從販售刺繡用品的家族小店，到販售汽車或沙發的平凡顧客都有。

這樣就造成兩項重大的調整：第一項目是，小型商家可能會保留交易款項，但是沒有出貨；第二項，切記，這種傾向銀行體系的機制，要如何讓無法接受信用卡的小商家收款。這時候，接受卡片的商家就必須和銀行簽訂合約。銀行的設備不足以應付大量出現的新型微晶片，卡片的網路也無法觸及他們。於是就有了 PayPal 的誕生。

PayPal 不是只有解決上述的問題而已，而是引進了一種信託付款服務的帳戶系統，讓顧客能夠用卡片付款，並且暫時保管款項，等到顧客收到貨物之後，商家才能收到款項。運用特殊的運算以及評分系統來揪出詐騙交易與賣家，因此詐騙管理就成為了 PayPal 的核心技術之一，一度必須處理百分之七十的 eBay 交易，充分預示了公司之後在線上銷售的爆炸性成長。

PayPal 沒有觸及的部分，就由 Apple Pay 等行動錢包來支援。電子錢包不是要用來取代卡

22 退款指的是持款人成功申訴爭議款項成功之後已獲得退款，例如出現盜刷的情形。

片的；而是把信用卡上的資料，安全地分類整理到手機上，讓你不用再帶著塑膠卡片。只要你發覺你的手機靠近終端機，嗶一聲就完成了，那杯咖啡就是你的了。這些電子錢包也讓線上購物簡單許多，因為你卡片上的資料，可以非常容易地從行動裝置當中存取。這對懶惰的顧客來說非常好用，同時也是信用卡網路的一大躍進，有效地在短時間內達到數位的革新（即使發卡行在過程當中確實損失了一些收入也是如此）。

這並不是說信用卡已經被完全坐視不管了。例如，他們已經將獨特性提升到前所未有的新高。如果你符合那些標準，很可能會受邀申請杜拜皇家萬事達黑卡（世界上最頂級的信用卡）。卡片上有顆 .325 克拉的鑽石鑲嵌在黃金的基座上，是無上限的卡片，為邀請制，還有盡責的服務團隊。知名的美國運通百夫長卡，是鈦金屬製成的卡片，提供管家服務，滿足持卡人特殊的要求。他們因為能夠達成持卡人的各種要求而聲名大噪，例如持卡人想要凱文．科斯納（Kevin Costner）在《與狼共舞》（*Dances with Wolves*）當中騎乘的馬，那麼管家就會找到馬，並且親自送到你面前。

這種「邀請制」的方式就是要為金字塔頂端的少數人服務。我們其他人必須要申請較「正常」的卡片。即使如此，也不是每個人都符合發卡資格。沒有信用卡不是不能過日子，只是比較辛苦而已。這也就是為何 Visa 和萬事達把商標印在他們發行的預付卡上，開始運用自身的網路處理時，就大幅改變了業務的範圍與觸及率。

預付卡沒什麼新奇或創新：商家早在信用卡的概念出現之前，就已經開始發放禮物卡或是禮券。多功能禮物卡也存在很長一段時間了，例如你可以購買二十元、五十歐元、一百英鎊，用來作為贈送給別人的禮物，讓收到的人可以在店內消費使用。但是到了 Visa 卡和萬事達卡跟進時，一夕之間卡片就能在收款商家、ATM 等處使用。你甚至可以把每月薪資存入儲值卡當中，這個動作能夠有效把它變成銀行帳戶，雖然這樣你還是無法獲得銀行人員享有的保險。結果就是出現了一大批新持卡人，近乎完整地示範信用卡的用法。

許多美國人把這些卡片當作帳戶使用，美國現在每年都花超過一兆元在「通用可充值」的卡片上。這些也變得國際化。在歐洲大陸，擁有信用卡的旅客較少，預付卡則是被用在旅程上，在有限責任的基礎上，用來打電話訂房，租車，以及資助兒女；信用卡在新興國家當中也非常受歡迎，這些國家推銷的方式就是說，卡片取用時的便利程度和銀行帳戶不相上下。甚至還可以結合其他卡片，例如預付的行動電話卡。在奈及利亞，他們又向前邁進了一步：你可以保有自己的身分證，同時又是萬事達卡，這是個「有黏性」的點子，如果稱得上是的話。

預付卡的成功進一步見證了信用卡網路的強大力量。是的，他們或許很願意創新、採用，並且讓概念現代化，但以上種種都具有相當的力量能夠驅使大眾採用。正如我們所建的 Apple Pay 與 PayPal 一樣，我們接著會再見證金融科技席捲的風潮；他們網路的力量促使外人透過他們創新，或是在周遭發展出新的想法。無論你是愛是恨，我們現在都已經無法想像一個沒有信用卡網路的世界了。

CHAPTER 8

打造塑膠卡：從信用卡到簽帳卡

一九六六年時，美國外交官暨公僕喬治·W·包爾（George W. Ball）從美國國務院辭職，加入了雷曼兄弟的銀行體系。到職時，他對於身邊來去的金額數量大感詫異，有人聽到他問：「為什麼之前沒有人跟我提過銀行業？」

如果包爾身在今天，他當然不會在雷曼兄弟工作，[23]而且很可能不會想要進入銀行業；現在，信用卡的業務比過去利潤高了許多。的確，二〇二〇年三月時，《經濟學人》（*The Economist*）指出，儘管股價大幅下跌，一間普通的師傅處理的公司，已經成為了世界上價值最高的金融服務公司。Visa 卡甚至已經超越摩根大通銀行，價值超過歐洲時間銀行的總和（只不過這裡很可能指的是歐洲銀行的獲利能力與 Visa 獲利能力的比較）。萬事達卡就像是卡片界的百事可樂，雖不及 Visa 卡的可口可樂，但也發展得還不錯。雖然市場占有率只有 Visa 卡的百分之七十，但價值仍然與花旗銀行及美國銀行加總的金額相當。

信用卡的網絡，通常指的是在西方的Visa卡與萬事達卡、中國的銀聯卡，以及日本的JCB卡，連結了世界各地兩萬五千間左右的發卡行與收卡行。他們就好比是連接各個車站的鐵櫃，會在商家與銀行之間傳遞資訊，並且把錢從發卡行轉到收卡行，當然，也在過程當中賺了許多錢。

Visa卡以及其他信用卡網路主要的收入來源是透過電腦處理與通訊的工作，讓我們能夠用卡片付款，還有收取換匯的費用，以及每年向發卡行收取的年費。每一項的面額都不大，但是加起來就非常可觀。漸漸的，他們也提供盜刷偵測以及其他周邊服務，有助於築起舒適且令人眼紅的巢穴。

發卡行能夠保有相當高的利息收入以及交換費（事後成本）。收款行，無論是銀行或是獨立的支付處理者，以及那些製造與販售POS終端機的也會向商家收取費用，至於費用高低則取決於商家所使用的服務。

或許現在Visa卡和萬事達卡的市值都超過銀行，但最初則是由兩萬多間銀行所持有的，包

---

23 雷曼兄弟在二〇〇八年九月結束營業。

含摩根大通銀行、花旗銀行、美國銀行。這些銀行再看到卡片網絡的價值超過他本身的價值之後，必定會捫心自問：他們怎麼能夠讓這種事情發生？

事情是這樣的。一九九六年時，由沃爾瑪、希爾斯與 Safeway 領軍的美國零售業集團，代表美國所有接受 Visa 與萬事達信用卡及簽帳卡的零售商提出訴訟。四百萬間零售商有效地請求史無前例的損害賠償，金額高達一千億美元。Visa 卡與萬事達卡目前市值超過五千億美元，因此可能的損害賠償金額看起來似乎不高。但在此同時，銀行老闆卻擔心他們可能會有罪，就無疑地在他們決定是否出售信用卡網路時，扮演了重要的角色。這些零售商控告與萬事達卡使用在信用卡市場當中的雙頭壟斷現象，控制了簽帳卡的市場。他們提出訴訟的主要訴求，就是所謂的「兌現所有卡片」規則，這意味著商家如果要使用任何一個網路的信用卡，就必須接受整個信用卡的網絡。如果他們接受 Visa 卡，他們就必須接受 Visa 卡的經典簽帳卡。萬事達卡也是同樣的計劃。為何這點發生那麼大的爭議？

如果顧客使用他們的經典簽帳卡，零售商必須支付同樣的交換費用，以及商家的折讓費用，就像他們使用信用卡一樣。對商家而言，缺點就是使用經典簽帳卡，並不會鼓勵他們多消費。沃爾瑪等零售商總是接受大單與高利潤商品的刷卡，例如購買 BBQ 商品或是半自動突擊步槍。但現在顧客都使用簽帳卡來進行日常消費，購買食材以及清潔用品，這些的利潤微乎其微。如果零售商想要繼續收信用卡的話，那麼他們就必須接受這種較為昂貴的經典簽帳卡。對沃爾瑪以及其他零售商來說，這種偷渡的行徑讓他們覺得被施暴了。

Visa卡與萬事達卡在二〇〇三年十月，以三十億美元的金額達成和解，並且降低了經典簽帳卡的交換費，費用是原本收取的一半。他們同時也撤銷了「兌現所有卡片」的規則，允許商家選擇要接受哪些卡片。

就看起來很像是完全舉手投降，但信用卡網絡實際上還是勝過了零售商。Visa卡與萬事達卡買下了處理密碼簽帳卡交易的美國ATM系統，接著將交易的交換費用提高到和經典簽帳卡相同的水準，約是每一筆消費金額的百分之一。就實際上意味著商家在密碼簽帳卡付款和經典簽帳卡付款時，被收取的款項是相同的。因此雖然上述的協議讓商家能夠直接接受密碼簽帳卡，拒絕經典簽帳卡，但實際上不會這麼做，因為商家要支付的費用是相同的。

信用卡網路再打出了這一手好牌之後，開始有點玩過頭了。二〇一〇年時，美國國會開始處理手續費的問題，通過了《杜賓修正案》（Durbin amendment），訂定了簽帳卡交換費的上限。坦白說，其實限制的條件並不嚴苛：平均每筆四十美元的消費，交換費約為百分之〇．六，確實比之前低，但仍然比歐洲各地高，因為在歐洲簽帳卡幾乎沒有交換費。在少數有交換費的地方，費用也只有美國的三分之一。

簽帳卡或許利潤沒有那麼高，但是這種卡片確實是全球現象。雖然在美國，簽帳卡仍占所有信用卡交易的百分之五十，但三分之二的簽帳卡交易卻是在美國之外的消費。這些仍然以雙位數的速率在成長：每年高達百分之十二，相較之下，信用卡的成長則只有百分之八。

這些對 **Visa** 卡與萬事達卡來說都是好消息。雖然他們無法突破中國的官僚體系，也不願意嘗試，但他們卻主宰了世界上其他的大多數地區。信用卡的使用在歐陸的限制多於美國，在旅遊娛樂業之外，很少接受信用卡，但簽帳卡正好彌補了這塊空缺，**Visa** 卡與萬事達卡在分食這塊大餅時也沒有缺席。

歐洲的起步比美國晚了好幾年，但是舊大陸卻在一九八〇年代增設許多 ATM。因為信用卡的使用範圍並不普遍，因此在歐洲的大部分地區國家都沒有推出經典簽帳卡。相較之下，他們把重點放在密碼簽帳卡，這種卡片同時吸引了消費者和商家，無疑地，因為交易對顧客來說是免費的，對商家來說成本也不高。雖然在二〇一九年美國每人平均進行了兩百四十筆簽帳卡的交易，荷蘭則超過兩百八十筆，瑞典則將近三百筆。瑞典顯然成為了無現金未來的模範，只不過國內某些抗議的聲浪主要也是跟簽帳卡有關。

雖然歐洲的簽帳卡在一九九〇年末期與二〇〇〇年初期才起步，但採用的方式卻因國而異。讓歐洲旅行者深感挫折的一件事，就是簽帳卡一開始無法在國外使用。諸如 **Eufiserv**（歐洲儲備銀行）、**Cirrus/Maestro**（萬事達卡）以及 **V-pay**（**Visa** 卡）最後串起了這些國際網路，首先讓顧客能夠在歐洲各國的提款機領取現金，其次讓他們在歐陸各地都能夠在店內使用信用卡消費。

Visa卡與萬事達卡在歐洲的市占率穩定地成長。二〇一六年時，總部在美國的Visa卡公司以兩百一十二億元的金額，從歐洲老闆手上買下了歐洲的Visa卡公司，萬事達卡則在二〇〇一年時併購了歐陸卡（Europay）公司，並在二〇一七年時以七億英鎊的價格買下英國的Link網絡。因此，幾乎所有跨境的歐洲簽帳卡交易與許多國內交易，都是使用他們的網絡。

但這裡確實有件相當諷刺的事。歐盟行政委員會的工作人員有個夢想，就是打造歐洲單一支付方式的世界，但實際上卻必須透過兩個美國的網絡達成。看似荒唐的這一點，並沒有減弱歐洲有關當局推行「單一歐元支付區」的力道：他們毫不遲疑地稱頌莫瑞諾的神奇晶片在信用卡業中扮演的重要角色。[24]

中國宣稱沒有這種卡片的創新，但也避開了相關的挫折。中國有效地阻擋Visa卡與萬事達卡進入國內，並且發展出了自己的系統銀聯卡。在二〇〇二年推出的銀聯卡，目前無論用哪種標準檢視，都可說是規模相當大。市面上流通的銀聯卡有好幾十張，世界各地收受的商家多達

---

24 「單一歐元支付區」有助於讓歐洲各地的無現金歐元交易變得更順暢，讓歐洲消費者、商家、公部門能夠在同樣的基本條件下支付與收到交易的款項。這項共跨產業倡議，是由歐盟委員會提出且受到歐盟規範的支持（directive 2007/64/EC 以及規範 EU 924/2009 以及 260/2012）。

數百萬間。[25]大部分的銀聯卡交易都位於中國國內，但卻也在國外發行了一百萬張左右，是全球各地都可接受的卡片，只不過大部分都是中國人經常造訪的地區。不是只有美國人會用信用卡借款，中國的卡債高達一兆美元，和美國的金額相當。相較於國內生產毛額，中國的卡債甚至更高，占國內生產毛額的百分之七．五，美國則只占百分之四．八。

歐洲顯然不希望國民同樣負擔高額的債務，但確實也想要擁有自己的網絡。儘管一開始的幾次計畫都失敗了，但歐盟仍然持續鼓勵各方提出計畫。接著突然在二〇二〇年中時，或許是因為Visa卡與萬事達卡的市值給予了高度的獎勵，一群歐洲的主要銀行推出了《歐洲支付》倡議（*European Payments Initiative, EPI*），致力於「替歐洲各地的顧客與商家創造統一的支付解決方案」。這是深具野心的倡議，致力於克服歐洲零散的金融版圖。但歐洲人仍然固執地堅守國內的消費習慣，這是Visa卡和萬事達卡長久以來主宰的領域。任何一項改變都不容易。

---

25 creditcards.com的資料指出，相較之下，流通的Visa卡約有十二億張，萬事達卡則為接近十億張。

PART 3

支付的地緣影響

CHAPTER 9

地理的牢籠：支付習慣為什麼有民族性？

如果刷卡這麼棒的話，大家為什麼還要用其他的付款方式？例如說，美國人為什麼開出這麼多張支票（以美國的說法是「票子」）？

支票是一種很古老的支付方式，易腐壞、麻煩、速度慢，而且還有效期問題。支票具備現金的許多缺點，卻沒有即時性、確定性、匿名性或普遍性的優點。如果你用支票付錢給對方，他們就得把票子拿去或寄去自己的銀行，再一路從那裡送回你的銀行。接著，票據必須經過交換——而如果收款人沒有把支票留在手上太久，如果支票的狀況良好，如果付款人沒有開錯支票，如果他們的戶頭裡有錢，你才終於能拿到錢。這裡面的「如果」多得嚇人。

然而，儘管刷卡簡單太多，美國人到了收銀台前照樣開支票。就算現在幾乎所有其他國家的人都是用銀行轉帳來付帳單，但美國人還是用支票。美國每年開出大約一百五十億張支票：

每一個美國人每一個星期便開出一張！就一個發明了刷卡、孕育出PayPal與Apple Pay、並且憑空想像出天秤幣（Libra，現在叫做Diem，臉書加密貨幣計畫）的國家來說，這情況真是諷刺。[26]全世界的支票有四分之三是在美國開出的，其他國家望塵莫及（排名第二的是法國，占全部已開立支票的百分之十）。

經濟理論認為，人們會根據對他們的有利程度（好處扣除損失或成本）來選擇想要的付款方式。一個人可以爭辯說支票也有優點：支票交換要花上幾天時間，這段時間你可以把款項留在你的戶頭裡；再者，如果你是用郵寄的或受款人過了一陣子才去兌現，你還能把錢握在手上更久——而且你可以靠著那個眾所周知的藉口來延遲付款：「支票已經寄出了。」受款人的好處可能少一點，不過即便需要時間（而且就算要靠著開票人有足夠的資金確保不會跳票），他們預計是可以拿到錢的。

支票的另一個常被忽略的優點是不容易犯「胖手指」（fat finger）的錯誤，也就是付款人打錯金額或幣別。[27]這種事情比你以為的更常發生——又令人寬慰的是，不是只有我們這種小

26 臉書在二〇一九年六月宣布的臉書加密貨幣計劃，於二〇二〇年十二月更名為Diem。

27 支票可說確實也有開票人填錯金額的「筆誤」風險；這些錯誤若不是很少見，不然就是沒能得到跟轉帳錯誤同等的知名度。

咖才會犯錯。二〇二〇年的年中，花旗銀行便誤匯了百倍於應付的金額給客戶，錯帳額度高達九億多美元。同樣的事情也曾發生在二〇一八年，當時一個倒楣的德意志銀行員工弄錯了，做了一筆三百五十億美元的匯款，匯錯的金額比這家銀行的市值還高出五十億美元。

同樣的，在支票上寫錯名字很難，但是在銀行轉帳時搞錯帳號倒是很容易。這件事情就發生在任職於美國國家安全會議（USNational Security Council）的奧利弗．諾斯（Oliver North）身上。當時，諾斯正在跟伊朗的什葉派領袖何梅尼（Ayatollah Khomenei）及諾瑞嘉將軍（General Noriega）的尼加拉瓜反叛軍精心策劃祕密交易。[28]諾斯透過瑞士的祕密帳戶，把非法銷售軍火給伊朗政權的收益拿來資助叛亂軍，以便對抗尼加拉瓜桑定政府（Sandinista）。[29]在這個複雜的交易過程中，諾斯匯錯了汶萊蘇丹的一千萬美元「人道」捐款。他不慎將帳號的兩個數字寫反了，所以錢沒有轉入他在瑞士信貸銀行的（祕密）帳戶，而是匯給了某個瑞士商人。當伊朗這門醜聞東窗事發，諾斯要面對的問題可比弄丟蘇丹的錢來得更大。他被踢出國家安全會議，後來成為談話性節目主持人，也曾短暫擔任全國步槍協會的主席。

理論上來說會有一套制度來避免這類錯誤。為了防範「胖手指」之錯，銀行帳號應該要有所謂的「同位檢查碼」（parity code checks）：比方說，最後一位數的值會取決於前面所有位數的值與位置。如果你不小心把其中兩碼寫反了，便無法推算出同位（檢查）位元，也就不能進行付款作業。若不是一九八六年的時候瑞士信貸銀行的帳戶還沒有同位位元的設計，不然就是奧利弗．諾斯犯下比單純調換數字還更複雜的帳號錯誤。從整個脈絡來看，這起事件的案情恐怕並不單純。

不過，同位位元並非萬無一失的設計，有個倒楣的英國人便在二〇一九年吃過苦頭，當時他把錯的銀行代碼（sort code）給了處理父親遺產的律師，律師便如此指示銀行把十九萬三千英鎊轉入所提供的帳號裡，錢卻跑去了別人的戶頭。原來巴克萊銀行給兩個不同的顧客一模一樣的帳號，分行代碼卻只有一字之差，頗令人不可思議。銀行代碼沒有可避免這樁不幸事故的同位位元，所以巴克萊銀行是有託辭的。即便如此，這家銀行不肯凍結並歸還資金，還只提供

28 魯霍拉．穆薩維．何梅尼（Ruhollah Musavi Khomeini）在西方世界被稱為阿亞圖拉．何梅尼（Ayatollah Khomeini），是伊朗的政治家、革命家暨宗教領袖。他是一九七九年導致伊朗最後一任國王被推翻的伊朗革命領導者，也是伊朗伊斯蘭共和國的創建者。他在擔任最高領袖（Supreme Leader）期間反西方且與美國不合，因為在人質危機時支持挾持者而遭到美國制裁，使得諾斯起初無法公然地把武器賣到該國。

29 桑定民族解放陣線（Sandinista National Liberation Front）是尼加拉瓜的社會主義政黨，在一九七九年取得政權，其成員以奧古斯托．塞薩爾．桑定諾（Augusto César Sandino）之名被稱為桑定黨人，此人曾在一九三〇年代領導尼加拉瓜抵抗運動，反抗美國的占領。在雷根政府期間，CIA開始祕密資助、武裝並訓練被桑定政府烙印上「反革命分子」（counter-revolutionaries），簡稱康特拉（Contras）的反叛游擊隊。

二十五英鎊的賠償金給受害人，這麼處理對自己也沒有太大幫助。

不是只有巴克萊銀行會發生這些問題。美國政府的兩兆美元刺激方案在二〇二〇年四月上路時，美國國稅局（Internal Revenue Service, IRS）便因振興補助金存入受款人帳戶的事情飽受批評。[30]錢被匯錯帳號的情況屢見不鮮，國稅局不得不改採郵寄支票的方式。

奧利弗·諾斯的轉帳錯誤，有助於揭開擁有電影名氣的「編碼化」無名瑞士帳戶的神祕面紗。不同於大眾的想像，這些並非匿名帳戶，銀行完全知道擁有者的姓名，差別在於你可以不經檢核（或甚至不知道）受款人的名字，便匯錢到瑞士帳戶裡。

儘管這類祕密瑞士帳戶博得如此高的名氣，但匿名並非什麼僅此一家、別無分號的功能。直到最近，英國的銀行都還不會檢查匯款單上的姓名。你真的可以匯一筆款項給朋友，填上「米老鼠」為受款人，然後提供正確的帳號與銀行代碼，錢一樣能安然抵達。真是難以置信，直到二〇二〇年初，英國才引進「確認受款人」（Confirmation of Payee）的服務。根據英國消費者協會《*Which?*》的估計，這項措施早三年引進的話，可以避免的匯款損失（或詐騙）達三億兩千萬英鎊之多。

回頭看看這不起眼的支票：支票的原理也許不變，但作法已經與時俱進。在英國，一個半世紀以前，你只能在距離發票銀行十英里的範圍內簽開及兌換支票。二十年前，美國的銀行把一袋又一袋的支票空運到全國各地。一直到二〇〇一年發生九一一攻擊事件，所有航班停飛一週，美國的支票結算作業戛然而止，才獲得足夠的動能往影像掃描的方向邁進。自二〇〇四年以來，美國的銀行已經會掃描支票，以電子化的方式傳送影像給發票銀行。因此，支票在美國變得更好用，處理成本也更低。然而，這並不能解答何以支票在美國還是這麼的受歡迎，其他地方卻沒有。

事實是民族性在我們的支付偏好中顯露無遺。即便鄰近國家如法國、荷比盧及北歐地區的現金使用率已經降到更低的水準，但德語系國家——德國、奧地利與瑞士——卻依舊居高不下。德國人還很愛用直接扣款，消費者透過按期付款指示（standing instruction）授權水電、瓦斯、電話之類的公司，每個月從他們的銀行帳戶扣取帳單費用：每個德國人每星期會扣款超過兩次！其他國家的扣款次數沒有這麼多——瑞士人肯定沒有，該國每人每月不到一次的直接扣款（所以，說不定守法的瑞士公民為了付帳單而帶著一千瑞士法郎紙鈔出現在郵局是真的）。只有荷蘭人堪可望德國項背，每人每星期大約有一．五次的直接扣款；或許這是因為荷蘭人跟德國人一樣，有著按表操課與結構化的天性，只是沒有像他們這麼偏愛現金。各國都有自己的支付組合。

30 美國的IRS相當於英國的稅務海關總署（Her Majesty's Revenue & Customs, HMRC）。

「我們是怎麼付錢的」長久以來一直讓經濟學家和研究人員感到困惑不已。他們試著運用解釋變數來為不同支付方法建立跨國使用模型，例如犯罪率（犯罪率低表示竊案較少，也許就偏好使用現金）和利率（高利率的話說不定喜歡需要時間來結清的支付方式，像是支票）。可是，結果證明這些變數並不能很好的解釋我們所做的選擇。

研究人員反而發現較低的卡片使用率與較低的卡片接受度息息相關。當然，有人會疑惑這其中的因果關係：某些國家比較少使用卡片是因為接受刷卡的地方較少，還是因為那些地方的人不喜歡刷卡，所以卡片接受度才比較低？這些變數也不真的能解釋國與國之間的差異。如果美國人是基於相較於其他選項而言更有吸引力而鍾情於支票，那麼何以在其他也有同樣選項的國家幾乎不太開支票？

部分答案可能在於我們付款背後的習俗。我們每一次付錢時，都在選擇「怎麼付」。不過，我們怎麼付錢跟怎麼收款，不但取決於我們自己想怎麼做，也取決於周圍的人想怎麼做。不管是銀行帳戶、錢包、刷卡、付現或其他別的支付機制，唯有獲得認可才會有用。這種接受度端視習俗與傳統而定，有些是「軟性」的，例如文化偏好，有些是「硬性」的，像是有多少商家備有可以讀卡的終端機。兩者都很難改變。

想要了解何以這類習俗如此難以撼動，以及因而說明了何以美國人開出這麼多張支票，我們必須看一看支付最重要（也最迷人）的兩大元素作用：傳承與網路。

將近兩百年前，傑出的工程師布魯內爾（Isambard Kingdom Brunel）被請來為大西部鐵路公司（Great Western Railway）建造從倫敦到布里斯托的鐵道線。他是在曼徹斯特—利物浦鐵路線蓋好八年後得到這份工作的。先前鐵道採用的一四三五公釐（換算下來是四呎八又二分之一吋）史蒂芬生軌（Stephenson gauge）太窄了，所以他棄而不用，改採二一三四公釐（七呎）的軌距。大多數鐵道工程師都會認同布魯內爾的選擇，認為大西部鐵路的軌距較佳，只要廣為採用，就能讓英國乘客享有更好的速度、穩定度與急需的運量。不過，等它蓋好之後，史蒂芬生軌已經被廣為採用。布魯內爾最後不得不接受失敗，而大西部鐵路線也改弦易轍（給對火車有興趣的人，最後一列從布里斯托開出的寬軌火車是飛行荷蘭人號，一八九二年五月二十九日最後一次撞上車擋；取而代之的標準軌火車在隔天十一點四十五分從帕丁頓車站出發，而且不使用任何名字以示區分）。

布魯內爾的軌距標準是所謂的「網絡效應」（network effects）受害者。這個名詞來自於一個觀察，亦即網路的「價值」依使用者的數量而定。第一支電話與第一台傳真機的成本也許很高昂，可是因為沒有人會打電話或發傳真過來，所以它們的價值受限。隨著開始使用電話與傳真機的人數增加，它們的價值也就水漲船高。同樣的，當用戶愈來愈多，臉書的價值便提高了。這種效應不限於純粹的網路，也適用於標準、法律制度、語言等風俗習慣，各自的效用端賴被廣泛使用的程度而定。

從經濟意義上來看，支付機制的表現跟這類網路很像：不管什麼支付形式，對個人的效益視存在多少其他使用者而定。卡片的價值要看你可以在什麼地方使用。支票之所以在美國有用，是因為它們為人所接受，有管制的法律框架——同樣重要的是——它們是文化的一部分。支付系統中處處可見網絡效應——多到你可以寫完一本博士論文。[31]

關於支付網路第一件要知道的事情，是它們很難建立，需要取得某種關鍵多數，才能變得可行——不過一旦大功告成，就能帶來龐大的價值。這是「雞生蛋、蛋生雞」的問題：除非顧客手上有卡片，否則商家不會安裝終端機，而除非可以在店裡刷卡，否則顧客不會去申請卡片。這把我們帶回到引進簽帳金融卡（**debit card**）的做法：以輸入密碼刷簽帳卡的功能被附加在既有卡片上，同時間，簽名式的簽帳卡也可以在原來的店家使用（參見第七章）。這兩種卡片類型都突破了「誰先誰後」的難題，只是做法不同。

你可能已經注意到，刷卡在一九五〇年代的起步方式跟約莫五十年後的臉書及 **PayPal** 如何起飛有著雷同之處。卡片是從一小群客人和他們常去的紐約餐廳之間的協議開展出來的；臉書是從哈佛學生之間開始的；而 **PayPal** 則是始於 **eBay** 在美國的買家與賣家之間。接著，它們各自往具有類似利基的族群擴展；卡片往加州的用餐客人發展；臉書走向史丹佛大學的學生；而 **PayPal** 則是擴及美國以外地區的買家。它們全都是在交易利益相近的小群體內累積關鍵多數，然後聚焦於特定類型的活動進行擴建，直到達到引爆點後，才開始真正的一飛衝天。

網路是一件很寶貴的東西。全世界最大也最現代化的支付巨擘支付寶（Alipay）的母公司螞蟻集團（Ant Group），試圖在二〇一七年以十二億美元買下從事國際匯款業務的速匯金（MoneyGram）。何以螞蟻集團，一家原本完全可以一舉消滅傳統匯款服務的公司，願意為了這家業務大致雷同、且遠遠落在西聯匯款（Western Union）之後的老二企業，付出這麼多錢？網路——已經習慣使用速匯金的客戶群——才是它真正垂涎的目標

網路一旦建成，會變得異常強大且難以驅除。針對網絡效應的科學研究已經得出幾個既不明顯也不直觀的洞見，例如最好的標準並非總能勝出。而且，網絡效應確實創造出「贏者全拿」的局面：在幾乎每個潛在用戶眼中，最大型的網路即便功能沒有那麼佳，也天生比其他網路更吸引人。下次當你付錢時，謹記在心：我們所做的每一個選擇，都是在為某個支付網路注入力量，而可能削弱了其他網路。

同樣的現象也使得已成形網路能在大型技術變革發生時能有所超越，即使一開始的時候，他們看似跟不上情勢變化。記得臉書是如何身手矯健地從個人電腦移動到行動裝置，沒有被原

---

31 哥特佛萊德（Gottfried）真的寫了一本博士論文：「支付系統與網絡效應：各國網路技術的採用、調和與繼承。」（*Payment systems and network effects: Adoption, harmonization and succession of network technologies across countries*）（荷蘭，馬斯垂克大學，二〇〇四年）。

生於智慧型手機的競爭者所取代？或如我們在卡片上看到的，網路是如何成功的實踐多次技術變遷？無論一個既有網路看起來有多麼跟不上時代，站在這個基礎上發展通常比打掉重練更為務實可行。

講到標準超越技術，我們最喜歡舉的例子是太空梭的設計如何被一匹馬的屁股所決定的故事。太空梭火箭推進器的寬度，不能比運送太空梭到發射台所必須經過的鐵路隧道還寬。隧道的寬度是由鐵路軌道的寬度或軌距所決定的。[32]史蒂芬生在設計全世界第一條鐵道（曼徹斯特到利物浦）的軌道時，他的軌道寬度已經被用於礦坑與電車道上的軌道寬度限死了，而後者反過來又是根據一匹馬所拖拉的貨車寬度所設定的。貨車設計者恐怕使用的是戰車的標準寬度，這個標準一路可以追溯到羅馬時期。所以沒錯，羅馬人在太空梭的設計上有幫了一把。

這就是經濟學家所謂的「路徑依賴」（path dependence）。倘若是布魯內爾更早建造他的鐵道，我們可能就會擁有比較寬的軌道；英國的火車乘客可以有更多座位可坐；而太空梭也就能有比較大的火箭推進器。在美國說英文，是因為就算後來有為數更多的德國人抵達美國，但最早的主要移民來自英國。如果是德國人先來，我們現在可能正在用德文寫這本書，你讀的也會是德文。因此，問美國人為什麼開支票，就跟問英國為什麼左駕、我們以前為什麼用VHS而不是Beta、還有美國人（幾乎是獨一無二的）用華氏來衡量溫度是一樣的。他們就是這樣——現在就算想改，也很難改了。

路徑依賴聽起來狀似無害，但往往會產生一種被稱為「鎖定」（lock in）的效應，這個名詞傳神地形容出消費者與管制者的挫折。就跟消費者會被鎖定在諸如臉書或支付寶等系統一樣，國家也會被支付工具鎖定，個人在其中能有的選擇很少。消費者成為地域的囚犯，支付偏好被自己國家的風俗習慣所箝制。

拋開挫折感不談，網路是一個有趣極了的題目。它們把支付系統跟過去綁在一起，偏愛建築在既有基礎上的解決方案。可是，這件事也有相反的一面：沒有了傳承，事情可以發展得非常快。回想當年剛成形的社群媒體出現在一個擁有三億居民的大國，其中大多數人擁有個人電腦與網際網路，就不難理解臉書是如何快速成長了。現在，想像一下，在另一個支付系統相對不發達，但擁有十四億人口且人手一支智慧型手機的國家，會發生什麼事情……

32 史蒂芬生一開始訂的軌距是四呎八吋，後來加上半吋是為了給車輪與鐵軌之間留下更多空間。

CHAPTER 10

白手起家：中國與肯亞如何將支付行動化？

二〇一九年，一般人平均刷卡次數超過上百次，全年度產生總計五千億美元的卡片交易額，反映出超過半個世紀以來穩定擴張與創新的盛世成果。真是驚人的數字啊，你腦中閃過這個念頭——可是再想一想，同一年光是中國一地的行動支付額就有大約五千億美元，每位中國公民將近三百五十美元。經過大約五年的病毒式採用之後，這些行動支付絕大多數只發生在兩套應用程式上——支付寶與財付通（Tenpay）。看看圖三以國家別呈現出二〇一九年二十五個主要國家的非現金支付占比，便能了解中國的數字之龐大，多麼令人震驚。中國占百分之三十的人口，可是非現金支付的比重卻占整年度約一兆兩千億美元的將近六成。這兩個中國的「超級應用」便囊括其中將近三分之一，由於它們持續領先其他工具，所占份額只會愈來愈高。

不過短短幾年，支付寶和財付通使中國從一個使用現金的社會變成電子支付的世界級領導者。可是，中國並非第一個見證行動支付的採用、如此不同凡響的國家。

二〇一九年，肯亞全體人口享有大約七萬條電話線——每一百個居民不到一條有線電話。值此同時，該國有將近五百五十萬名手機註冊用戶——每個居民的手機數略高於一。肯亞跳過了有線電話，直接邁向行動電話的時代。有了龐大的功能型手機使用量，加上沒有祖傳的支付網路存在，肯亞運用簡單到出乎意料的技術，便很快推出一個有效的支付系統。

M-Pesa是在二〇〇七年由沃達豐（Vodafone）的肯亞子公司薩法利通信（Safaricom）所創，用簡訊便可以從預付卡餘額轉帳——把通話分鐘數當成貨幣。這套系統可以在任何手機上運作，就算是沒有智慧型手機功能的簡單款也行。為了讓顧客把電話分鐘數換回現金，M-Pesa使用了銷售

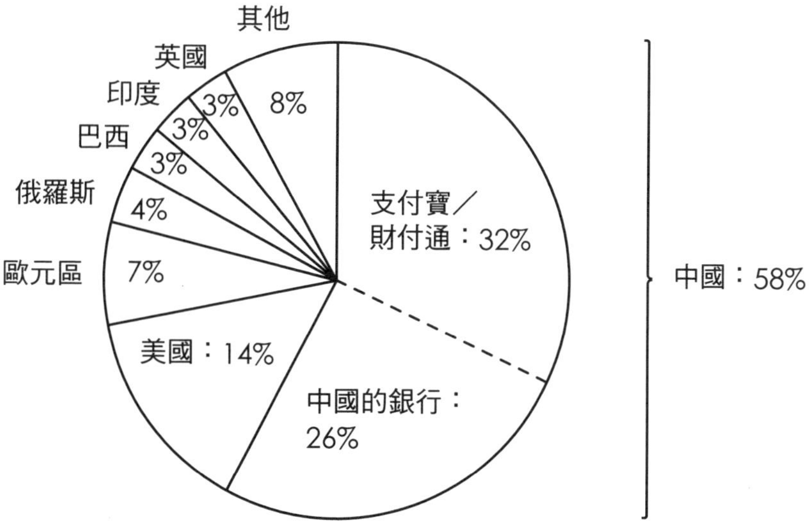

圖三　二〇一九年國家別非現金交易占比

預付卡的供應商網路。這些供應商本來已經在收取購買預付卡的現金，現在，他們也當起人肉ＡＴＭ，發放現金給顧客，再從他們的 M-Pesa 帳戶中扣除。

這套系統已經獲得現象級的採納，推出十年後，幾乎每一個肯亞人都有一個帳戶，系統處理的交易額價值占國內生產總值的一半。相較之下，西方國家通常需要花費超過二十年的時間，才能讓新的支付技術獲得全面採用。M-Pesa 在十年內便達到每年每位居民三十五次交易。

支付寶比 M-Pesa 早三年推出，一開始是基於個人電腦的線上解決方案，不過直到大約二〇一三年才真正起飛，而這都是拜一個擁有十四億人口的國家，幾乎百分百的智慧型手機盛行率之賜（相比之下，肯亞的人口只有五千一百萬）。

M-Pesa 和另兩個中國的行動電子錢包都是封閉系統，供使用者方便轉帳給其他用戶。用戶必須透過別人的付款、從自己的銀行帳戶轉帳、或者像肯亞這樣到指定供應商儲值，來維繫他們在系統中的帳戶餘額。接著，透過手機號碼或電子信箱識別，他們便能寄錢給任何在同一系統擁有帳戶的人。此外，他們也能在自己的智慧型手機上產生ＱＲ碼，對方的手機一掃描，錢便能即時轉入。

這兩個中國的超級應用都鼓勵用戶把錢留在系統裡。與系統中的其他用戶交易是免費的；如果你想要寄錢給系統外的人，就要付轉帳金額百分之〇．一的手續費，最低手續費為〇．一人民幣（一．五美分）。

這兩套中國系統本質上是點對點的：不管身分是消費者還是商家，任何人都可以相互寄送與接收金錢。同樣的，誰都可以充當商人收受付款。街頭小販經常把QR碼印出來掛在攤位上，供買家掃描付款。據說現在連乞丐都有QR碼。

QR碼顛倒了傳統的卡片模式。使用卡片的話，消費者是離線狀態，只要拿出卡片來即可，而商家則靠著連接電話線或網際網路的刷卡機來保持連線。若是使用QR碼的話，消費者是上線的，商家則是離線的。

對商家來說，以支付寶及財付通接受付款比刷卡付款來得容易許多，也更省錢，至少現在是如此。無怪乎中國的店家棄刷卡而擁抱電子錢包。二〇一八年到二〇一九年間，中國接受刷卡的店家和刷卡機數量下跌百分之十五，是中國的支付統計中，少數幾個下滑的數字（另一個是自動櫃員機的數量，以遠遠更低的百分之一幅度下滑）。[33]

QR碼已經遍及中國各地，甚至成為二〇一九年中華人民共和國建國七十週年大閱兵的特

33 接受刷卡的店家從二千七百二十萬家下跌到兩千三百六十萬家。POS終端機的數量也減少大約三百五十萬台，從三千四百一十萬台下跌到三千零八十萬台，顯示「單一終端機店家」已經退場（資料來自二〇一九年的《第三季支付系統營運綜合報告》（*Third Quarter Payments System Operations General Information Report*）。

色。在遊行中，人民解放軍菁英部隊所穿的防彈衣上有QR碼，推測是為了識別之用的數位「兵籍牌」——而不是要募款。

支付寶和財付通以破紀錄的速度主宰了中國的零售支付。普通中國公民在這兩大系統上付款的次數跟普通美國人刷卡付款的次數一樣多。

這兩套應用每秒鐘能夠處理超過一萬五千次交易，不僅是工程上的偉大壯舉，更是非常高明的行銷者。二〇〇九年，阿里巴巴（相當於中國的亞馬遜，和支付寶的母公司螞蟻集團是緊密的關係企業）把中國傳統上的「光棍日」（原本是單身男子的非正式節日）改造成一場大型購物活動。[34]同時間，擁有財付通的中國科技巨擘騰訊公司（Tencent）則把中國人在婚禮、假日與特殊場合餽贈裝了錢的紅色信封的風俗，轉換成一種數位「紅包」（Red Packet）體驗。

這兩項新措施事實證明非常成功。光棍日自此成長為全世界最大的購物節——不但對阿里巴巴大有好處，也裨益了支付寶，後者在二〇一九年聲稱一小時內經手一百二十億美元——其中十億美元是發生在最初的六十八秒。

當騰訊在二〇一四年初的新年期間「軟起動」它的紅包服務，使用財付通的使用人數在一個月內提高超過三倍，從三千萬人增加到一億人。隔年，財付通又靠著與央視春節聯歡晚會合作而大發利市——以觀看人數來看，後者相當於中國的超級盃。一個有七億人口收看的活動改變了一切。在二〇一六年的新年期間，財付通的五億一千六百萬用戶送出三百二十億元紅包。

在中國，幾乎人人擁有其中一個或兩個應用服務的帳戶，兩者每年合計處理金額等於中國GDP的三倍。這是個令人咋舌的量，尤其是跟西方國家的清算所比較的話。這類清算所一般來說每年經手的金額是八到十倍的GDP，可是他們處理的是自己經濟體的所有發票付款，而非只有零售業。

從這些數字來看，有人可能會為中國的銀行捏一把冷汗，可是，流經中國銀行體系的交易卻令人十分開心地一直在上升當中（銀行就算不是十分開心，恐怕也夠開心了）。最近兩年，銀行的交易量翻倍有餘，從二〇一七年的一千五百億增加到二〇一九年的三千兩百億元，年成長率為百分之四十七。有部分成長無疑是因為人們把錢從銀行搬到錢包或反之亦然，不過看起來單純就是中國人做了更多次的電子交易。行動電子錢包的交易免費而且流暢易用，前途無可限量。

以支付工具作為跳板，兩大中國行動錢包業者已經開枝散葉，提供投資商品，而且同樣表現不俗：餘額寶共同基金一經推出，便迅速地從三億五千兩百萬名散戶手上募集到三千億美元的資金。曾有一度，餘額寶是全世界最大的基金，為支付寶博得一個「吸血鬼」的渾號，因為

34 阿里巴巴和創辦人馬雲是支付寶的母公司螞蟻集團的最大股東。

它豪食鯨吞了太多存款。兩大超級應用也提供消費者貸款，運用手上的消費者付款歷史資料來評估他們的信用，和他們不願意或無力償還貸款的可能性。

肯亞與中國都面臨了一個契機與一個挑戰：沒有既有的系統，便沒有傳承的問題要應付，不過，他們也沒有現成的「軌道」可用來處理支付。這兩個國家反倒都利用了幾近百分之百的手機盛行率——然而，兩邊的系統卻南轅北轍。何以至此？部分原因是這兩個國家的系統並非完全白手起家，都有仰賴某種形式的既有基礎，進而形塑了他們的發展樣貌。

肯亞的 **M-Pesa** 是為了只能發簡訊的簡易款手機設計的。它也聰明地利用了大多數肯亞人都有預付卡帳號這個事實，並獲益於銷售預付卡的經銷商網路。中國的系統來得晚一點，當時大家都（比較）有智慧型的手機了，因此能夠享受到這類應用功能的好處。

國家從來不是真的從無到有，也不會發展得一模一樣。只要想想英語，以及英國與美國現在如何被一種共通語言劃分為兩個國家即可。同時給兩個國家相同的技術，他們最後可能會發展出不一樣的支付工具，反映各自的民族性。路徑依賴說穿了就是一種極度執著。

路徑依賴也許也能用來說明何以中國與肯亞的行動錢包（還）沒能在其他市場複製成功經驗。支付服務也許是一種規模事業，可是並沒有那麼可規模化。**M-Pesa** 在印度與東歐的努力功敗垂成，在南非則辛苦掙扎中；不過，它在或許沒那麼競爭且低度開發的市場看來表現比較好，像是坦尚尼亞、莫三比克及剛果。

支付寶和財付通正在向海外擴展，不過主要是簽下跟中國遊客作生意的商家。換句話說，它們擴張的是觸角而非顧客群。比方說在愛用現金的德國，有些店家會接受它們（跟許多接待日本遊客的店家會接受JCB卡如出一轍）。支付寶和財付通也會讓中國裔的德國公民加入，以便他們和中國的親戚金錢往來。

它們是否能更加深入德國的支付市場？這將會是一場艱苦的挑戰：它們不但要克服德國人對現金的偏愛與對隱私的注重，還要彼此競爭。而且既然它們是封閉系統，便需要達到關鍵多數才能說服使用者堅持使用下去。不過這還不是最重要的事——首先，他們需要取得德國與歐盟當局的同意。

有鑒於支付（及隱私）理念的差異，歐盟不太可能倉促擁抱中國的非銀行業者提供的行動錢包服務——至少以它們目前的條件來看是如此。歐洲會不會反而仿效美國，當地的卡片業務在持續不斷的壯大當中？或者它會追隨印度支付現代化的腳步？

CHAPTER 11

無敵印度：瘋狂的支付革命

還有另一個國家擁有超過十億人口：印度。談到支付，說來不出所料，印度正在走一條跟中國、肯亞及美國完全不一樣的路。印度有數家行動錢包業者，截至目前獲得差強人意的成績。不過，他們現在全都落入被某個計畫趕過去的危險當中。這個計畫加速帳戶對帳戶付款（account-to-account payments），使之變得更加親和易用——而且讓銀行穩穩地重新回到要角的位置。此舉絕非易事。想要明白印度的計畫有多麼了不起，首先讓我們來看看別處以銀行為主的快速付款機制發生了什麼事。

像英國之類的國家已經靠著引進「即時支付系統」（instant payment systems）來處理速度問題。基本上，它們就是銀行用來在顧客之間結算付款的傳統系統——例如英國的跨行代收代付系統（BACS）、西班牙的支付服務 Iberpay 等的渦輪增壓版。儘管這兩種系統都是在執行跨行轉帳，不過包括 BACS 在內的傳統服務是把數千筆付款打包起來，在預定的時間批次處理——通常一天一次。相反的，即時支付系統採取實時作業，所以傾刻間就可以拿到錢。即時支付系統一天二十四小時提供服務，傍晚、夜間與週末都不會中斷。[35]

第一個站出來做即時支付系統的是自稱「支付服務的全球領導者」——英國。在它的快速支付服務（Faster Payments Service, FPS）於二〇〇八年推出以前，英國銀行帳戶間的轉帳要花上三天時間。儘管如此，FPS降臨於世之後，進展卻很緩慢；顧客似乎並不急著看到自己的錢動得快一點。即便立下規定要求銀行把既有的按期付款單都移轉到新平台上，可是規定生效七年後，FPS還是只有處理四分之一的英國轉帳及直接扣款業務。

也許單純就是因為新系統過早推出了。許多後起之秀提供的不只是二十四小時即時轉帳服務，它們還把付錢給別人變得更簡便，允許用戶使用像是電子郵件信箱或手機號碼等「別名」來轉帳，比起又臭又長又難記的銀行帳戶細節簡單太多。它們能被架構在手機平台或網站上，以便顧客立即付款。

35 不過這種顧客便利性是讓央行感到憂心的根源，這是何以即時支付的金額大小設有上限的原因。央行向來利用週末關門時間來解決經營失敗的銀行的問題。週末時客戶不能提款，給了出問題的銀行一段緩衝期間。當然大家還是可以從ATM領到現金，不過每天可以提領的錢以及機器實際上可以分配到的金額都有上限。若不設限，即時支付系統移除了這種「斷路器」，是可以允許客戶——尤其是企業客戶——在週末期間從銀行拔走大量流動性，實際上是會加速銀行崩盤。

超過五十個國家已經推出或正在發展這類即時支付系統。不過，一如往常，每個國家都在走自己的路，而正牌的即時支付系統和「改裝版」的前身之間的區別，也並非總是那麼一翻兩瞪眼。回到印度：它的解決方案是國內的即時支付系統，加上一個允許任何人皆可使用的上層架構。印度參與銀行的顧客可以隨時進行即時轉帳，而這個上層結構（被稱為「統一支付介面」；**Unified Payment Interface, UPI**）也允許任何第三方供應商發起實時轉帳。諸如 **Uber**、戶戶送（**Deliveroo**）和谷歌（**Google**）等公司已經擁抱這種簡單的做法，讓它們的印度顧客把付款指示直接「注入」當地銀行系統。

從技術上來說，這是一個接近英國 **FPS** 及澳洲所謂「新支付平台」（**New Payments Platform, NPP**）的設置，可是印度端出來的解方已經見到更為迅速的成長與採用。

為什麼呢？首先，印度的 **UPI** 讓使用者的付款簡單太多。顧客不必填寫帳號與銀行代碼，使用別名——例如手機號碼就可以了。澳洲人也可以在 **NPP** 上用手機號碼當別名，不過毫無疑問，印度的系統比較好，因為它靠的是印度普及化的 **Aadhaar** 身分證字號，而銀行已經擁有每一個顧客的 **Aadhaar** 碼了；使用手機號碼當別名的話，用戶還必須先跟銀行註冊。[36]

其次是因為 **UPI** 提供開放的應用程式介面（**application programming interfaces, APIs**），允許銀行以外的其他機構例如網路零售商代表用戶發動付款。歐洲執委會（**European Commission**）正在試圖讓歐洲的銀行做類似事情——儘管它已經耗費數年光陰來取得銀行同意，而配套的監管法規還要更長時間才能全面生效。[37]

APIs 正在徹底革新金融服務（以及其他產業）。可是，它們是何方神聖？又是怎麼運作的？

API 是一種可讓兩套電腦應用程式互相交流的軟體。我們大多數人一天到晚都會用到 **APIs**，卻渾然不覺。比方說，當你選擇在臉書分享某個你喜歡的網路商店品項、同意某個應用程式或網站看到你的位置或使用你的相機，其中都會動到某個 API。

API 描述文件列出了這些請求——稱為「API 呼叫」——必須如何格式化和應該回覆什麼資訊內容。它可以是簡單的「把帳號發給我，我就會把目前餘額送回給你」。**APIs** 的真正威力在於它們允許一家組織自有網路之外的電腦提出請求。組織只要公布它們的 API 規格，就能讓外部開發者輕鬆地建置並執行 API 呼叫。

APIs 除了擷取資訊，也能啟動流程，例如付款流程。一個 API 呼叫可以具體說明某一

36 Aadhaar 碼是一組十二位數的隨機數字，由印度唯一身分識別管理局（Unique Identification Authority of India, UIDAI）發給印度的居民，以便其符合驗證程序。任何印度居民不管年齡或性別，都可以自動登記以取得他們的 Aadhaar 碼。

37 指「第二號支付服務指令」（Payment Services Directive 2, PSD2）或歐盟指令 2015/2366，強制銀行允許第三方服務供應商（在取得客戶同意下）透過 **APIs** 啟動支付並查詢帳戶資料，如餘額與過往交易。

筆轉帳的細節資訊，包括帳號與金額，接著呼叫者會收到該筆付款已經執行的確認訊息。

在大多數人沒有注意到的情況下，APIs 已經改變了我們使用網際網路和行動電話的方式，而現在，他們實際上正在徹底革新我們的支付方式。而且，我們知道，這麼說對忠實信奉者來說是一種褻瀆——支撐比特幣等加密貨幣、被捧上天的區塊鏈技術（我們將在第二十二章討論）所承諾的好處，它們也能做到不少。

這些 APIs 允許其他人——不管是亞馬遜或谷歌之類的海外巨頭，或是印度本土供應商——將 UPI 嵌入它們的行動應用程式裡，帶給人無縫順暢的付款體驗。應用程式使買家得以透過跟商家交換 QR 碼來付款，而商家也能把可經由 UPI 付款的電子帳單呈現給顧客看。

拜 UPI 之賜，如今印度的即時支付系統是世界上最成功的系統。自二〇一六年中期問世以來，已經每月處理十億筆交易。相較之下，英國的 FPS 儘管早了快十年推出，同樣時間處理的交易量不到兩億五千萬筆。印度系統的用量正在以每月百分之十的速度成長，每一年都翻倍有餘。儘管 UPI 確實起步較晚且仍在更為早期的採用階段，但它的這種成長速度甚至比支付寶和財付通還更快。

為何世界各國要如此煞費苦心的讓支付變得更快？身為付款者，我們通常不會考慮別人有多快拿到他們的錢；除非對方沒收到款項便不願意出貨或提供服務，速度才會是問題。不過，若是身為收款人，情況就不一樣了。

即時支付到來以前，若我們用刷卡付款，唯一可以確定的事情是付款會被執行，但不知道會多快發生。商家知道錢要來了，不過他們必須等個一天到一個星期或更久的時間。在這段期間，他們無法補貨、付員工薪水、把收益拿來再投資等。如果他們是借錢做生意，就要付出代價，這反過來又吃掉了他們補貨、付薪水、擴展業務的能力。更糟的是，若我們用支票或轉帳付款，收款人既沒有速度也沒有把握；說真的，不到帳戶結算，他們也不能指望什麼。

這對金融部門來說也是個大問題。錢從某家企業或銀行到另一家的時間花得愈久，系統中累積的信用風險便愈高。這既危險，也不是經濟上所樂見的狀況。你想要讓鈔票發揮作用，而且要快。

因此，金錢移動的速度真的很重要，國家正在爭奪即時支付的最佳有利位置——然而，這是一場競賽嗎？支付習慣有著頑固的民族性，所以你可以辯稱就算鄰國比你走得遠、走得快也沒差別。你是可以這麼主張，不過金錢的效率流轉對每一個經濟體來說都是無比重要的事情，你可能不覺得有必要跟任何鄰居比排場，但是不去探探他們的來頭就不對了，至少可以跟他們做個標竿比較或是從他們的錯誤中學習。

從幾個其他重要方面來看，我們應該要意識到，這是一場競賽。比方說，歐洲執委會和英國財政部在二〇二〇年中期開始重新檢視它們的支付策略是有原因的。為了建立標準、保護並促進出口和影響力，一場爭奪支付領導權的比賽顯然已經開打了。比較不明顯的是準理念方面的競賽，以確立支付應該在什麼地方和由誰來執行；支付應該以銀行為中心或是以技術為中心；以及應該把支付業務交給追求利潤最大化者經營，還是當成公用事業——或是介於兩者之間。

歐洲對支付業務的思考，看來更接近印度的作法。英國的FPS是一個由私部門出資、公部門驅動的計畫。歐元區在二〇一七年推出一個由銀行主導的新措施，不過跟它配套的卻是歐洲中央銀行自己僅僅一年後便推出的快捷支付清算系統（TARGET Instant Payment Settlement）。[38]印度的計畫也是同樣出自干預式手法，奠基於由印度政府與該國的央行印度儲備銀行（Reserve Bank of India）所促成的公私夥伴關係（private-public partnership）。

歐洲雖然沒有相當於Aadhaar碼的東西，但卻具備以類似模式獲得成功的其他必要元素。它不但有即時支付所需的基礎建設，也擁有英國開放銀行（Open Banking）和歐盟的修訂版支付服務指令（Payment Services Directive）等措施（第二十一章會有更多討論），兩者都是在驅動APIs的使用，並使帳戶間的轉帳流程變得簡單。歐洲是否有能力像印度那樣結合這兩種要素？果若如此，它能給陷入困境的銀行所急需的幫助嗎？

38 這個私部門的計畫就是歐洲銀行公會結算所（EBA Clearing）的RT1計畫。歐洲中央銀行的即時支付服務則是快捷支付清算系統（TARGET Instant Payment Settlement, TIPS）。

PART 4

支付的經濟學

花錢來付錢：支付的隱藏成本

俄羅斯擁有七千兩百萬勞動力，年國內生產毛額（GDP）約一．七兆美元。從規模上看，支付產業也許不會在俄羅斯發展，不過從財務角度看的話就不同了。我們每年支付所有款項的總成本全球合計約在一．五兆至兩兆美元之間。

當我們付款，大多數時候我們付多少錢，對方就會收到多少錢。不過支付產業還是從中分到了一杯羹：在已開發經濟體，它們的收益可達每年每人約一千美元。

精明的消費者可能大吃一驚。我幾乎沒碰到付款有外顯費用的情況，你也許會這麼想：我看了信用卡合約的附屬細則，而且不拿它來預借現金；我確保支票不會跳票（尤其適用於美國與法國讀者）；如果碰到一台提領現金需要手續費的ATM，我就會繞去其他地方找免費的；想當然了，只要是付款到海外，我就會用Revolut或TransferWise。[39]

然而，無論如何，我們消費者確實花錢來付錢。我們占了價值一兆美元的支付營收，約在總營收的五成到七成之間，謝謝大家。我們怎麼那麼容易就從口袋掏出錢來，而且還渾然不覺？

一言難盡。這或許是為什麼第一代消費者評比組織（美國的《消費者報告》〔*Consumer Reports*〕、英國的《*Which?*》、法國的消費者協會 UFC-Que Choisir 和德國的商品檢測基金會 Stifung Warentest）或網路時代的 MoneySupermarket.com 及其他比價網，連試著提供支付方式與收費的直接比較都沒有。

消費者在不知情的情況下付錢的方式有幾種。刷卡手續費大多是店家支付，所以我們看不到。不過說到底，如我們在第六章所看到的，我們最後當然還是以付出更高的物價，來付了這些手續費。

第二種機制是我們賒帳所付的利息。銀行對信用卡負債收取可觀的利息，要你搞懂複利計算的概念可能很難——即便在大型已開發經濟體，能理解的成人也不到六成。這會是個問題。一般卡債利息約為月息百分之一．九：聽起來不多，不過換算下來是年息百分之二十五。照這

39 Revolut 或 TransferWise 採用的匯率條件優於許多其他銀行及匯款業者。

個速度，不過短短三年，你欠的債就會被加倍計算，而十年內便增加大約十倍。

外匯又是另一個很難確實計算你到底付出多少錢的地方。市場匯率會變，等帳單寄來時，上面報價的匯率會回溯到幾天或甚至幾周之前，所以不管怎樣都不容易比較。通濟隆（Travelex）在機場的外幣兌換店吹噓「免手續費或佣金」，可是他們買入與賣出的匯率價差寬到海邊那麼寬。舉個最近的例子，美元兌換歐元的買賣匯率報價是一・四〇／一・一二，這表示你買一百歐元要花費一一四美元。如果你接著改變心意，賣掉那一百歐元，你只能拿回一一二美元。這趟交易一來一往就花了你二十八美元，占初始價值的百分之二十。

千萬不要在國外的ＡＴＭ或店裡的刷卡機使用以你本國貨幣計價的支付服務。雖然看似方便，不過你會被收取比市場行情貴百分之三到五的匯率，相較之下，Visa卡和萬事達卡只會多出百分之〇・三到〇・四。網路上也一樣，比方說，亞馬遜就會用比市場行情貴百分之二到四的匯率來計價。

如果你很難理解支付手續費，你並不孤單。二〇〇二年，萬事達卡收購了擁有歐洲萬事達卡許可權的歐陸卡，也一併買下它的萬事順（Maestro）品牌及網路。萬事順是一種簽帳金融卡網路，串連泛歐洲的ＡＴＭ和愈來愈多的商家來促成跨境交易。萬事達卡因此買下的不只是一個龐大的信用卡與簽帳卡業務（這部分它很清楚，因為這是以他自己的品牌經營的業務），還加上簽帳金融卡的部分。

合併不久後，一群經驗老道的萬事達卡高階主管抵達歐陸卡位於比利時滑鐵盧的總部，地點離出名的戰場僅咫尺之遙。他們很驚駭的發現，在歐洲大部分國家，消費者使用簽帳金融卡是免費的，對商家而言也是便宜到幾乎不要錢：「太蠢了，完全沒道理！」據說他們如此大聲驚叫。

不過，有沒有道理取決於你的觀點——還有你是從什麼地方來。有國家或地域差別的不只是支付習慣：支付的經濟因素以及我們對這些經濟因素的期待也各有不同。

在不透支的前提下，我們大多數人沒想到要花錢用活期帳戶來扣款付錢——不過別傻了。銀行確實會對付款收取服務費用，儘管大多數是間接地收。你的銀行提供給你的包套服務包含一個活期帳戶或支票帳戶，加上可以收付款項的能力。[40]這個模式創造出前面提到全球一・五兆至兩兆美元支付營收的將近三分之二（另外三分之一來自獨立商品，大多是信用卡，這部分我們很快就會談到）。一般來說，擁有這類帳戶，你便能開支票、自動轉帳跟預借現金。你可能已經被收取某些服務的年費，或在進行特定交易時產生固定費用，例如從其他銀行的ATM領錢，不過由於在當前的低利率環境下，資產負債表的存款方所產生的營收變少，你可

40 美國是支票帳戶，世上其他地方則是活期存款帳戶。它們指的都是同一件事。

以預料到銀行很快就會引進或提高服務與交易費用。

然後透支本身也會產生費用。銀行會以數種方式對我們的超支帳戶收取費用，端看你住在什麼地方；對運用透支額度事先收費，對超過透支額度收費，當然，也會提高透支餘額的利息。視你的銀行和你選擇的方案而定，你可以付錢享受事前透支的奢侈——支付一筆月費預先購買融資額度，並且以議定利率支付帳上透支餘額的利息。或你也許一不小心透支了，在這個情況下，你可能會碰到某些銀行甚至對你的透支額以日計價，而且費用很高（更高）。更重要的是，只要你還在透支，任何扣款失敗、定期扣款及跳票狀況可能都會被收取更多費用。

令人驚訝的是，銀行用來支應我們日常付款成本的主要收入來源，通常不是靠這類費用，而是靠帳戶餘額所產生的利差，也就是你從活存帳戶裡的錢收到的利息（通常是零利率）和銀行用你的錢所賺到的利息之間的差距。由於大部分已開發世界的利率現在都很低，甚至為負，銀行的服務費也就變得更加重要。起碼到目前為止，英國屬於例外狀況，因為它有很多消費者帳戶並不會被收取帳戶或交易服務費；這之所以在一定程度上做得到，是因為不同於歐陸，英國顧客是信用卡愛用者，這對銀行來說是好事一樁（對國家及消費者來說是不是好事則是另一回事，我們稍後就會談到這部分）。

在這種「帳戶加支付」的模式下，便不難理解你為什麼無法做同類比較了。以兩人都擁有三千美元月薪入帳的免費活存帳戶來說。第一個人馬上把錢直接轉入她的退休帳戶與房貸帳戶，剩下的錢則用於家庭開支。第二個人已經存了滿滿的養老金而且沒有房貸，所以他就把薪水留在戶頭裡。第一位幾乎沒有任何利息損失，第二位的話可能就掉了不少錢，要看當地的利率水準。他還要承擔沒有把現金拿去投資的機會成本。

同樣的，假使兩人都付一年兩百美元的帳戶維護費，並且每天使用簽帳卡兩次，他們執行每筆交易只需要花費〇．二七美分。如果兩人都維持同樣低度餘額在活存帳戶裡的話，至少會是這樣沒錯。若其中一人把大部分的錢留在戶頭裡支應這筆支出，由於損失利息的關係，此人實際上付出去的錢是另一人的兩倍多。

有沒有看過銀行宣傳新帳戶的特惠活動，只要每月付一筆最低金額就能享有高利率？這些都透露出端倪，顯示銀行真的很想做你的活存帳戶生意。他們想做是因為有賺頭。

很多地方可以更明顯看出我們是在花錢來付錢——例如跨境支付、海外提領現金及換匯。使用這些服務各自的花費可能大不相同，而且往往是斷斷續續的，並非經常性費用，所以很容易就忘了。不過，我們正在為了這些服務支付巨額費用——多到這類業務足以自立門戶的地步，其中不少業者還做得有聲有色。

不管你住在世上什麼地方，使用自家銀行的ATM一般來說不需付費，不過，聲勢愈來愈壯大的非銀行ATM營運商是會收取提款手續費的。你通常會看到這類訊息：「這台自動提款機的業者將為本次交易收取二．五美元手續費。」除了這些費用，他們也會向你的銀行收取託管您的交易的費用——因此第一則通知有時還會伴隨著附加說明：「這筆費用是附加在您的銀行所收取的任何費用之上，請問是否繼續執行交易？」

你在美國就常常會遇到這種狀況，該國有超過半數的ATM是由非銀行的獨立營運商所經營，最大的業者是Cardtronics，擁有十萬台ATM，占美國五分之一以上市場。連在花錢來付錢的情況沒有那麼（明顯）普遍的英國，七萬台ATM中便有一萬八千台來自Cardtronics，占總數的四分之一。歐洲旅客來到美國，用信用卡從ATM提領現金，回到家後會被這些費用加總起來的金額嚇一大跳。在最糟的狀況下，他們可能要支付：ATM營運商手續費；卡片發行商對使用ATM所收取的費用；用卡片提領現金的手續費（可高達提領金額的百分之三）；提領現金的利息（從提領的時間點開始計息）；兌換外幣的手續費；喔！對了，還有匯率，可能比市場行情還高出幾個百分點。[41]當然，如果我們這位出手闊綽的旅客月底忘了還清欠款餘額，還要付出得更多。無怪乎卡片生意做得風生水起。

信用卡可以從你口袋裡挖走不少錢。許多獎勵卡是要付年費的；如上所述，ATM手續費非常驚人；而提領現金與滾動式餘額所應付的利息更是令人避之唯恐不及。話雖如此，如果你做好功課，並且明智的使用信用卡的話，你可以一毛錢都不用付。不合常理的是那些最負擔不起的人，往往恐怕是付出最多的人。

使用信用卡除了這些外顯費用之外，也會有隱藏成本。幾乎在任何地方上菜市場或坐計程車，賣家或司機現在大概都能接受刷卡，不過，他們很可能會告訴你如果付現的話可以便宜兩趴、三趴或四趴。餐廳、百貨公司、電商等等業者（通常）不會這樣講，不過你可以賭上項上人頭，他們把那些可觀的商家折扣都算進定價裡了。

花錢來付錢的不只是消費者：企業付款也是要花錢的——主要是透過活期帳戶，只是其中有著細微差別。除了活期帳戶的月費或年費之外，企業用戶進行各類交易往往都要付費，例如兌領支票和存入現金。不同於消費金融，信用卡業務在商業性金融裡並非扮演重要的角色，當然，除非我們在談的是店家，如我們在第六章所看到的，他們為了接受刷卡而付出不少代價。企業的話反而是因為使用現金管理、外匯與跨境支付等服務而支付（額外）費用。

這類服務往往被稱為「企業金融或全球交易金融」（Corporate or Global Transaction Banking），是大型清算銀行的重要業務。企業既要支付所有這類服務的費用，在活期帳戶裡保持大量餘額也會間接付出代價。流動性需要管理，因此銀行接著便能提供更多商品，像是貸款

41 詳細檢視你的信用卡附加條款，可能會看到如果你用信用卡提領現金，會從你領到錢那一刻（而非月底）開始對你提領的金額計算利息。

或透支、資金池管理（cash pooling）、淨額結算（netting）等等服務。[42]

回到那個天大的每年一・五兆至兩兆美元帳單：你以為企業支出占其中絕大部分？簡單來說不是。全世界來看，支付營收在消費金融與商業／企業金融之間大約平分秋色。[43]更糟的是，企業已經把他們的成本算進我們消費者向他們購買商品及服務的價格裡。換句話說，我們常常是花錢來付錢，而且被扒了兩層皮。

---

42 這使得跨國企業得以將各子公司的餘額合併成各自幣別的單一餘額，如此一來，某家子公司的負餘額便可用其他子公司的正餘額來抵消。

43 不過要記住，麥肯錫（McKinsey）與波士頓諮詢公司（BCG）將商家手續費歸在消費營收裡。

CHAPTER 13

搬錢就能賺錢：誰能從支付中獲利？

只要有人付錢，就會有人收到錢。我們為了付款而花的錢也不例外，而且收到錢的大多是銀行。我們每年花在支付上的一．五兆至兩兆美元，大部分進了他們的口袋。這個數字正在每年以百分之六的速度穩定成長，占銀行整體營收的三成到四成。不過，這筆錢並非不分地域、雨露均霑，有些地區的銀行從支付賺到的銀子比其他地區還多。

儘管每一家銀行都是仰賴我們適才探究過的經濟模式，但他們能靠這個賺到多少錢有很大的地域性差別。這些差異反映出不同地區在支付選擇上的不同，也反映出不同的利率環境——兩者都是反覆多變的。不過，這差異也反映出某些更恆久的東西：國家對於花錢來付錢的態度有所不同。

在美國，「付費服務」（pay-to-play）這個詞可以形容的狀況包山包海，從送禮給政治人物以圖得到支持或投資有所回報，到以政治獻金換得舒適的大使職缺或對其有利的立法。你甚至可以在美國「付費禱告」（pay-to-pray）。也難怪公然對支付收取費用是常態慣例。你甚至可能要花錢買付款所需的支票——雖然大多數美國銀行帳戶提供免費支票簿，不過兌現一張支票會收五到十美元或兌現金額的百分之一到二的費用。美國的監管機關、政治人物和社會大眾長久以來已經習慣了；支付就跟其他服務一樣，被看成是一種商機，也會據以定價。

相反的，歐洲往往認為支付是一種公共功能，應該以低成本或免費提供。歐洲的監管機關已經一再地介入以促進競爭及更低的價格，而且繼續這麼做。結果是歐洲刷卡交易的交換費（interchange fees）比美國低很多，而且在若干情況下已經被完全取消。歐盟還強制規定以歐元進行的支付必須平等訂價，實際上的意思就是以歐元進行跨境支付的成本跟國內支付相同（顧名思義，「單一歐元支付區」〔Single Euro Payments Regulation〕是一種關於歐元的管制規章，已經導致一些怪現象：比方說帳戶持有人從歐盟其他國家收付英鎊的話，英國銀行會取手續費，可是若是收付歐元的話就不用錢）。

美國也實施直接價格管制，可是完全沒有那麼嚴格。二〇〇八年金融危機後，美國在全面詳盡的陶德—法蘭克法案（Dodd–Frank）中增訂管制交換費的《杜賓修正案》。你若以為美國金融產業在那個特殊的歷史時刻會保持低調，也是情有可原，不過其實他們激烈反對該修正案，官司一路打到最高法院。結果，《杜賓修正案》對簽帳卡所訂下的交換費上限比原始提案高出許多。美國的上限大約在百分之〇．六這是歐洲簽帳卡（不管怎樣大多是免費的）最高費率的三倍。[44]簡言之，如果你是個習慣「免費」付款的歐洲人，要小心口蜜腹劍的美國支付業者。他們也許會忍受歐洲的費率限制，不過，就像萬事達卡，他們會想方設法達到目標。

談到透支，也是有著地域性差異。這對任何地方的銀行都是一筆大生意，美國尤其為然。美國甚至有一家銀行的執行長把他的遊艇命名為「透支」而廣為人知，想來他是要提醒自己，是什麼生意讓他的銀行活得好好的。

銀行在透支方面的輿論風評非常差，絕大多數罪有應得。比方說，近幾年來，美國的銀行便被認定刻意鼓勵消費者簽下他們並不需要的透支服務。銀行也因為安排匯出款項的優先順序，確保最大筆付款先行，藉此詐取後續付款的手續費而被譴責有罪。

儘管如此，大多數銀行確實至少試著製造令人不快的透支體驗。他們讓顧客歷經磨難才能申請到透支額度。若你在沒有透支額度的情況下帳戶赤字，他們會發信轟炸你，提醒你未約定透支的危險，威脅把你的帳戶停權。相較於你可以順順利利、毫無阻力的透過信用卡及其他銷售點信用工具來借錢，還有這些工具其實是在鼓勵顧客（過度）花費——或者看看發薪日貸款

44 這是平均四十美元簽帳卡刷卡金的有效上限。實際的上限是二十一美分加上百分之〇．〇五。

業者如何鎖定無招架之力的借貸人，向他們收取高的嚇人的費率，說不定對銀行來說（撇開前面提到的惡行不談），作為收入來源的透支服務，更是他們錯失的良機。

銀行越來越以這種角度看待透支——至少在歐洲是如此，他們一方面受到監管限制，另一方面又要面臨科技公司的競爭（參見第十八章和第二十章）。荷蘭的透支服務費上限是百分之十五，而英國的管制機關則在二〇二〇年初試圖處理透支服務的成本複雜問題，規定銀行只能單純收取年息，不准附加任何額外費用。結果呢？到二〇二〇年的年中，當時央行借給銀行的利率趨近於零，歐洲銀行對透支收取的利息是百分之十五，美國銀行大約在百分之二十，英國銀行卻是嚇人的百分之四十。姑且不論其他，這又是一個意料之外的結果。

不同地區對支付的定價抱持迥異的態度，對支付方式的偏好也各有不同。信用卡創造出交換費和卡債利息收入，美國和加拿大的消費者是重度使用者，刷卡因此為這兩個國家帶來將近半數的支付營收，而活期（支票）帳戶的利差則只占營收的五分之一。

亞洲銀行占全球支付營收的將近一半，可是不同於美國及加拿大，信用卡帳戶只占其中不到兩成——高達百分之五十五的收入來自活存帳戶利差。這跟美國幾乎是完全相反的情況，在美國，信用卡帳戶帶來將近半數營收，而利差只占百分之二十。幾個大型亞洲經濟體仍享有正利率，因此在活存帳戶上能有穩固的收入來源。光是中國一地便占全球支付營收的將近三分之一，根據麥肯錫的說法，中國銀行所賺取的利差大多來自企業帳戶。這種反常現象可歸結於中國央行為了避免經濟過熱，對付給銀行帳戶持有人的利率設定上限，同時保持高貸款利率。而且，儘管有支付寶和財付通等新玩家加入，但中國的用戶，特別是企業用戶，還是會把大量充足的資金留在活存帳戶裡。[45]

然後是歐洲。美國的支付營收合計占GDP的百分之二，亞洲甚至達到百分之三，但在歐洲卻是微不足道的百分之一。歐洲的支付服務鮮少有顯性費用——反之，銀行仰賴的是帳戶服務費和利差，後者使得他們難以抵禦低利率的環境。在歐元、瑞士法郎、丹麥克朗和瑞典克朗的利率為負的情況下，歐洲銀行從活存帳戶賺到的利差非常低或甚至為負。

如我們已經知曉的，信用卡在歐洲大陸並未被廣泛使用，所以銀行從這裡賺不到太多錢，而法規也限制他們可以從交換費賺取的收入。由於支付占整體金融服務營收的大約四成（其他六成來自儲蓄、借款、投資與保險），此一樣貌能充分解釋何以歐洲（大陸）銀行的獲利率很低。英國一如以往是例外狀況：英國信用卡債務平均每戶約為兩千五百元英鎊，加上利率略高於零，該國支付營收占GDP的比重是接近百分之二的全球平均水準。

45 中國當局要求支付寶和財付通把用戶的資金留在中國央行的保管帳戶裡。和客戶在中國的銀行裡保有七兆美元餘額比起來，這兩個電子錢包的用戶餘額是相對不高的兩千億美元。

成長率呈現類似的地理樣貌。過去十年來，銀行支付營收以每年百分之六的速度成長，超前其他金融服務接近百分之三的成長率。營收成長的推動力來自現金支付正在持續往電子支付移動，加上電子商務的空前成長，而（電子）支付又是其中的關鍵因素。

不出所料，開發中國家的營收成長速度最快，在拉丁美洲是兩位數的成長，亞洲則接近百分之十。北美的營收成長由交易量上升和信用卡債務加劇所驅動，年成長率為百分之五，遠超過 GDP 成長率。只有歐洲的支付營收成長率低於 GDP 成長率，每年只有百分之二。這有部分歸咎於歐洲銀行的營運模式：他們如果沒辦法從服務費賺到錢，那麼交易量是否增長就無關緊要了。

我們主要討論的都是銀行，支付是銀行的重要業務，因為利潤可觀，比起其他金融服務來說更有吸引力。不過，當然不是只有銀行部門大發利市。儘管從我們的支付所賺到的錢大部分被銀行拿走，但他們在提供支付服務時也要負擔高額成本。這成本有一大部分付給供應商，後者共同形成一個龐大的子產業。隨便去任何一個支付貿易展（真的有這種展覽），你便能找到好幾十家：科技業者銷售或出租銀行用來處理支付的軟體；裝填及製造 ATM 的業者；維護店內支付終端機的廠商。還有公司提供支票處理、信用卡申請者的信用評分、洗錢防制法規的遵循性審查等服務。

然後還要支付基礎設施的成本，例如 Visa、萬事達卡等清算機構和 SWIFT[46] 這家國際匯款巨擘（雖然它也是由銀行所持有）。銀行也逐漸把他們的支付服務外包給第三方供應商；大部分銀行已將信用卡收單及處理業務切分出去，不少銀行現在也對發卡業務如法炮製。包括電話客服中心在內的客戶服務也是同樣情節。銀行必須支付這些所有成本，也要投資在自己的資訊科技及共享基礎設施上，使他們實際可從支付賺到的錢變少了。

成長遲滯和低利率不是銀行所樂見的。加上前面提到的費用與投資、沉重的法規、產能過剩、組成工會的勞動力和嚴格的就業法，銀行可謂深陷重重困境。歷經種種磨難的歐元區銀行，其成本收入比率（**cost-to-income ratios**）平均為百分之六六，相較之下，北歐與美國銀行在百分之五五到五七之間。這個比率衡量的是經營一家銀行的總成本占總營收的比重；歐元區銀行的比重高反映出他們的營收相對較低且成本較高，改善這兩點都是一種挑戰。

削減成本及改善效率也許可取，不過這類策略行動往往很花錢（需要時間回收成本），而且經常因國內政治而變得複雜化。更糟的是，它通常會使歐元區銀行的借貸成本比外國競爭者更高。而他們數位化或提供線上服務的能力，又尤其要看母國整體數位化水準而定——這水準

46　Swift，環球銀行金融電信協會（Society for Worldwide Interbank Financial Telecommunication, SWIFT），國際間銀行同業所成立的國際合作組織，建構 Swift 系統平台為各國金融機構提供安全信息服務與介接軟體，將金融機構串連起來，傳遞匯兑相關資訊。

在大部分歐元區又比例如美國及北歐明顯更低。

假定歐洲銀行能夠克服這些挑戰，接著他們還需要擴大規模，以便從數位化創造出來的規模經濟中獲利。此處他們面臨的是不同的問題。他們可以尋求合併或收購本國其他銀行，可是這類整併是競爭管理當局（怕形成市場支配地位）及政府（怕合併方銀行關閉重疊的分公司而大幅裁員）所不認同的。他們可以多角化經營，並進行跨境整合，可是他們所面臨的困難是如何將不同市場——各有自己的監管與法律基礎設施、破產法及審判制度，更別提支付工具和支付習慣——放在單一 IT 平台上。難怪《金融時報》（*Financial Times*）在二〇一九年底形容歐洲銀行的高階主管們「挫折、沮喪且憂心忡忡」。從那時到現在，很難想像他們的精神能振奮多少。

凡此種種，都是在說歐洲銀行的處境頗為堪憂。那麼，是又如何呢？我們都應該要擔心，尤其在歐元區裡的人。不賺錢的銀行很可能選擇整併或節約度日（留給我們的是更少的選擇與更低度的競爭），讓風險高築或投資不足（使顧客、納稅人及存戶易受傷害）。你可能不希望你的銀行賺大錢，可是你也沒想要把他們推入絕境——至少只要你還依賴它，你就不會想要這麼做。而我們確實很依賴銀行。

歐洲以外地方的銀行表現得稍微好一點，但也沒有自滿的餘地。沒錯，銀行從支付服務賺到數十億美元入袋，可是他們也資助了我們能如此支付的大部分基礎建設，並提供了支付系統順暢運作的流動性。當銀行面臨績效壓力，他們會縮減投資或完全終止某些支付服務。截至目前為止，沒有證據顯示支付領域的新進者願意挺身承擔，投資於背後不可或缺的支付管道。也看不出來如果銀行不做的話，還有誰能提供流動性。我們稍後會談到這一點，不過，現在讓我們來詳細檢視銀行所面對的其他挑戰。

第一個令人擔憂之事，存在的歷史比銀行本身還古老：盜賊。

PART 5

移動大筆金錢

如何偷走一億元？：詐騙與竊盜

在Netflix的熱門影集《紙房子》（*Money Heist*）裡，一幫身懷各種絕學的盜賊在名為「教授」的犯罪首腦遠端調度下，闖進了西班牙皇家鑄幣廠（Spanish Royal Mint）——俗名為「紙房子」（Casa de Papel；這部影集的西班牙原名）。他們非但沒有如警方預期的洗劫一空後逃之夭夭，反倒挾帶人質把自己反鎖在裡面，以維持媒體（和影集）熱度，目標是留在裡面十一天，印製出無法追蹤的二十四億歐元。

劇情容或有創意且高潮迭起，不過儘管機智巧妙，但它本質上是一種類比搶劫；今日的數位世界裡，像教授這般天才人物不會使用這種犯罪手法，這只是一種隨想。在支付的國度裡，打擊網路犯罪成為重大挑戰已有一段時日了。

《紙房子》首播於二〇一七年，那是在網路竊賊從一家央行成功取走將近十億美元的跨大陸虛擬贓款一年多以後，也是Carbanak駭客集團入侵四十個國家、上百家銀行的系統，過程中偷走高達十億美元的三年以後。[47]如果你可以舒服（又安全）的坐在家裡沙發偷到一樣多或更多的錢，何必那麼麻煩的用槍、挾持人質、還要頭痛逃亡的事？鑄造廠也許是終極印鈔機，不過它並非礦脈，數位化才是直取礦脈的途徑。

不管是在螢幕上還是現實生活裡，由於類比支付與數位支付是通往金錢的鬧道，所以皆有被盜或詐欺的風險。支付就像一座城堡的吊橋，一旦放下來，整座宏偉的建築無論多麼堅不可摧，都難以抵禦攻擊。而就跟吊橋一樣，每一種支付方式都有部分角色是要管控被攻擊的風險。不過，竊賊與詐騙分子是一群既有創意又足智多謀的人，他們知道如何經由技術領先來取得優勢。

即便是最直接的「砸店搶劫」（smash and grab）也已經因應當代而升級到至少「半技術」的層次。也許這一切都要歸結於銀行分行數的下降，不過喜歡現鈔的罪犯如今往往把目標鎖定在ATM，而非拿槍打劫銀行櫃台。砸店的部分一般就是用偷來的高馬力車輛把ATM從牆壁拖出來，不過這不是普遍的做法。二〇一九年，荷蘭銀行（ABN AMRO）便必須關閉它的

47 Carbanak幫的名字是取自被數不清的高價值網路攻擊所使用的銀行惡意程式。這幫人最廣為人知的事件恐怕是利用遭到入侵的微軟辦公室檔案直接駭入銀行網路，並使用那個接口強迫銀行ATM吐出現金。俄國資安公司卡巴斯基實驗室（Kaspersky Lab）估計，Carbanak幫偷走的錢恐怕已經高達十億美元。

半數ATM，因為罪犯發現一個塞進炸藥的方法，可以把ATM炸開來但不會炸飛它們。

接著還有偽造。「邪惡分身」（evil twin）的歷史跟現金本身幾乎一樣古老，而且仍然是個大受歡迎且有利可圖的追求。當英國在二〇一七年發行新的一英鎊硬幣，它這麼做主要是為了打擊偽幣：估計有百分之三的舊幣是假貨。二〇一三年，美國把它所有的C鈔（C-notes；一百美元紙鈔的俗稱）都換成新設計，部分原因是為了使一批據稱是在北韓印製且「幾近完美」的假鈔「超級美鈔」（supernotes）失效。有鑒於現代紙幣運用大量防偽措施——全息圖（holograms）、微縮印刷、金屬絲、浮凸字體及變色油墨——今天的偽造已是一門相當深的技藝。

信用卡詐欺產業從任何方面來看就跟卡片產業本身一樣的生氣蓬勃、充滿活力——而且也已經升級到數位時代。早期的紙板卡容易複製，偽造持卡人的簽名也從來不是太大的障礙。凸字塑膠卡問世後，犯罪者從垃圾桶回收舊的刷卡複寫紙，用上面的資料來打造偽卡。而當信用卡被加上磁條以後，他們很快就摸清楚磁條中內含的資訊跟卡片上的凸字一樣。因此，他們繼續在垃圾桶翻找刷卡複寫單，然後只要把資料編寫到偽卡的磁條上便可。

為了反制，發卡公司把一個三位數的CVV碼（Card Verification Value；信用卡驗證碼）加到磁條上——但不是加到卡片上。這在商店裡可行，可是打電話就不通了：使用者可以提供他們的卡號與到期日，可是卻不知道他們的CVV碼。因此，信用卡網路接著必須增加第二個三位數代碼CVV2，印製在卡片背面。這表示CVV2的持卡人可以提供這個安全碼給商家，可是因為它們並非凸字，所以不會出現在刷卡複寫單上。

玩完了？一點也不。騙子們敏捷地從讀取複寫紙轉換到「側錄」磁條（包括CVV碼），靠的是比如在商家終端機及ATM裡安裝小小的讀取機。業界的反應則是把比磁條更難拷貝的莫瑞諾（Moreno）晶片加進卡片裡，並引進個人識別碼（PIN）來替代向來容易遭到詐騙的簽名。

隨著發卡產業祭出各種防禦措施，詐騙分子也走向批發業，駭進商家的電腦系統尋找儲存在裡面的顧客卡片資訊，以便反覆上網刷卡購物。美國零售業巨擘塔吉特（Target；事後看來不是一個好名字）在二〇一三年遭到駭客入侵，犯罪者竊取四千萬張信用卡與簽帳卡的細節，還有七千萬名顧客的紀錄。發卡產業回敬以標記化（tokenisation）的作法，以一組獨特的暫時數位識別碼，或稱「標記」（token），取代敏感的帳戶細節，用於線上、店內與應用程式內，無需暴露真實的帳戶資訊便可進行支付。

除了這些「硬體」措施，銀行與發卡網路也運用模式偵測來辨識偽冒交易，演算法在這裡扮演愈來愈重要的角色。最終結果是發卡產業成功的將偽冒交易維持在總刷卡支出的百分之〇．一至〇．二左右。對一個獲利遠超過這些損失的產業來說，這筆金額並不難吸收，但它總是一直在追趕當中。

同時還有電子郵件與社交媒體詐欺要應付。電子郵件問世使詐騙分子得以將觸角延伸的比以往更遠；他們接觸成千上萬的潛在目標，難免能哄騙到幾個人提供敏感資訊，像是使用者名稱、密碼與信用卡資訊，這是一種叫做「網路釣魚」（phishing）的做法。社交媒體的到來把詐騙分子提升到更高的層次，透過魚叉式網路釣魚（**spear-phishing**），他們可以更精準的鎖定被害者，發送客製化訊息給特定人或特定組織，若不是基於惡毒的目的竊取資料，不然就是安裝惡意程式到使用者的電腦裡。

「高階主管鯨釣」（**executive whaling**）或「執行長詐騙」（**CEO-fraud**）的做法尤其有利可圖，犯罪者發送看似來自組織內部高級人員的詐騙訊息給接收者，誘騙員工進行大額付款、揭露敏感資訊或開放電腦系統權限。社交媒體提供精準的視野，比方說透過查詢臉書或 **LinkedIn** 得知執行長何時在長途飛行當中、何時高階主管全都在參加會議、或何時可以鎖定比較不可能質疑命令的新進員工。

這件事情就發生在二〇一五年，一家矽谷新創公司優比快科技（Ubiquity Networks）身上。會計長才剛上任一個月，收到聲稱來自創辦人暨執行長，和一家倫敦律師事務所律師的電子郵件。信中解釋優比快科技正在進行一樁祕密收購，並指示會計長電匯到海外銀行的帳戶。他在十七天內做了十四筆轉帳到俄羅斯、中國、匈牙利及波蘭的帳戶，總金額為四千六百七十萬美元，其中絕大部分款項一去不回。直到ＦＢＩ提出警告，這家公司才發覺被騙了，他們有些交易就是送往ＦＢＩ一直在監控的香港帳號。

優比快科技當然不是唯一被騙的企業，其他受害者還有美國的匯款公司 Xoom（二〇一五年損失三〇．八百萬美元）、奧地利的 FACC AG（二〇一六年損失五千萬歐元）、比利時的新農業銀行（Crelan bank；二〇一六年損失七千萬歐元）、德國的萊尼集團（Leoni AG；二〇一六年損失四千萬歐元）、臉書（二〇一七年損失一億美元）和谷歌（二〇一七年損失兩千三百萬美元），族繁不及備載。

我在擔任 SWIFT 執行長的時候，公司的財務部門收到一封自稱是我發的詐騙電子郵件。當時，SWIFT 裡操法語的財務長看出來這是一封詐欺郵件，一邊詛咒一邊警告我這件事：「萊布蘭特，雖然我知道你會說法語，不過這封信不可能是你寫的。它的法文寫得太完美了——連語調都是對的。」

還有為網路約會場景帶來一股新鮮顫慄感受的交友 APP 詐騙。小偷利用人們上網尋找可能匹配對象的弱點，引誘他們落入精巧的詐騙計畫。國際刑警組織（Interpol）在二〇二一年初發出交友 APP 的警告，根據他們的說法，在新冠肺炎封城所產生的孤寂感背後，這部分的網路犯罪產業愈發的繁榮茁壯。

它運作的方式是這樣：犯罪者先透過交友 APP 與目標對象發展人造戀情。一旦進入規律交往並且建立信任感，犯罪者就會開始跟受害者分享理財訣竅，鼓勵他們加入一個投資計劃，以構成三角形狀的級別來區分投資金額高低。

那些犧牲者接著在新「朋友」的全程關注下，下載一個交易APP並開立帳戶，開始透過帳戶付錢。一切都看起來合法無虞：允許螢幕截圖，網域名稱設計得與真實網站出奇相似，也有客服代表來幫助受害者選擇適當產品。

直到有一天，所有的聯繫中斷，受害者的帳號被鎖，感到困惑、受傷，而且，可想而知，變得更窮困了。

不過，對想要成為億萬富翁的犯罪者來說，偽冒、網路釣魚、鯨釣、信用卡、交友APP和加密貨幣詐騙，這些都有各自的缺點。它們可能技術含量相對較低或需要實際現身；仰賴惡意內部人或社交工程，或規模有限、在退出點的風險很高或容易被偵測到。換言之，它們能幫你做到的有限。那麼，如果你真的很想偷走十億美元，該怎麼辦呢？進攻真正的支付閘道：銀行和它們用來進行大額支付的系統。

只有少數幾種人有能力發動這種攻擊，因為必須先滿足某幾個先決條件。就跟任何犯罪一樣，這不可或缺的條件有：你沒有被抓的風險，或是被抓的話也不會遭到懲罰；你有龐大的網路軍械庫供你差使；還有，你沒有什麼可損失的了——包括你自己的金融體系在內。講到這裡，有一個競爭者浮現腦海：北韓。

拉撒路集團（**Lazarus Group**）是由國家資助的北韓駭客部隊，在二〇一四年入侵南韓核電廠並於隨後攻擊索尼影業而惡名昭彰。該集團對索尼發行電影《名嘴出任務》（*The*

Interview）[48]採取明顯報復行為，釋出機密郵件、未發行的電影及腳本複本。雖然這兩起事件分別讓南韓與索尼感到驚恐且丟臉，但對拉撒路及北韓來說並沒有什麼賺頭。不過拿下顯眼戰果給了它信心，沒多久它就去幹一票大的了。

這些「網路武裝搶匪」（《洛杉磯時報》〔*LA Times*〕給拉薩路的封號）決定前進孟加拉，一個看似不太可能的目標。為什麼？極有可能是結合幾個不同因素：兩國之間的外交嫌隙、安全防護差、地方治理弱、巨額的海外餘額、加上工作日是星期天到星期四這個吸引人的條件。

搶案開始於二〇一五年初的某一天，拉撒路闖入孟加拉央行的內部網路。它寄出主動求職信，在附上的履歷檔中夾帶惡意軟體，[49]使它得以在銀行系統裡有個立足點，好好的四處挖掘一番。

接下來幾個月當中，駭客集團探索央行的內部運作，終於發現通往銀行國際匯款支付閘道的門路。[50]它利用量身訂做的惡意程式滲透支付閘道，最後撤銷了銀行的需求憑證。二月的某

48 塞斯・羅根（Seth Rogen）關於密謀暗殺北韓領導人金正恩的喜劇片。

49 根據ＦＢＩ的說法，詐騙犯是在二〇一四年十月開始在孟加拉勘查銀行，搶案發生的一年多以前。參見 www.justice.gov/opa/press-release/file/1092091/download

50 這個閘道是用來經由 Swift 網路收發國際付款指令，是銀行本地支付基礎設施的一部分。

一天早上，拉撒路發出三十五筆詐騙付款指示給 Swift 網路，要求從孟加拉銀行（Bangladesh Bank）在紐約聯邦儲備銀行的帳戶轉出九億五千一百萬美元，該國（就跟許多他國央行一樣）在那個帳戶裡保有充足的美元外匯存底。

聯邦儲備銀行收到指示，執行了五筆各兩千萬美元的轉帳，其餘匯款才被阻擋下來。其中一筆已執行交易是轉帳到斯里蘭卡的某家銀行，它發現詐欺行為，在錢被取出以前封鎖了收款帳戶。其他四筆款項則去了菲律賓一家銀行四個尚未使用過的個人帳戶。錢很快被提領一空，經由當地賭場流出。只有大約一千五百萬美元被找回來。[51]

犯案時機無懈可擊。詐騙犯謹慎地將他們的攻擊時間安排在某個星期四晚上，等孟加拉銀行職員都回家度周末之後（孟加拉就跟許多穆斯林國家一樣，周末是星期五與星期六），而接下來的周一是一個菲律賓節日。為了爭取更多時間，惡意程式關閉銀行轉帳指示發出後便立即列印出來的功能，以便抹去足跡。惡意程式甚至做到修改聯邦儲備銀行送回給孟加拉銀行的確認信，移除詐騙交易，並補足帳戶餘額。

諷刺的是，駭客集團使用的程式為了有利於自己，而可能複雜過頭，導致銀行系統當機，對一個星期五進辦公室檢查的孟加拉銀行員工發出警示。該名員工無法重開機，卻決定等到隔天再說。當他和同事們成功重啟系統後，發現事情大條了：檔案正在消失或已經被更動過。尤有甚者，聯邦儲備銀行也發出可疑交易的查詢。不過等到那個時候，美國已經下班準備度周末了。

當被搶的消息終於曝光，全球支付社群莫不大受衝擊。詐騙分子不僅成功搶劫一家央行，濫用受到信賴的國際支付網路，使用的還是通常只有國家才會用的複雜惡意程式。更糟糕的是，他們顯然有通匯銀行業務的專業知識——有人知道如何編寫Swift指示，也知道如何通過中介銀行發送指示。

全世界的媒體與司法調查員把焦點放在這個案子上，不久便明白發生問題的遠遠不只孟加拉。沒多久其他地方就出現新的犯案。一如美國國家安全局代理局長後來說的，所有的跡象顯示「有一個國家正在搶銀行」。截至目前為止，只有一個拉薩路成員被辨認出來；逮捕或審判看來是不可能了。

孟加拉銀行詐騙案之後，SWIFT及其成員銀行啟動了一個綜合計畫來確保銀行支付閘道的安全，防範這類詐騙事件。雖然詐騙的嘗試可能還在繼續，不過這個計畫目前看來已經發揮效果，近年來並沒有孟加拉式的詐騙被通報出來。

不過也不是只有先進科技這條路可以走，若你把焦點放在其他支付「閘道」上，還是有可能用低科技詐取大筆款項。你需要的是極大的耐心、一個聽話的內部人員和一家管控很弱的銀

51 據信有大約一千五百萬美元是從賭場老闆那裡收回，此人顯然是好心的歸還洗錢佣金。

行。似乎沒有比印度鑽石大亨莫迪（Nirav Modi）和旁遮普國家銀行（Punjab National Bank, PNB）的案子更能用來說明這個狀況了。

這位華頓商學院畢業、熱愛好萊塢的明星級珠寶商是《富比士》印度富豪榜的常客，所擁有的一家紐約珠寶店竟然還是川普開的。不過，莫迪熱衷於宣傳，卻在二〇一八年為他帶來極度適得其反的效果，當時一個爆炸性報導給了他更高的品牌識別度，是他之前砸下重金宣傳都沒能做到的。

事情是從印度第二大國有銀行PNB發現一樁十八億美元詐騙案曝光開始。PNB提起刑事訴訟，印度中央調查局（Central Bureau of Investigation）隨後發布訊息，指出這起涉嫌詐欺案的主要受益者是富豪珠寶商和他的舅舅鑽石貿易商喬克希（Mehul Choksi），以及各自擁有的公司。

莫迪被控用一種印度所特有不可思議的貿易融資工具——一封擔保書——來為他那曇花一現的擴張大計取得貸款。這是由代表進口商客戶的銀行發出給出口商的所屬銀行，出口商通常在另一個國家。擔保書的內容事實上是在告訴出口商銀行：「你可以把錢借給這家出口商；我認識進口商，並保證他們會在六個月內付款給你的出口商。」

看來莫迪在PNB有內部人員當幫手，此人在七年之內發出兩百封這類擔保書給其他印度銀行的海外分行。那些銀行於是預付款項給公司，它們接著把鑽石出貨給莫迪。莫迪被控把每一張新出具的擔保書所獲款項拿來償付前一筆貸款，每一次都逐步加高金額。他明顯是銀行內部的共犯有存取PNB閘道的權限，以Swift訊息發出擔保書。由於PNB沒有輔助控制措施，例如交叉檢查訊息內容，銀行還開開心心的，渾然不覺自己正在發出擔保信。等PNB發現這樁詐欺案時，實際上已經對其他銀行擔保將近二十億美元。

跟拉薩路集團不一樣，莫迪如今被關在南倫敦萬茲渥斯（Wandsworth）監獄的牢房裡，等待印度政府請求引渡。一旦引渡回國且被判有罪，莫迪將會在全世界最令人不快的監獄制度下遭到終身監禁。

撇開莫迪被關押不談，這些事件極好的展示了跨境數位支付詐欺具有明確的吸引力。目標可以在世界各地，而款項也可以取道洗錢管控鬆散的國家。這些案例也有助於說明何以支付閘道之於金錢，就相當於吊橋之於城堡。支付閘道周邊的安全性至為重要，若是付之闕如，有時可是很讓人驚恐的。組織只要補了洞，犯法者就會去找新的洞，科技一有任何進展，他們就會以不輸產業的速度拿來應用。只要我們繼續相互支付，支付管道就會成為目標。

CHAPTER 15

隱形管道：支付背後的機制

世界各地每天有鉅額款項在流動——龐大的價值四處流轉。所有這些都是通過一個夾纏不清的網路之網。我們談論「支付系統」，不過其實裡面包含了一套系統體系（System of Systems）和構成這套體系的諸多系統。事實是在我們的支付背後，這套基礎設施是龐大、多面向且錯綜複雜的，有像 Visa 及萬事達卡這樣的零售巨頭，也有你可能聽都沒聽過的系統，例如英格蘭銀行的清算所自動支付系統（Clearing House Automated Payment System；被好心地簡稱為 CHAPS）和幾百個全世界的其他系統：有些很大，有些很小；有些單一用途，有些是多重用途。這般錯綜複雜大部分是歷史造成的，不同國家或地區的銀行長期下來所建設的地方基礎設施，後來才被拼湊成一個系統。

我們在第九章看到支付具有強烈的國家民族性，是這樣沒錯，可是不久前它們還是很地方性；大約一百五十年前，在國內移轉資金不比移轉到國外簡單多少。英國的支票到一八五三年才全國通用，在此之前，你只能在發票銀行半徑十英里內簽開支票。直到二十世紀初，支票在美國才打破州界獲得廣泛接受。

十八世紀之交，不但沒有直接扣款或信用卡，你還只能在發行銀行，或願意兌現且承擔兌現風險的銀行兌換匯票（支票的前身）。不用說也知道，這限制了支付的可能性，使付款的處理曠日廢時、成本高昂而且速度很慢。

隨著十八世紀逐漸開展，銀行開始在地理上群聚起來運作；它們在大都市裡攜手合作集體結算匯票，因此，某個客戶可以用他存在某家銀行的錢支付給另一家銀行的客戶。這種清算是在議定的時間與地點週期性進行——在倫敦，是在最不可能、卻無疑是最令人愉快的午餐時段，在五鈴鐺（Five Bells）酒館進行的。

儘管選在最不可能的地點，但倫敦票據交換所（London Clearing House）和其他類似機構很快便成為國內跨行支付業務的主力軍。早年的時候，清算週期是每週一次，之後在比較忙碌的城市才改成每日進行。隨著支票在十八世紀中期問世，小城市的銀行開始在大城市銀行開立所謂「通匯往來帳戶」（correspondent accounts）。這些區域內的帳戶網路使得金錢得以跨越區域、城市與國家界線而流動。此類付款會比在某個國家或區域以內來得更慢，不過金錢還是可以移動的。

在某些國家，這種人員親自結算的傳統猶存於世；今天，至少在一個開發中市場的支票結算仍然是在公園大樹下進行。銀行代表騎著摩托車載著裝滿顧客存入支票的袋子來到這裡，他們根據發票銀行將支票整齊的整理成堆，然後，再騎著摩托車帶著自己銀行發行的支票離開。

不過今天，各國與各貨幣區絕大部分清算系統是在完全自動化的基礎上，悄悄地忙碌處理支票、信用卡轉帳、按期付款單和直接扣款。當然，不管任何國家的銀行，理論上還是可以直接跟其他銀行交易。不過考慮到一國內便可能有數百家到數千家不等的銀行，這種做法不用多久就會變得很耗時、麻煩而且昂貴。反之，清算所接收國內所有銀行的指示，定期集體處理，將分門別類的支票與指示送回各自的銀行，然後計算銀行之間是誰欠誰多少錢。每個參與銀行會收到一組付款與收款指示，上面顯示要付款與收款的客戶帳戶，另外還有一組淨餘額數，顯示它欠款與被欠款的銀行。

有了這個資訊，銀行便能預計它會從哪些銀行收到多少款項，還有它需要付給其他銀行多少錢。接著，它也能據以借記及貸記個別客戶的帳戶。

今天，這些基礎設施已經完全自動化，稱為自動清算系統（automated clearing houses, ACHs）[52]——相當沒有想像力的名稱。過去，一個 ACH 要花上一整個工作天來結算支付，不過有不少系統的速度已經變快了，現在每天可以處理多個週期或多個批次。如果你曾經被告知「你在下個批次應該就能拿到錢」，指的就是這個意思。

若是直接扣款的話，是由受款人的銀行發動，而付款人的銀行可能會發現付款人的戶頭裡沒有足夠的錢。在這種情況下，也是看你居住的地方而定，可能會對付款人收取高到令人心痛的罰款，並且把交易送回ACH，保留到下個批次處理。當然，資金足夠與否可能只是時間問題，例如二〇一九年初，英國電信業者「3電信」（Three Mobile）的一個處理錯誤，導致提早四週對五十五萬名顧客的銀行帳號直接扣款，就是一個極好的例子。有人的戶頭被扣到一毛不剩，而有些人據聞面臨透支及／或支票跳票的費用，還被其他服務供應商收取延遲付款的費用。這起事件結果在社群媒體引發騷亂，3電信再三道歉，《太陽報》（*The Sun*）也以「行動悲歌」（Mobile Moan）做為標題予以嚴厲譴責。當電力公司意昂（E.On）在二〇二〇年十二月犯下相同錯誤，提早兩週對一百五十萬名顧客收款時（顯然毀了其中不少人的聖誕節），《太陽報》的標題是「呼叫瓦特」（Say Watt）。

---

52 這些ACHs有著同樣難記的名字，像是英國的銀行自動清算系統（Bankers' Automated Clearing System, BSCS）、法國的技術交流暨處理系統（Systèmes Technologiques d'Échange et de Traitement, STET）和美國的全國自動化清算所協會（National Automated Clearing House Association, NACHA）。關於這個部分。歐元區被認為是很在地化的，而且甚至擁有好幾個ACH在單一幣別下進行跨國運作。

今天，支援所有這種支付活動的系統重重疊疊，連接成一個看似深不可測、相互依賴的複雜之網，不是沒有包袱和腦袋清楚的人會去，或甚至有能力設計的。為數龐大的支付流經一個迷宮般的網路之網：從你到我和他到她；從公司到公司；銀行到銀行；國家到國家，整個系統每天將好幾兆的錢來來回回的搬來搬去。

撇開歷史不談，其中有一定程度的複雜性是不可避免的，這是因為小額支付與大額支付需要不同的「管道」。支付有許多種不同的樣態與規模，從五毛錢到五十億美元都有。不管是我的電信帳單或你的午餐、公司的薪資或毒品交易、股利或離婚協議金，每一筆付款都必須被照顧到。我們喜歡自己的支付選擇：你可能選擇用支票來付稅單，不過你大概喜歡以銀行自動轉帳的方式領到薪水；你也許喜歡直接扣款付水電費的確定性，用信用卡進行大額採購的安全性，以簽帳卡小額付款的簡便性；而你恐怕是在偶發的意外狀況下才用現金付款。各擅勝場而已。

表二顯示我們可以將支付分成三種廣泛的交易類型。第一排指的是我們在商店、市場及網路上買東西，光是這些每年就進行將近兩兆次的支付，在這個星球上每人每天超過一次。[53] 其中大多數是小額支付，平均在二十美元上下，不過每年總價值卻有四十兆美元，約是全球GDP的半數。

第二排呈現的是我們支付的帳單和我們拿到的錢，往來對象包括企業與政府——租金、電信帳單與稅金，加上我們的工資、薪水及社會福利金。這一排包括支撐供應鏈的企業對企業付款，以及任何（後）工業社會的引擎——一般商務往來。這種交易不如我們的日常採購頻繁，以全球計大約每人每週一次，不過它們的金額更龐大，平均約為三千美元，總價值超過全球GDP的十倍之多。

最後，但並非最不重要的是最後一排，你會看到銀行與其他參與金融活動者的資金流，像是退休基金與避險基金，還有貸款大戶（企業與政府）。這類大額支付的次數少很多，每人每年甚至不到一次，不過規模龐大：每筆交易平均超過兩百五十萬美元。以總價值計，它們每年約有五千兆美元，是全球GDP的七十倍。

表二　主要金流概覽

平均價值（美元／年）	總價值（兆美元／年）	交易次數（十億／年）	金流
20	37	1,800	採購
3,000	900	300	帳單
2,500,000	5,000	2	金融

53　表中呈現的是二十五個CMPI國家的數字；CMPI即支付暨市場基礎設施委員會（Committee on Payments and Market Infrastructures），國際清算銀行（Bank for International Settlements, BIS）所屬組織。

這三種類別必然是廣泛的，而且包含許多不一樣的金流，各有特定的特徵與需求。不過支援這些不同金流的系統全都相互依賴——沒有大錢，小錢就移動不了，反之亦然。在我們看得到的事物——POS終端機、ATM等背後，有著真正重要的基礎設施：施展鍊金術使金錢從A「旅行」到B的支付系統們。這種管路系統大多是隱形的，雖說在特定國家或貨幣區裡，它形成一個單一互連的「系統」，但個別組成成分可以有很大的差異。這些系統全都必須因應我們在第三章談到的三個重要挑戰：它們必須做到風險最小化、流動性最小化，且慣例最大化（意思是它們必須普遍被商家接受，顧客也廣為使用）。

慣例的角色在零售支付中最為重要，後者的解決方案必須對消費者來說簡便，而網路效應也會有利於連接許多交易對象的系統——愈多愈好。如我們在第三章所看到的，這能說明何以零售系統往往高度在地化，而且傾向於如此這般下去。同時，對最下面一排來說，交割風險與流動性是最為至關重要的。大額支付系統必須建立在有意識的權衡流動性與風險之上，我們將在第十六章探討這一點。

檢視清算所的運作方式，便能看到這種權衡在發揮作用。清算所的其中一個功能是它們計算「付款淨額」。這個意思並不是說他們把稅或國民保險從款項中扣除（萬萬不可啊！）；反之，它的意思是銀行可以把正餘額（別人欠他們的錢）拿來抵銷負餘額（他們欠別人的錢）。在每一次淨額結算週期結束之時，銀行只要就彼此間的淨值進行交割即可。

這種安排不僅減少銀行的整體處理成本，更能節省寶貴的流動性，因為他們只需保留足以結算淨額的資金就好了。

不過，淨額結算系統有兩大缺點。首先，它們相對較為緩慢。照慣例，結算淨額是在一天結束之際或甚至隔夜完成，意思是款項至少需要一天時間才能抵達另外一家銀行——有時甚至會更久。

其次，淨額結算系統有風險。若某家銀行在這類結算週期當中崩盤，它到那個時間點為止的所有支付都必須重算。即使某家收款銀行已經把錢付給它的客戶，它也無法從如今倒閉的付款銀行收回這筆資金。在實務上，這表示銀行只會在結算週期末了，所有淨額已經在銀行間適當轉移之後，他們才會將收款記入客戶的戶頭。這對客戶來說似乎並非理想狀況，不過卻能讓事情更有效率，銀行也更能承受得起。

就我們的標準日常付款來說，淨額結算的風險是可管控的，只有碰到表二最後一排那些真的非常龐大的數字，淨額結算才不太管用。如果這些高額款項要花一天或更久時間才能確定，只要出了什麼岔，相關銀行就會暴露在重大風險中。倘若某家銀行在這期間倒了，它所欠的債務可以數倍於對方的資本額，害得他們也跟著倒閉。一家失敗導致系統性崩盤。在一九七四年六月，德國一家鮮為人知的小銀行赫爾斯塔銀行（Herstatt Bank）便做了一次絢麗奪目的展示，給了世界一個強而有力的理由尋找更好的方法來處理高額付款。

當管制機關發現赫爾斯塔銀行一連串災難性的押注於美元，導致損失超過十倍資本額的時候，便吊銷了該銀行的執照。銀行只要賠掉資本額就會破產，所以事情大條了。即使如此，赫爾斯塔在德國是排名第三十五的銀行，若不是因為它與其他德國銀行有大量的美元及德國馬克交易，否則它的倒閉應該純粹是本國事件。這些銀行已經把他們的德國馬克付給法蘭克福的赫爾斯塔銀行，正在等著幾個小時後，在紐約收到他們的美元。這批美元從來沒出現，因為赫爾斯塔在紐約當天開市之前就宣布倒閉了。

赫爾斯塔在紐約的銀行是大通曼哈頓銀行（Chase Manhattan），它凍結了赫爾斯塔的帳戶，停止代表它支付美元款項。整個紐約金融體系立即受到爆炸性衝擊。由於銀行間的信任消失，造成流動性——銀行留在手上以協助處理付款的資金枯竭。美國銀行之間的支付量下跌六成，銀行同業利率則大幅上揚，自然也就因此一點一滴的向下影響到顧客。這後果不限於美國一地承擔，餘波也橫越大西洋回到歐洲。這一切，全都是因為一家德國小銀行倒閉的關係。

CHAPTER 16

我們為何需要央行？

在一九九七年上映的電影《MIB星際戰警》（*Men in Black*），有一個祕密政府機構負責監管地球上的外星難民，同時得對一般人暗蓋這個外星人活動的祕密。多數央行行長不太可能奉這些人為榜樣，但你大可採取類似視角思考他們在全球金融體系扮演的角色。央行官員都高度意識到金融體系內部的危險，亦即它可能爆破或潰敗並帶來毀滅性後果，因此都傾盡洪荒之力防堵現下的險境。與此同時，我們多數時候依舊沉浸在小確幸渾然不察。你知道的，理論上應該是要這樣。一旦出包，就像當年他們處理西德赫斯塔銀行一樣，首要之務就是解決眼前的危機，之後就是力阻重蹈覆轍。

赫斯塔銀行帶給我們的教訓是，銀行之間的巨額債務不應該懸而未決，應該要盡快付清搞定。這需要一條全新的金融輸送系統，設置形式為連通各家銀行與央行之間的超大型管道。真正夠格的大型管道可以辦到眨眼之間移動幾十億美元、午餐之前調度幾兆美元。

目睹這些系統處理天文數字可能很困難。二〇〇八年金融危機期間，幾十億、幾兆美元開始定期在每日的新聞快報搶鏡時，一般人都被天文數字搞糊塗了。至少有一部分原因是，在英語國家，一兆美元是一百萬個一百萬美元，也就是一的後面跟了十二個零；但是在許多非英語國家，又比一百萬大得多了，也就是一的後面跟了十八個零。解釋這些龐大數字究竟是代表多少錢的需求，反倒有助催生一票部落客發想他們的家庭手工業。他們提供的一道解方是具體化實體金錢數量。他們說拿一百美元紙鈔塞滿一個公事包，就相當於裝進一百萬美元。對十億美元（亦即一千個一百萬美元）來說，你顯然需要十座裝卸貨物的集裝架，上面完全堆滿一百美元。至於一兆美元，你就得用上一整座一比一的國際規格足球場，而且得堆出三層集裝架。

正如我們在前一章所見，淨額結算絕對不是調動如此天文數字問題的答案。如果你想調動一兆美元，你真正需要的工具是一套結算大額支付的系統，它可以實時暢通於一家又一家銀行之間，而且這些付款中有一筆是「尾款」，無法被取消。央行想出來的這套解方是即時總額清算系統（**real-time gross settlement system, RTGS**），你可以把它想成第一章故事中環島一周的一百元美鈔這個角色，雖說它的規模顯然大得多。它們允許同在一國或同用一種貨幣的銀行之間所有的共同債務立即被清算，而非累積即將熄滅的火種正枯等火花一樣。

一九九六年，清算所自動支付系統這套英國版即時總額清算系統上線，時任英格蘭銀行行長艾德華・喬治（Edward George）形容它是「涅槃（Nirvana）」。或許你得先當上央行官員才能在即時總額清算系統找到涅槃，不過假使你還真的是央行官員，你將會是小心審慎類型的人格，你會想確定各家銀行之間累積的天量風險，都已經在茶會席間被清算完畢了，之後才出面發表演講。

雖說實時處理每一筆付款可以消除信用風險，而且有助央行官員夜夜好眠，但它是一門花大錢的業務。不只是因為打造、安裝系統的成本高昂，畢竟它們都是央行在維運，或是運行、保養，需要人力與機器，更因為推進這些系統的動力是資金本身。正如第一章提到的小島需要一百元美鈔才能推進活動，即時總額清算系統毫無疑問也需要流動性。

我們現在把數字置入上下文試想以下情境。清算所自動支付系統單日處理大約三千六百五十億英鎊。[54]那個數字看起來是龐大的借款憑證，但這個總額拿來與美元所用的美國聯邦準備體系全國網路匯款系統（Fedwire）、歐元所用的泛歐自動化即時總額清算快速撥轉系統（Trans-European Automated Real-time Gross settlement Express Transfer system，TARGET2）這兩套最高價值的支付系統相比，馬上相形見絀。這兩隻怪獸各自單日處理三兆美元。全球所有銀行的承擔風險

54 二〇二〇年前六個月，每日平均價值為三千六百五十億英鎊。

資本總額接近六兆美元。這意味著，單單是美元及歐元即時總額清算系統處理的單日成交量加總起來就等於整體全球銀行系統的總資本基礎。換句話說，要是這些支付系統崩壞或是事後被撤銷，整套銀行系統也就，那個嘛，你知道的，分崩離析。

雖說總清算降低風險，但需要銀行提供更多的流動性，而非淨額清算等價物。銀行需要預付即時總額清算系統的資金遠超過一百元美鈔，這樣它們才能支付這些大筆款項。對銀行來說，由於維運這等規模的流動性很花錢，即時總額清算系統便設計成最小化所需金額。它們允許市場玩家在負餘額的前提下經營，但必須拿出抵押品擔保（也就是拿政府公債擔保的透支額），同時借道啟動依據最佳順序執行支付作業的演算法。更龐大、最先進的即時總額清算系統允許參與的銀行限制它們必須分發的資金，低至單日清算價值的一％即可。

根據谷歌支付團隊的高階主管黛安娜．蕾菲德（Diana Layfield）所說，支付系統所能獲得的至高榮譽就是被用戶忘得一乾二淨。就她的定義來看，即時總額清算系統評分超高；我們多數人根本不知道有這號系統存在。是說，我們怎麼可能知道？這些系統看起來似乎離我們大部分日常生活的支付行為根本就是幾千幾百里遠。不過那並不代表我們沒有倚靠它們：我們只會在它們停止運作時才飽嘗苦果。

所幸嚴重出包很罕見，不過一旦真的發生了，衝擊可是歷歷在目，正如倒楣的英國購屋族發現自己在二〇一四年十月所付出的天價成本。「今天早上我打電話給我的律師，他說他們沒有收到任何資金，而且我的房貸銀行什麼動靜也沒有。」東南方小鎮科爾切斯特（Colchester）居民喬・費里蘭（Joe Friedlein）在發送推文之前對記者說，「這必須列在『我不想在搬家那天發生的事』清單第一順位。」

費里蘭不是唯一的倒楣鬼：那一天好幾百筆英國房屋銷售付款未能通過，就是因為清算所自動支付系統大出包。週末時，清算所自動支付系統服務在系統內加入一家新銀行，移除另一家；當系統在星期一清晨六點重新啟動時卻整個大當機。

另一名受到波及的購屋族接受英國廣播公司（BBC）採訪時哀嘆：「我的十歲小鬼可以在智慧型手機上轉帳，但是英格蘭銀行執行更新作業系統會大當機！」英國的全國房產經紀人協會（National Association of Estate Agents）警告，將對安排於當週稍後繳款的支付作業帶來延遲的「連鎖」衝擊，而《金融時報》頭條新聞則是大喊：「英格蘭銀行支付系統當機延誤數千筆購房交易。」

當天服務中斷的新聞占據英國媒體的主要版面，可預見的是，幾乎所有報導都聚焦房屋銷售受到衝擊，卻隻字不提百分之七〇交易還是成立的事實，也無視房產物件銷售額僅占清算所自動支付系統服務轉移總價值百分之〇・一的事實。

媒體決定關注住房市場可能反映出英國人執迷房產物件，但也掩蓋他們毫無想像力的事實，亦即要是服務中斷的時間拉得更長究竟會產生何種後果。一九八七年至二〇〇六年，艾倫・葛林斯班（Alan Greenspan）擔任美國聯會主席，也深受缺乏這種幻想力所苦。他擺脫辦公室羈絆後，曾在二〇〇七年這樣寫：「我們總是認為，倘若你想要削弱美國經濟，就要剷除支付系統。銀行將會被迫回到效率低下的實體金錢轉移作業，企業將訴諸以物易物與借款憑證，屆時全國經濟活動水準將會像落石一樣直線下墜。」[55]

事實上，正如《金融時報》幾年後在部落格阿爾法村（Alphaville）回顧清算所自動支付系統這場意外插曲時所言：「長期存在……崩壞將已構成一場無異於英鎊貨幣市場系統性崩潰的慘劇，並可能對英國經濟引發災難性後果。想想活人獻祭、貓狗同居，簡直讓人大崩潰。」

這些天價支付系統失靈可能真的是在預示這類的世界末日嗎？我們若想回答這道問題，具體拿火車鐵道系統的支付機制類比可能有點幫助（對長年營運的鐵道沒有任何不敬之意）。全部車體代表金錢，車站代表支付閘門（好比Visa信用卡讀卡機與ATM），鐵道分支代表將資金匯給它們的零售管道。串接、供電這一切設備需要高負載量的幹道纜線及主要的聯軌站。這些呢，就是你的即時總額清算系統。

行經這些鐵道幹線的款項包括企業的緊急與高額支付，以及消費者購屋這類偶一為之的大筆支出。即時總額清算系統也處理其他國內系統的結算支付，好比稍早我們看到的銀行間淨額清算系統。

這些幹線與主要聯軌站都必須具備乘載幾千名乘客的充分能耐，套用在我們的比喻就是零售支付，但它們也得夠強大，足以支撐運載幾千噸鐵礦石和鋼鐵的龐大貨運列車，也就是銀行之間的高額與批發支付。這部分的基礎建設絕對必須運作得宜，否則整套網路便會一敗塗地。

好了，現在回到貓狗同居的亂象，倘若即時總額清算系統當機超過一天，我們將要怎麼熬過去？你可能會揣想，既然不到四十年前這些玩意兒還沒問世，我們就這樣走過來了，現在也一樣安啦。先別這麼快下結論。以前沒有網路、行動電話與個人電腦，我們也一樣過得好好的。試想一個我們沒有當前這些物件的世界。當然，我們還是會找到可靠的變通方法，好比市內電話、郵務系統、實體商店與銀行等，但那些系統早已不敷我們今日所需。屆時將有一大堆事情我們做不來，而且還會有事情我們不會去做；商業活動將急凍，做生意的成本會有如指數暴衝一般狂飆。

現代經濟少了即時總額清算系統，比起生活中少了谷歌、臉書與電郵，將是一道全然更嚴峻的考驗。你可能會認為，我們可以至少耳根子清靜，然後回到上街採買的日常生活，因為這些小額零售支付將會繼續借道信用卡網路與銀行互通系統流動。然而，這樣想就漏掉銀行之間不斷累

55 就在葛林斯班發出警語一年內，美國經濟當然就像落石一樣直線下墜，但完全與支付系統無關。他精確描繪出，一旦支付系統被剷除會有什麼大事發生；他只是未曾考慮還有什麼可能原因會引爆同樣後果。

積的風險，以及雜貨如何運送到門市或是汽油如何輸送到幫浦的問題。超市與石油企業完成的支付落在高價值類別，但是它們的進口業務則取決於跨境與外匯結算。雖說企業可能會同意它們的顧客積欠幾天債務，好比本書第一章提到的島民一樣，但是到了某個時間點就無以為繼。超市貨架上再也看不到商品、幫浦不殘留一滴汽油、再也發不出薪水等情境紛紛上演。

對社會順暢運作來說，維運這些天價系統顯然很重要，不過一旦災難爆發，它們同樣扮演關鍵角色，就是隨著危機遠去，央行需要肩負起金融救火員的責任，祭出大量流動性撲滅金融動盪與潛在恐慌的火焰。它們倚賴諸如即時總額清算系統以便將流動性輸往任何大火延燒之處。

發生在紐約市曼哈頓下城區的九一一恐攻事件堪稱最佳實證，因為它重擊全球金融體系的神經中樞。這棟毗鄰世界貿易中心（World Trade Center）的三十二層樓高建物曾是電信集團萬宙商信（Verizon）的關鍵樞紐，涵蓋當時可說是全世界密度最高的電纜和交換器。它容納超過四百萬條數據線路、十座細胞信號塔、三十萬條撥號線路、紐約證券交易所（New York Stock Exchange）的通訊紀錄以及整座城市的主要緊急開關。雙塔崩塌之際，鋼梁刺穿萬宙商信大樓前半部，銅線和光纖從插座中被猛拽出來，大水淹沒比較低的樓層。電力完全停擺。

雖說九一一恐攻事件的毀滅性後果要更深廣得多，就支付神經中樞這部分來說，這場攻擊過後有必要採取行動。聯準會迅速介入。它買進價值相當三百億美元的政府公債，借道挹注現金至各家銀行的儲備帳戶，有效讓它們將現金用於借貸以便後續支付。聯準會另外直接放款四百五十億美元給銀行，只為了提供更多流動性可以付款。因為美元借款成本正在海外日益高漲，聯準會也借道與全世界其他央行換匯，好讓外國銀行獲取可用美元。總的來說，聯準會在恐攻事件發生幾天內就「挹注」約莫一千億美元流動性，進而協助防堵全球金融體系崩盤。

九月十一日過後，改善銀行業實體冗餘與韌性的工作大量展開；監管機關告知銀行必須在偏鄉打造備援據點，設立雙向溝通系統等事宜。但當時下一場危機已經迎面而來，當然，這次完全不一樣。

二〇〇八年危機未曾涉及電力與通訊中斷、大水淹樓或差旅停擺，所以當時已經就定位的舉措幾乎幫不上忙。二〇〇八年九月十三日至十四日那個週末投資銀行雷曼兄弟（Lehman Brothers）破產倒閉，它讓赫斯塔銀行的前車之鑑看起來像是小孩子玩扮家家酒，同時把國際金融關係推入一場前所未見的大考驗。這一回不僅是聯準會，全世界的央行都發現自己不得不引進重型起重設備。事實上，它們手上有什麼資源就砸什麼資源，包括政府領頭向銀行購買不良資產的計畫。

在支付這門業務雷曼兄弟算不上大咖，事實上，它甚至從來不曾涉足這一行。不過它參與一套讓人眼花撩亂的交易網路，其中許多涉及長期、結構繁複的衍生性商品、證券與外匯交易。而且它是與世界各地一大票交易對手進行買賣，因此，就在這家美國的銀行已經宣告破產，倒楣鬼德國復興信貸銀行（Kreditanstalt für Wiederaufbau, KfW）還從自家戶頭電匯四億二千六百萬歐元的支付互換款項給雷曼（因此在這整道過程中為自己贏得德國「最蠢呆銀行」之稱）。法商法國巴黎銀行（BNP Paribas）面臨暴露在金額四億歐元的風險，一年半之前還未更名的皇家蘇格蘭銀行（Royal Bank of Scotland；編按：二〇二〇年七月正式更名為國民西敏集團〔National WestminsterGroup, NatWestGroup〕）則是高達十億英鎊。總的來說，單單是雷曼兄弟的英國分支就搞出三百六十億英鎊的債務而倒閉。

赫斯塔銀行失敗暴露出外匯市場的斷層線，九一一恐攻事件則彰顯出證券市場的裂痕，雷曼倒閉卻是將赤裸裸揭穿衍生性商品世界。特別是，它將一絲曙光帶入暗沉沉的信用違約交換（Credit Default Swap, CDS）世界，它是專門設計來讓投資者針對企業債務違約風險投保的工具。在極短時間內，這些衍生性商品便從身為高度明智的風險管理工具演化成「美國股神」華倫・巴菲特（Warren Buffett）口中「金融業的大規模毀滅性武器」[56]，市場規模從二〇〇一年不到一兆美元激增至二〇〇八年六十兆美元，而且還變得日益繁複。多數這些信用違約交換不是用來解決企業債務，反之，它們是用來為次級房貸違約提供保險，其中許多也涉及歐洲與亞洲銀行之間繁複金融交易的一部分。

所幸，這些管道頂住這一次的金融危機。一旦全球央行官員挹注資金，取代銀行之間如今早已枯竭的流動性，支付流動就順暢了。少了這些即時總額清算系統的龐大金援，情況有可能糟得多。全球金融體系不像十八世紀法國哲學家伏爾泰（Voltaire）在著作《神聖羅馬帝國》（*Holy*

Roman Empire）中歸納的結論，即「既不神聖，也不羅馬，更非帝國」，反而十分容易描述。這場危機最終只是證明，萬一我們沒有早一步發現，它將有可能變得多麼巨大、環環相扣。

雖說金融危機期間信用衍生性商品完全應驗巴菲特的描述，但它們與利率、外匯衍生性商品這些比較平淡乏味的兄弟檔湊在一起，便再度成為金融業不可或缺的工具。它們就像證券（即股票與債券）及外匯市場，都是全球大額轉帳系統的核心組成要件。

全球最龐大的幾家銀行在這套系統中扮演關鍵角色。它們主導證券、衍生性商品與外匯市場。它們為支付與結算業務提供流動性，也是這套支援性基礎建設的主要參與者。[57]單單是摩根大通單日調動的批發支付金額就高達六兆美元。

雖說個別排行榜不盡相同，但每一份榜單各有頂尖玩家：摩根大通、花旗、德銀、滙豐與紐約銀行，不一而足。這份清單偏重西方有其歷史、地理和（最重要的）美元淵源。買、賣兩造需要深度夠、流動性強的市場，如此一來才能提供這些大型玩家優勢。

---

56 華倫．巴菲特也被尊稱為「奧馬哈先知」（Sage of Omaha），既是美國投資者，也是美國投資公司波克夏．海瑟威（Berkshire Hathaway）總裁兼執行長。他第一次做此評論是在二〇〇三年的致波克夏．海瑟威股東年信中。

57 諸如集中交易對手與證券集中保管機構。

我們應該如何看待這些複雜、難以理解的金融市場？這些大型玩家是否單單在高賭注的丟包裹遊戲中注入越來越大的風險，反倒把我們所有人置於險境中？從某些角度來看有可能就是如此，不過全球大額轉帳系統是經濟引擎的一大重要組成部分，它賦能我們支付、借貸，更為商業與貿易之輪上油。還沒有哪一號人物能找到更妥善方式辦到這一點。少了外匯市場，跨境支付會變得更冷清、更緩慢而且更昂貴，進而急凍貿易活動。少了利率互換，就沒有確定給付的退休金、沒有房貸或貸款業務，或至少是遽減，因為銀行與其他提供商將只會在它們找到投資者準備好承擔相對風險才會願意承辦。少了銀行與資本市場為股市與債市注資，企業獲得資金的機會將是少得可憐。

我們可以脣槍舌劍銀行的行為檢點與否；它們是否支付資深員工太多薪水，同時卻苛待存款用戶；它們是否應該盡可能對申貸對象高額放款等諸如此類的爭議。不過總的來看，我們就是需要它們。它們越壯大，我們需要的程度就越高，正如我們從雷曼兄弟事件嘗到的苦果一樣。

雷曼兄弟崩壞以來，各國央行並沒有閒著；事實上，它們進入超速狀態，想要終結銀行「大到不能倒」格局，同時也變得更強健。它們為達目的，要求銀行持有更多資本、定期回報自家活動，將風險集中在核心基礎建設以便提升透明度，幫助抵消任何個別銀行違約影響。這些基礎建設的宗旨便是要頂得住崩潰，尤其是要撐過它們施加參與者的嚴格訪問要求。不過無論（或說因為）這些強硬要求，現實是，多數銀行依舊是大到不能倒，正如它們自己所倚賴的核心基礎建設如出一轍。決策者看似採取美國鋼鐵大王安德魯．卡內基（Andrew Carnegie）的建言：「將所有的雞蛋都放進同一個籃子裡，然後緊盯著籃子。」[58]

我們都目睹過諸如Visa或清算所自動支付系統短暫秀斗，但截至目前為止都不會超過一天。同理：有一套系統假設中斷一週好了，就有可能重創全球經濟，並不動聲色地破壞整個社會。

二〇二〇年初爆發新冠肺炎大流行病全面性重創經濟，並以一種幾個世代以來都習慣生活在和平民主社會的眾人無法想像的方式，限制諸多個人和商業自由。但我們依舊可以付款、收款，也依舊可以出門採購食物與燃料。現在試想一下新冠肺炎疫情爆發前的場景，當時我們還擁有個人與商業自由，唯獨支付業務停止運作。就算我們找到採購雜物的方式，超市也無法補貨；我們將無法支付燃料或交通費用；供貨商也將無法付錢給員工或供應商。我們將會看到一個回到實物配給、黑市猖獗甚至宵禁戒嚴的時代嗎？經濟與社會將苟延殘喘多久終至完全崩潰？

所幸，有些機構專注解決這道棘手問題。金融穩定委員會（Financial Stability Board, FSB）是一個監督全球金融體系的國際機構：它的使命就是促進國際金融穩定，而且它緊盯支付業務

58 安德魯．卡內基（一八三五年至一九一九年）是蘇格蘭裔美國實業家與慈善家。十九世紀後期他領導美國鋼鐵工業擴張，成為史上最有錢的美國富豪之一。

已經有一段時間。央行也牢牢照管支付業務，尤其是透過總部位於瑞士巴塞爾（Basel）的國際清算銀行（Bank for International Settlements, BIS）借力使力。

少了國際清算銀行，檢視我們全球支付系統的工作就稱不上完整，更別提任何自尊自重的陰謀論。不過它實際上究竟在做些什麼？它創建於一九三〇年代，目的是促進一戰後德國必須依循《凡爾賽條約》（*Treaty of Versailles*）的條款支付賠款。《凡爾賽條約》的原始成員是賠款相關的歐洲國家央行。國際清算銀行身為一家自有資產負債表的銀行，有時候會代表某一家央行出手干預，以便掩護它的身分並防止投機者濫用敏感資訊。隨著時間過去，國際清算銀行也演化成某種類似全球央行協會的角色，它為銀行制定標準並協助它們跨境經營，這是它借道國際合作以便促進全球金融穩定的部分使命。

這樣就夠了嗎？唯有時間才能證明一切。支付領域的革命正在進行中，為監管機關帶來龐大挑戰。金融穩定委員會、央行與國際清算銀行都加入一場持續審查與追趕，加強遊戲規則並擴充職權範圍的賽局。它們面臨遊說者與特殊利益集團持續反對，這些人的職責就是要淡化立法和監管。銀行業與科技產業坐擁可觀的稅收和海量就業數據，掌握重大的政治影響力與資源，足以延攬一支多半由前任監管機構與公共部門官員組成的天價薪酬遊說軍團，為它們的利益出力並拖慢法規腳步。一直以來，快速變革的步伐依舊持續，意味著任何進步都可能快速地被事件取代。

CHAPTER 17

跨境支付：要是錢從不流動，你怎樣送到國外？

跨境支付是讓人又愛又恨的支付型態。它們照例被描述成又貴、又慢又不透明。任何人試圖匯個幾百美元到地球的另一邊都能證實所言不假。臭名實不冤枉。

跨境支付可能涉及複雜費解的銀行代碼、有看沒有懂的帳戶格式，以及種種看起來完全與手邊代辦任務毫不相干的細節要求，如果你可能還想得起來，以前曾經匯款一筆可能很重要的錢，到一個需要指明哪一方承擔費用的帳戶。就算你指名身為匯款人的自己會付清，最終還是可能會發現收款人的銀行照樣扣除額外費用。搞不好你完全不知道這一點，直到你完成支付手續一週後，才可能由收到款項的銀行回覆總共收到多少錢。因為有很高的機率你自己的銀行也在狀況外。

近幾十年來，跨境支付的需求大爆炸，特別是在低度開發國家。現在我們越來越常網購，往往是繞著全世界的數位商家買。每一年，兩億名國際移工匯回祖國的金額據估約達六千億美元，再加上還有五百多萬名國際學生繳付學費與生活費。雖說新冠肺炎疫情喊卡國際旅遊，但商業旅客與遊客還是需要跨境支付飯店、計程車、消費等諸多行程。

經濟活動的地理分布已經面目一新，支付卻未跟上。考慮到隨處都有唾手可用的科技，這一點實在讓人難以置信：我們可以實時對置身全世界任何角落的任何人發送電郵、聊天與語音視訊，多半所費無幾甚至零成本；我們可以使用代幣卡在全世界的ATM提領當地貨幣；我們幾乎可以在任何地方的任一家門市遞出信用卡立即結清商品與服務費用。那為何同一家跨境處理信用卡交易的銀行卻辦不到如此綿密無縫的跨境轉帳？

問題就出在國界、貨幣與規模，但最後這一點影響程度較小。銀行與貨幣（當然，歐元除外）在國界之內運作，多數支付也都是在境內而非跨境完成。儘管大家都是說「匯款海外」，但實質上沒有「一毛錢」真的「被匯出去」。說實在的，真要是把英鎊送往德國法蘭克福或是把歐元送到倫敦，這筆錢能幹什麼用？一旦你停下來想想，顯然資金不會「往海外跑」。從以前到現在，絕大多數外國支付都是借道一套被稱為代理銀行的系統處理。這套系統的設計宗旨不折不扣就是免除貨運黃金與其他硬幣的必要。

代理銀行怎麼運作？其中原理和我在荷蘭的兄弟說法差不多：「你還是有一個美國銀行帳戶，對嗎？要是你打著我的名義付我一張美元支票，我就在你的荷蘭帳戶還你歐元。」試想放大那一幕成為工業等級規模就好。當然，別以為銀行會像我一樣提供免錢服務，大型銀行得滿足名下顧客的跨境需求，將在世界各地的其他銀行維持數百甚至數千個帳戶，所有這些作業都要花錢。

讓我們試舉一家必須付款給位於中國的供應商的美國企業為例（這時就先別管貿易戰爭與關稅爭議了），這是一家大型美國企業，往來銀行也是一家大型業者。由於這家銀行規模龐大，早早就在中國做生意了，因此將在當地的某一家銀行開設帳戶。它會發送指令給這家銀行，以便從帳戶中撥錢支付這家中國供應商。中國的銀行將會先檢查這家美國銀行的帳戶，假設帳戶中資金充裕，然後它就會處理這道支付流程。這家中國的銀行在經手期間就等於為這家美國銀行扮演所謂「代理銀行」的角色。

有時候整道流程會跳來跳去才能讓一筆款項抵達終點。假使這家美國銀行是一間小型的社區銀行，有可能不會在中國設立代理銀行。在這種情況下，它將使用一家規模比較大的美國銀行充當中介機構，要求後者借道它在中國的代理銀行支付款項。如果中國的供應商也與當地一家小型銀行往來，那麼這家中國的代理銀行還得再借道境內支付系統才能處理這筆款項。你可以開始看到為何這些事情得花上這麼多時間和這麼多錢……

某種程度來說，代理銀行業務類似航空公司之間的連結。你可以在全世界任何一座機場搭機到另一座，但不必然是直飛路線，航程有可能涉及幾條不同航段。這裡的比喻就只是擴大等式規模。你無法從某一座機場直飛到任何其他機場，是因為沒有充裕流量得以維持航班。代理銀行業就像航空公司系統，自有主要的全球跨境支付中心，正如英國倫敦的希斯洛（Heathrow）、美國芝加哥的歐海爾（O'Hare）與新加坡的樟宜（Changi）這幾座連結完善的機場。這些是十來家全球交易銀行，每一家都各與幾千家其他銀行建立代理銀行業務關係。往下一個層級是扮演「區域中心」的中型銀行，為當地其他銀行處理支付業務，然後再移轉給其中一家全球銀行。其餘銀行則是更小型業者，主要處理自家顧客的支付業務，倚靠其他銀行所提供的跨境交易服務。

支付的流程和航空旅行一樣可能很漫長，但多數都只涉及一、兩個航段。百分之七〇的跨境支付僅涉及解款方銀行與收款方銀行，或是再加一道額外的中介機構，通常是前述幾大中心之一。唯有極少數支付流程需要比較長的銀行「鏈」。

代理銀行業系統賦能天量價值繞著地球跑：單日處理金額接近一兆美元，包括大約二百萬筆獨立支付款項，平均價值近五十萬美元。[59]這些移動包括貨品運輸以及其他企業對企業開立發票的商業支付，也包含諸如支付跨境證券與衍生性商品相關的金融流動。

你可能猜想，銀行如何保有自家代理銀行帳戶內的資金。說到底，不僅是個別消費者無法推動資金跨境跑，銀行也辦不到。且讓我們回到中國與美國銀行以及它們的顧客這道例子，以便解釋其間的運作流程。

假設美國銀行持續為它的美國顧客在中國開立發票，將會在美國積累大量美元，但是它在中國銀行的帳戶資金就會日益乾涸。於是它利用外匯市場重新平衡帳戶。我們這些需要人民幣的美國銀行將會尋找交易對手，就說剛好有一家需要美元的中國銀行很樂意賣出人民幣。這家中國的銀行便轉匯人民幣到這家美國銀行在中國的帳戶，美國銀行則是把美元轉入這家中國銀行的美國代理帳戶。換句話說，兩家銀行將兩筆跨境交易變成兩筆境內交易。

雖說代理銀行業系統已經與時俱進，但多數術語的字根還是反映出它源於十四世紀的威尼斯。舉例來說，在我們這道例子裡，美國銀行將會稱呼自己在中國代理銀行的帳戶是國外同業帳戶（Nostro），這個字在義大利文中意指「我們的」，但讓人搞混的地方是，中國的銀行將會稱呼同一個帳戶為外國銀行在本國帳戶（Vostro），這個字在義大利文中意指「你們的」。

「代理銀行業」這個名詞也源自以前銀行將指令寫在信中然後帶上貨船。同理，「電匯」這個術語來自電報時代，至今持續使用，而且不只是應用於跨境匯款，更用於美國的長途境內支付。這是因為美國銀行過去一向只在州政府的層級獲得許可，非得倚賴境內代理同業執行它們的州際支付業務。電報逐漸被電傳打字機取代，或者比較廣為人知的稱呼是電傳機，它後來

59 包括高占總數三分之一的境內代理銀行業，涵蓋國際交易的境內部分，也包括單純的境內代理銀行業，在此同一國家的銀行採用銀行國際代碼與彼此維護的帳戶進行結算。

被銀行國際代碼（Swift）取代，指的是全球電子跨境網路。[60]

銀行國際代碼的全稱為環球銀行金融電信協會（Society for Worldwide Interbank Financial Telecommunication），是直到一九六〇年代末期或一九七〇年代初期才開始萌發的構想。這道願景肯定堪稱當代之最：一套單一共享的系統，可以用來串連全球的銀行、克服成本、安全、時間、信任、語言與技術問題。

然而，銀行國際代碼不單只是一場白日夢。一九七七年，它挾著十五個國家中的二百三十九家銀行上線。每一家參與銀行都有一部「銀行國際代碼終端機」，可以輸入指令並傳送到代理機構，也可以被它的代理機構收回指令再回傳。現在銀行國際代碼在北韓以外的每一個國家連結超過一萬家銀行，透過網路單日發送約莫三千萬筆訊息。在銀行國際代碼網路中大概有一半都與支付有關，但也用來溝通關於證券與外匯結算，還有貿易融資與信用狀相關事務（本章稍後再介紹）。

代理銀行業系統無所不包，無論置身所在地區使用什麼語言、遵循什麼境內慣例，都允許將支付款項傳送到世界任何地方的任何銀行。支付指令若欲實現這一步，必然相當繁複，它們需要適應一大堆銀行業務實踐、尋址系統、貨幣兌換、收費、匯款資訊、數據保護和金融犯罪法規等。銀行國際代碼標準化這些指令的格式，正如一九七〇年代深具遠見的人士所預見的情景；它也分派每一家銀行一組八個字母的位址，也就是俗稱的國際代碼或銀行識別代碼

（ＢＩＣ）。[61]

由於指令借道銀行國際代碼在全世界的帳戶之間傳送幾兆美元資金，因此這張網路必然高度安全，還得提供銀行驗證指令的工具。

如果你還是不喜歡代理銀行業給人的印象，而且你不打算調動什麼大錢，當然還有其他方式可以「匯款海外」。最老派就是哈瓦拉（Hawala）這種依舊在穆斯林世界大行其道的非正式支付系統。它起源於八世紀，比代理銀行業還早，不過打底的技術大同小異。它和代理銀行業一樣倚賴維繫彼此帳戶的中介機構，不過哈瓦拉的中介機構是仲介商，通常是商家而非銀行；帳戶本身是非正式形式，端賴榮譽制度執行。

在哈瓦拉運作系統中，哈瓦拉仲介商被稱為「哈瓦拉代理人」（hawaladar），資金從他的手中被送出，而且他掌管所有交易的非正式紀錄。舉例來說，一名置身杜拜的顧客將五百迪拉姆

---

60 電傳打字機這個術語是很管用的描述：電傳機就像是連上電報纜線，從遠端操作的打字機。在電報線傳送那一方，打字員先在鍵盤上輸入符號；在電報線接收那一方，機器在紙帶上列印某些專業人士可以解讀的符號。

61 銀行識別代碼的英文全稱是Bank Identifier Code。由於非銀行機構現在也可以加入這套網路，因此現在它更名為企業識別代碼（Business Identifier Code）。有時ＢＩＣ也可能被用於指稱「電傳代碼」，實在讓人一頭霧水。

（Dirham，阿拉伯聯合大公國的貨幣名稱）交給當地的哈瓦拉代理人，委託後者寄到巴基斯坦。哈瓦拉代理人就將會連絡他在巴基斯坦的同事，要求對方以巴基斯坦盧比支付這筆錢給收款對象。兩地的哈瓦拉代理人稍後將會更新他們的紀錄以便反映這筆交易。他們可以單單記錄，寄錢的哈瓦拉代理人現在積欠收錢的哈瓦拉代理人五百迪拉姆，或是等額的巴基斯坦盧比。或者兩邊可能還有其他生意要做，這筆錢就用來抵銷其他交易的款項。再不然，他們可能加加減減幾筆交易結果，然後再透過好比其他哈瓦拉代理人、銀行系統或是匯款商等其他管道寄送餘額。

這套系統完全立足信任基礎。倘使哈瓦拉代理人之間未能履行自己的承諾，沒有正式合約或追索權可以用來對簿公堂；反之，他們失去自己身為哈瓦拉代理人的榮譽與地位。總額方面的數據也很難取得，但許多人估計這套哈瓦拉系統每年處理金額高達幾十億。美國官員估計，每年單單透過哈瓦拉流向巴基斯坦的金額大概就有五十億至七十億美元。缺乏正式管道或正式保存紀錄引來諸多批評，說是這套系統打擊追蹤非法資金的努力，反倒可能促進洗錢與資助恐怖分子活動。

代理銀行業與哈瓦拉都可以回溯至跨境支付主要應用於國際貿易年代。不過世界早已物換星移。近幾個世紀以來，驅動打造國家支付系統的動力一向是科技，加上監管法規從旁助攻，但絕大多數當屬需求使然。時至今日，科技提供我們在國際支付領域創新的類似能耐，至於需求早已蓄勢待發。

因此，這場關於破壞國際支付的競賽正激烈展開。約莫有三種類型競爭者。第一，卡片類網路。它們有一點值得讚揚，亦即在提供ATM、商店門市、飯店、餐廳以及電商的便利、實時支付方面做得非常好。但是它們不是免費服務，而且伴隨著明確的費用以及借道不同市場匯率之間的外匯利率產生隱形的費用。傳統上來說，它們其實沒有為個人對個人的支付提供便利性，但是卡片類產業正在努力改變這一點。第三方支付平台PayPal就是很好的範例，舉例來說，它讓置身美國的持卡人使用自己的卡付錢給置身印度的賣家。

其次，傳統上來說，匯款機構的佼佼者就屬西聯穩居龍頭地位；它每年經手大約二億五千萬美元跨境電匯金額，平均每一筆價值三百美元。它借道維護自己在所有國家開立的帳戶就能在幾分鐘內完成轉帳金額的工作。它一收到解款方的資金就逕自轉付給收款者，之後便等著和傳統銀行系統結算。這些傳統電匯機構面臨日益激烈的競爭態勢，對手是一批提供線上轉帳服務的新兵（我們很快就會介紹它們出場）。

第三類則是那些鎖定善用有如春筍般湧現的境內即時支付系統的業者（請參見第十一章）。互相串連著這些業者將會允許消費者與他們的往來銀行善用它們進行跨境支付。指令將會從A國系統跳轉到B國的即時支付系統，在此消費者就會像是操作境內轉帳一樣收到資金。這道過程實際上並不像聽起來這麼簡單：有些障礙需要跨越，好比貨幣兌換（有時候是貨幣管制），以及審查是否遵守制裁或反洗錢法規，但境內支付通常免受這些對待。

有人可能會主張，諸如哈瓦拉網路的零售玩家，與上述比較新進的競爭者執行代理銀行相同的功能：它們在一個國家付款，轉到另一個國家付款，並在這道過程中兌換貨幣。但是它們可以承辦的支付規模小得多，而且因為它們處理的總額也比較小，因此可以借道代理銀行系統打包（或是「淨」承作）成幾筆比較龐大的轉帳業務。

你的傳統代理銀行可能會笑看這些競爭者，同時指出它們不適合承辦具有潤滑國際貿易與金融作用的大筆支付業務。因為它們的平均支付額是五百美元上下，但代理銀行業的平均支付額接近五十萬美元。借道代理銀行業轉移的整體價值比借道卡片類業者的價值高出五百倍，遠超過單一銀行處理的金額。

大額支付需要銀行提供充裕的流動性。我可以輕易融通老哥一百美元款項，但如果他是要我以他的名義支付十萬美元，我會叫他閃一邊去。我的美國帳戶幾乎沒有足夠的流動性，而且就算他是我親愛的老哥，我也不會抱著有一天他可能會用到這筆錢的萬分之一希望，努力攢下這麼多錢。同理，所有這些支付的銀行間，結算暴險程度也高得令人無法接受，簡直就是天價，甚至最龐大的銀行都無法以單一家銀行的規模提供所需的流動性。

尤有甚者，有些規則令人擔憂。跨境支付受到監控，以便檢查它們並未違反制裁或反洗錢規定（我們將在第二十九章深入探究）。雖說這些規定原則上適用所有支付，包括比較小額的境內業務，但注意力通常聚焦比較大型的跨境流動，還會引來有吸睛作用的罰款。這種合規性需要精密系統與大量人力投入，典型來說，龐大的清算銀行將會聘請幾千名員工解決這道問題。

也因此，銀行有充分理由繼續使用代理系統，即使它已經有幾百歲那麼老了。沒有其他選項可以提供清算每天移動一兆五千億美元所需的流動性，至少不是就一道可以接受的風險水準而言。即使如此，有人可能還是會依法提問，為何銀行老是需要這麼多天數才能從某一國將交易轉到另一國，或是說，為何它們一直無法中途追蹤這類付款。

企業客戶可能會指出，對銀行來說，資金跨境流動速度緩慢才有利可圖：如果利息是百分之三，單日維持一百萬美元支出將可為銀行創造一百美元收益。保持全日總流量一兆五千億美元，銀行業系統收益就高達一億五千萬美元，或是換算成全年收益則是接近四百億美元。正如我們都會說，要是火雞有投票權，怎麼可能支持過耶誕節，銀行很可能也樂意保持系統運作緩慢，付款下落繼續不明。

也就是說，直到它們懷疑另有他人可能打算坐下來吃掉它們的午餐。說到曹操，曹操便到：這時大衛．亨利庫斯（Taavet Hinrikus）與克里斯多．卡爾曼（Kristo Käärmann）上場了。

亨利庫斯和卡爾曼都是深具創新精神的愛沙尼亞人，二〇〇〇年代後期住在倫敦。亨利庫斯在網路通訊軟體 Skype 工作，拿的是歐元薪水，但日常生活開銷都用英鎊。卡爾曼賺的是英鎊，但是得拿歐元繳付他在愛沙尼亞的房貸。他們都被往來銀行經手愛沙尼亞與英國之間的匯款時收取高額費用搞得很不爽，而且（就像老哥和我遇到的狀況一樣）他們很快就明白，其實可以繞過銀行，找親朋好友合資解決大家的需求和願望。

於是他們開始這麼幹。亨利庫斯從Skype轉帳他的歐元為卡爾曼支付房貸，後者則是匯出英鎊為亨利庫斯繳付他的倫敦帳單。兩樁正好對立的跨境交易因此變成兩樁在地交易。

這道基本理念便成為智匯轉（TransferWise；編按：二〇二一年二月正式改名為智匯〔Wise〕）的基礎。智匯轉是成功的跨境支付新創商，二〇一九年經手大約四千萬筆交易，平均價值為三千美元。智匯轉就和西聯與其他電匯營運商一樣，在好幾個國家擁有銀行帳戶，並將跨境交易轉化成在地交易。雖說電匯營運商通常提供單向走廊的匯款服務，好比美國通墨西哥、西班牙通菲律賓、杜拜通印度等，但智匯轉聚焦雙向流通的家走廊，好比德國通英國或是瑞典通美國。它也限制交易規模。[62]這兩道限制確保智匯轉只需借道代理銀行傳送少量淨金額以便平衡自身帳戶。這道手法堪稱巧妙，讓它可以收取僅百分之〇．六左右的相對較低費用，而且還包括外匯費用。

智匯轉就像許多置身跨境匯款領域的金融科技同業一樣，其實沒變出什麼任何神奇花樣；然而，它從二〇一一年的起點開始一路壯大，二〇一六年便坐上獨角獸地位，如今更是被公認為英國最頂尖的金融科技商之一。[63]當前它的身價高達幾十億美元。

銀行業者面對來自諸如智匯轉這些非銀行業競爭對手與日俱增的壓力，終於採取行動加速跨境支付並提升透明度。二〇一七年，全球支付創新（**global payments innovation, gpi**）誕生，象徵銀行國際代碼問世近五十年來跨境支付取得最重大的進步。

全球支付創新有一部分依循常規，也有一部分導入科技創新，堪稱全球交易銀行與銀行國際代碼的獨創作品。它解決一項代理銀行的重大潛在問題：沒有任何方式可以將一筆好比從你到我的支付視為單一筆交易，因為每一則訊息（或說航程）都與其他斷連。就實務而言，這意味著看不見支付流程走到哪一個階段，或者它動得快或慢；也看不到成本與收費計算方式。它也意味著，假使你就像倒楣的孟加拉中央銀行（Bangladesh Bank）一樣發現自己成為詐騙受害者（編按：二〇一六年二月被疑似北韓駭客非法盜走超過一億美元），也無法喊停支付流程，因為你根本不知道它跑到哪一個環節。

有了全球支付創新，如今支付流程從頭到尾一目了然，相關銀行必須承諾，一收到資金便立即送出，這一步大幅加速流程。因為支付流程可以追蹤，全球支付創新允許解款方與收款方都能知道資金正在哪一個環節，以及是否已經入帳。雖說現在銀行必須更快馬加鞭辨識出詐欺

62 智匯轉允許你傳送的最大金額取決於貨幣本身：美元額度是一百萬、歐元額度是一百二十萬，但印度盧比僅一萬。

63 所謂獨角獸是業界行話，代表價值超過十億美元的民營新創商。這個詞彙是創投家李艾琳（Aileen Lee）二〇一三年所創，她選擇這隻出現在神話中的神獸代表這類成功企業在統計上的罕見程度。

行為，至少它們可以做到立即停止付款。

或許只能說全拜破壞的威脅強大，成千上萬家代理銀行現在都張臂擁抱全球支付創新。還不是全部，但幾乎多數代理銀行付款，現在都開放追蹤，而且所有支付流程都應該在二十四小時內從頭跑到尾，其中一半都在三十分鐘內搞定。如果你的往來銀行無法比照處理你的支付需求，不妨請教它一下為什麼。

你可能會問，這就是它能做到的最好地步嗎？那可不。我們可以預期，跨境支付就像支付流程的每一處環節一樣，將會出現進一步變化。銀行急切地想要保住這門業務，但金融科技商與科技老大哥（BigTech）[64]則是磨刀霍霍想搶走它。與此同時，監管與立法機關也亦步亦趨緊隨在後。

事實上，跨境支付的「問題」是少數所有政府看似熱中解決的問題之一，這樣倒也不錯。回顧近幾世紀以來，促進國家支付系統發展的三件大事，我們顯然已經具備科技與需求，但是應運而生的監管環境還沒成熟。不過看得到進步的跡象。每一年，十九位擁有最龐大、成長最迅速經濟體的國家元首與歐盟（加起來就是所謂二十國集團〔G20〕）都會齊聚一堂，討論當前最重要的金融與經濟議題。就二〇二〇年峰會的議程達成共識絕非易事，但是其中有一點全體與會者口徑一致，那就是有必要改進跨境支付流程。根據二十國集團：「包括電匯在內的更快速、更便宜、更透明和更具包容性的跨境支付服務，將為全球公民與經濟帶來廣泛利益、支持經濟成長、國際貿易、全球發展與金融包容性。」

在這麼一個支離破碎的地緣政治格局與充滿考驗的經濟環境中，政府與民間部門將會多迅速採取行動，兌現它們對這項事業的承諾尚有待觀察，不過發展軌跡毫無疑問正朝向推進讓人人都可以更便宜、更快速、更透明地使用跨境支付的目標，特別是小用戶。終有一天，或許我們可以像是寄發電郵或聊天訊息一樣，隨時隨地以光速、幾乎零成本地傳送一筆支付款項。

然而，我們走到那一步之前，必須繼續將就使用現有工具。就舉十四世紀發明的信用狀（Letter of Credit）為例，約莫傳送二兆八千億美元。超過百分之十的跨境貿易倚賴這種神祕兮兮的支付工具，但它其實是一隻錯綜複雜的怪獸，很少支付專家搞得懂它的原理。所以且容我們稍微解釋一下。

試想你是一名威尼斯商人，正打算從中國運出一批絲綢。你在比利時北部法蘭德斯地區（Flanders）有一位潛在買家，但你不認識也不信任對方。你必須先發貨，然後他才會付款，但事實上他可能得先將這批絲綢做成成衣並全數賣出，否則他根本付不出錢來。這樣一來你如何確保拿得到報酬？

---

64 美國資訊科技產業的幾大龍頭：亞馬遜、蘋果、谷歌、臉書和微軟。

涉及兩家銀行作業的信用狀就是解方：你的往來銀行與買家的往來銀行。所謂信用是由買家在法蘭德斯地區的往來銀行有效聲明所提供的擔保：「如果你出示運送絲綢的證據，我就會付錢給你的銀行；我將會從買家手中拿回欠款，但我可能願意提供幾個月的信用，好讓他們處理完這批絲綢並賣掉成衣。」就算這名商人無法或不願付錢，只要你拿得出發貨證明文件，它的往來銀行依舊會付錢給你位於威尼斯的銀行。

信用狀在一九六一年豬玀灣（Bay of Pigs）入侵慘敗的後果中發揮出人意料的重要作用。當時美國入侵古巴告吹，導致一千多名中情局資助反古巴強人菲德・卡斯楚（Fidel Castro）的突擊隊員在當地被俘。菲德・卡斯楚最終同意釋放他們，交換條件是價值五千三百萬美元的食品和藥品，但堅持獲得一項擔保，即是保證贖金會在釋放囚犯之前入帳。

美國知名律師亨利・哈菲德（Henry Harfield）是文書領域的權威，獲政府徵召尋求對策，因此設法精心、巧妙改編信用狀內容。一旦古巴「運出」囚犯，古巴國家銀行（Banco Nacional de Cuba）便將從一家銀行獲取五千三百萬美元的信貸，用以購買指定物資。由於美國對古巴實施禁運，沒有任何美國銀行可以提供這種信貸服務，於是加拿大皇家銀行（Royal Bank of Canada, RBC）便在甜言蜜語誘哄下擔綱信貸提供者。國際人道救援組織紅十字會（Red Cross）充當「買家」：每一次紅十字會運送物資時，加拿大皇家銀行的信用額度將根據它運送的物資等價扣除。

如果紅十字會沒有發貨，也就是說沒有支付囚犯的費用，古巴可以直接動用它的信用額度，加拿大皇家銀行則是可以從紅十字會收回資金。當然，加拿大皇家銀行不希望陷入必須取消紅十字會抵押品贖回權的窘境，因此私下又找來摩根大通和美國銀行各自提供二千六百五十萬美元的幕後擔保。哈菲德的計謀生效了。所有囚犯都被釋放，古巴無緣染指美國現金、卡斯楚拿到他想要的物資，而且哈菲德收到一張白宮的簽名感謝函，姑且假設是時任總統甘迺迪（John F. Kennedy）親筆寫就。

諸如英國稅務及海關總署（Her Majesty's Revenue and Customs, HMRC）與世界銀行等權威機構都警告，不要使用信用狀，理由是它們讓人混淆、限制重重，還會招致「天價的延誤、官僚主義和意料之外的成本」，但是銀行每天照樣經手其中大約一萬五千份信用狀，平均每份價值六十七萬美元。[65]

哈菲爾身兼律師與銀行家，從信用狀的繁複程度與官僚主義獲利，無疑十分樂見它們存活下來。不過，擁護派如他，當他在晚年時觀察到相關訴訟突然發生，因此發出警語：「通常是

---

65 「儘管信用狀很好用，但通常最好是避免在交易中使用。它們有時候可能導致天價的延誤、官僚主義和意料之外的成本。一般規則是，假設你的供應商堅持使用它，或是因應國家外匯管制要求，你應當或許僅考慮採取進口商的立場開立信用狀。」（出自二〇一二年八月，英國稅務及海關總署）

伴隨著不利或不尋常的商業環境而來。」他的觀察頗有先見之明。新冠肺炎疫情大爆發僅幾個月，第一道信用狀訴訟的跡象乍現。二〇二〇年四月，亞洲最大石油交易龍頭之一興隆貿易（Hin Leong Trading）倒閉，因為銀行團拒絕提供更多信用狀。這家新加坡企業積欠二十多家銀行三十億美元。

無論興隆的銀行團最終必須轉銷什麼樣的呆帳損失，健全的那一大部分將可能與它們之前為它擴展的信用狀有關。對這些銀行來說，所幸這些工具獲得可靠公約支持：它們內嵌在大多數國家法律體系中，而且受到國際商會（International Chamber of Commerce, ICC）制定的規則約束。當然，還有一大票律師等著為它們提供建議。

但是，永遠都有「但是」，反對派提出一道觀點：信用狀涉及大量繁瑣、不折不扣的文書工作：必須簽署、保護原始文件才能呈交付款。信用狀不像資金，實際上真的必須跑完流程，不過未來可能會改變。確實，有進一步的證據顯示，信用狀還是有它的好光景，但是可以從幾十家金融科技商狂熱地試圖把它們帶入數位時代，好為自己揚名立萬（外加財源廣進）的行動中推斷出續命。

PART 6

科技革命

不速之客：挑戰銀行的角色

社群網站推特（Twitter）執行長（編按：二〇二一年十一月已交棒給原技術長帕拉格·阿格拉瓦爾〔Parag Agrawal〕）兼共同創辦人傑克·多西（Jack Dorsey）只用一百四十個字母的新聞故事就一舉顛覆全世界，但經常發現自己是因為封鎖推文、凍結帳號的爭議出現在新聞中。比較鮮為人知的是，他也是金融科技商方塊（Square）共同創辦人兼執行長，同樣在支付領域扮演革命性意義的角色。

多西偕同方塊另一名共同創辦人吉姆·麥凱維（Jim McKelvey），他想出方塊「保護鎖」，指的是一種硬體小玩意兒（顧名思義，當然就是小方塊），可以將任何行動設備變成信用卡終端機。方塊的特別巧思在於，它改成重新想像標準的三·五公釐耳機插孔實現這一步，在當時，這是數據輸入與輸出行動設備的唯一標準化方式。方塊保護鎖讀取信用卡磁條中的數據資料，借道音訊插孔傳輸到行動設備的應用程式。方塊有效地將我們手機裡一個不起眼，多半被無視的漏洞轉化為價值數十億美元的前景，進而引領市場交易員和計程車司機等小型商家進入電子支付時代。目前方塊的市值接近一千億美元。

方塊是金融科技界的典型實例。雖說金融領域的應用技術可以回溯金融業本身，但「金融科技」這個新詞最早出現是二〇〇八年左右。我們可以辯論因果關係，不過這股科技與金融交會的狂熱，恰逢大眾對金融業的怒火一發不可收拾之際。這個詞彙誕生於金融危機的尖峰時期，但真正落地與大眾共識接線是在二〇一三年前後，當時投資者開始前仆後繼湧入這門領域。毫無疑問，二〇一三年也可以說是比特幣躍為主流的元年（而且之後還越來越旺），價格從一月的十美元到年底已經攀上一千美元。

撇開伴隨著金融科技萌芽的政治順風車與天量炒作潮不談，這些企業為何懷抱這類承諾，確有一些實實在在的潛在原因。

一方面，金融科技不受傳統基礎建設阻礙，結果是，它們給得起以往銀行無法或從未提供自家顧客的創新、透明與平價金融服務。它們不受任何在地分行機構或海外網路等平凡或昂貴的俗事束縛，反而數位平台就可以適應不同語言與多元的在地要求，進而賦能它們迅速擴張規模。

另一道重要原因是監管。銀行或許只能將既有的繁文縟節怪在自己身上，但無論如何兩者早就是焦孟不離了。銀行業受到嚴格監管，還得被相關規定檢驗，為的是解決三大不同而且有時互相矛盾的議題：保護顧客、確保銀行不倒閉，並打擊金融犯罪。加入競爭規則並倍數擴增銀行所在司法管轄區營運的數量。再對比金融科技商，後者可以將銀行業務大卸八塊，然後長驅直入其中一些（不必然通吃）當作自己的本業，像是提供無須吸收存款的支付業務。所有這一切都讓它們營運時更低度受到監管拖累。

金融科技業者也能吸引人才：它們具有新聞價值與敏捷性，不受銀行內部的繁文縟節與官僚主義束縛。它們的員工多半被描繪成腳穿運動鞋、一臉吃不飽的數位原住民；銀行家則是被刻畫成酒足飯飽又十足官僚的中年大叔，雙腳踩著雕花紳士鞋，而且至少有一隻腳硬是駐留在往日時光。政治領袖前所未有地熱中課稅、找新創家拍照搏版面，心急如焚地想看到下一家**PayPal**就在自家後院坐大。他們想盡一切辦法要把金融科技業務搞起來，相當樂見監管機構為金融科技商降低標準。[66]與此同時，監管機構也急切鼓勵競爭，期望全新的供應商將挑戰銀行的價格與服務，並且開發未曾被照顧的市場，好比沒有銀行帳戶的人口。

至今，金融科技革命在很大程度上確實不負眾望，掀起一波金融服務創新浪潮，並修復某些自身普遍存在的不足之處。這些創新作為提供消費者更多選擇、更精準定位的服務與更優惠的定價；小企業可以獲取全新形式的信貸，銀行則變得更有生產力並收取更低廉的交易成本；金融體系本身也變得更強韌、更多元性、冗餘性與深度。根本上來說，金融服務變得更有包容性、人際之間聯繫更緊密、資訊更流通，可以施展的力量日益壯大。

不消多說，創投業的資金已經往金融科技界靠攏，其中許多是受這股信念所支撐，亦即一般的銀行業，特別是支付領域，必須具備搞破壞的成熟條件。這些引領投資者的啦啦隊相信，銀行就像以前音樂、零售、旅遊與汽車業經歷的變革一樣，正「面臨一個柯達（Kodak；編按：二〇一一年聲請破產）時刻」，對猶記柯達的我們來說，已經不代表資深管理階層還有拍照搏版面的機會。[67]近年來，投資者每年挹注金融科技約三百至四百億美元。

金融領域沒有哪一道環節被金融科技業無視，就算有也極少，不過或許沒有哪一道環節受到的注目可以與支付並駕齊驅。依全球範圍來看，近十年間支付領域收入年成長率為百分之六，各界預期至少未來五年仍將保持這個速度；尤有甚者，它還是其他類型金融服務成長率的兩倍。它也是技術日益密集的領域，在此規模經濟可以帶來天價報酬。多數銀行尚未備齊裝備適應新局；科技不是它們的強項，僅少數幾家銀行堪稱龐然大物，其他所有銀行相對弱小，而且經營

66 像是讓它們應用監管沙盒（sandbox）這種架構，允許金融科技新創商與其他創新業者置身一處經過調控的環境，並在監管機構看管下進行現場實驗。

67 數位相機問世之前，柯達主宰攝影底片市場。這家企業無所不在，以至於它的「柯達時刻」品牌主張被放進通用詞典，用以描述需要為後代記錄成史的事件。一九九〇年代後期，柯達的財務開始走下坡，原因是攝影底片銷量重跌，而且轉型數位攝影時代的速度有如牛步。

環境零碎分散。依全球範圍來看，即使幾家最龐大的銀行也都只搶到低個位數的市占率，但許多科技大廠卻在自身所處領域呼風喚雨：想想甲骨文（Oracle）稱霸資料庫；亞馬遜宰制雲端運算；蘋果、三星或華為則是瓜分行動手機市場。

考慮到我們對大型銀行的一般認知，那一點可能聽起來出人意料之外，不過數字會說話。就多數指標而論，花旗與摩根大通堪稱佼佼者，但摩根大通在美國零售與商業銀行業務的市占率僅約五%，花旗甚至更低。這兩支龐然大物加給來（僅）坐擁三億名顧客。相較之下，谷歌與臉書各在美國線上廣告市場拿下百分之四十與百分之二十占有率，而且囊括全球幾十億名用戶。

考慮到現有銀行的相對劣勢，你可能會納悶為何金融科技商還沒置它們於死地。當然是因為時間還早，不過那些被稱為「挑戰者」或「新銀行」的金融科技商都在試圖直球對決銀行，可能很快就會發現這一天正在逼近。

大多數情況下，這種類型金融科技商提供卡片類打底的全額支付帳戶。它們的產品非常近似預付卡（請參見第七章），但一般來說是針對現有銀行（或是可以與銀行打交道）的客戶，端出比實體銀行更酷炫、更平價的替代產品。它們沒有分行或書面流程，一切只需行動裝置、卡片類與應用程式就能搞定；它們的服務涵蓋支出總覽、以具有競爭力的匯率兌換貨幣，外加投資和放款產品。你可能在不經意之間與英國的數位銀行Monzo、Starling與Revolut或是德國的N26結緣。

新銀行打出超低利率與交易費的名號著稱，以至於Monzo的每一名顧客貢獻的年營收僅約七美元，而Revolut則是十美元。但就算它們的成本已經超低，營收數字只能說薄如蟬翼。新冠肺炎疫情大流行爆發後幾個月內它們都備感壓力。二〇二〇年五月，Monzo被迫籌資七千至八千萬英鎊以便度過疫情難關，這一來它的預估市值便折損近百分之四〇。雖然Revolut與N26備妥熬過疫情的充裕銀彈，急轉直下的交易量意味著它們很快就得削減員工薪資準備過冬。

還有其他業者包括美國的Moven、丹麥的盛寶（Saxo）與荷蘭的bunq（沒錯喔，它就是為自家銀行取這個名號），但沒有一家打著超高預估市值搶到新聞頭條。值此執筆之際，英國的首都銀行（MetroBank）市值僅二億四千萬英鎊。但二〇一四年西班牙對外銀行（Banco Bilbao Vizcaya Argentaria, BBVA）收購美國的純網銀簡單（Simple，名為簡單，實則一點也不簡單）時，後者的市值風光上看一億一千七百萬美元。不過自此西班牙對外銀行被迫轉銷全額呆帳損失。

實體銀行可能比一票年輕的冒牌貨看起來更古板，不過它們依舊坐擁最堅實的顧客基礎，都是大叔、大嬸級顧客，他們往往更會存錢，而且也比較不喜歡更換往來銀行。相較之下，多數行動顧客偏向價格敏感型，而且比較年輕，對銀行來說，鮮少是最有賺頭的客群。整體而言，雖說行動力日益增強，「寧可頻換老婆、不換銀行」的說法還是有幾分道理。

雖說這些新銀行或許還無法實現背後金主期望的成功願景，但它們已經讓消費者獲益良多。

金融科技商是在服務而非挑戰銀行，因此新銀行可能無法企及它們所達成令人興奮的預估市值，不過新銀行借道撼動銀行業為人人提供絕佳服務。如果現在你的往來銀行提供你功能完善的行動應用程式、詳列你的開銷細節、支援感應式信用卡與／或行動支付，或者提供遠端使用多數產品與服務的選項，那麼這群人是你享受這些服務的感謝對象。

CHAPTER 19

刷卡獲利：收購方的崛起

新銀行可能不至於讓銀行夜不成眠，但金融科技世界中尚有其他預估市值驚人的明日之星已經讓背後金主賺進大把鈔票。我們已在第八章見識到，Visa 現在的價值如何超越任何銀行，但是如果真要盤點上個世紀勉強夠格稱得上是金融科技商的企業，請考慮 PayPal。現在它的市值接近二千七百五十億美元，價格比二〇一五年被 eBay 拆分出去的當時，高出超過五倍。

PayPal、Visa 與萬事達卡都投入信用卡支付這一行，這一點可能會把你驚呆了。但這不是巧合。正如我們即將看到，除了中國的超強雙人組支付寶與財付通，多數支付領域的金融科技巨人都出現在卡片類產業。

附表三顯示，二〇二〇年市值前九高的支付公司，沒有一家是挑戰者銀行，全都是提供現有服務的銀行，而且多數專門為商家提供卡片類支付服務。每一家價值都超過五百億美元，幾乎超過任何一家歐洲銀行。這些企業的獲利來源都是商家主動付錢購買接受卡片類支付的能力。

表三　市值前9高的支付公司

支付公司	市值（10億美元）	支付公司	市值（10億美元）
Visa（美國）	511	富達全國資訊服務（Fidelity National Information Services, FIS；美國）	88
萬事達卡（美國）	356	費哲金融服務公司（Fiserv；美國）	76
PayPal（美國）	274	環滙（Global Payments；美國）	64
方塊（美國）	98	再來（Adyen；荷蘭）	58
美國運通（美國）	97		

二〇二一年一月一日的市值。此表僅列上市公司。

這幾家企業中有一些主動參與商戶收單，與我們在第八章討論過的收單人相同，但現在有一處大轉變。當時指涉的收單人是銀行，部分是出於簡易起見，部分則是因為一向以來便是如此。但自從那時起，數位化已經帶來全新的銷售方式，還有一批專門的非銀行收單人新面孔，再加上支付「服務商」或「聚合商」的全新物種已然崛起，它們彼此推動卡片類深深植入數位化未來。[68]

當收單人為商家處理支付業務時，它們收到一定比率的商家「收入」，亦即「商家折扣」，典型來說約占訂單的百分之一至三。這筆金額包括轉付持卡人銀行的交換費，也有轉付信用卡公司的費用。最終它們落袋的收入介於百分之〇．二五至一．五之間。

收單人為商家提供兩套關鍵服務當作回報：第一，它們賦能商家使用多元化支付工具，好比各種型態與品牌的信用卡、行動錢包、轉帳等不一而足，越多樣就越有利商家；第二，它們有助偵測並預防或至少是減少詐欺與退款。這種服務包含偵測失竊的信用所完成的交易，也包括辨識顧客作假否認曾經做過的交易，或是聲稱已經取消訂閱、收到損壞的商品等諸如此類的情況。收單人在它們的系統內部建構風險管理，運行複雜的演算法以便實時找出可疑的交易並最小化損失。

這一行的玩家包括你從未聽過的名號，像是前述的方塊、條帶（第三章提到）、再來與

---

68 有些促進者與聚合者本身就是收單者；其他企業則倚靠官方的收單機構將它們連接到 Visa 與萬事達卡的網路。就實務而言，它們都與商家簽約，也為它們處理付款，再減去商家折扣。

Paytm，這四家企業每一家的市值都超過一百億美元；也有比較耳熟能詳的名字，好比客來那（Klarna）與PayPal。

收單工作明顯是一門好產業。它的商業模式很清楚：收單者向使用它們服務的商家抽成，成數介於百分之〇．二至一．五不等，前者多是交易量龐大的線上收單業者，後者則是聚焦計程車駕駛之類小生意業者的玩家。[69]

雖然這種新型收單機構的業務，是建立在卡片類網路的基礎建設，以及發卡機構顧客群的支持上，這一點沒錯，但它們別出心裁的調整也不折不扣地顛覆我們付款與收款的方式。這門生意不僅對它們有益，還賦能一大票商家採取前所未有的簡易方式「開店」。有時候最出色構想真的就是最簡單的類型。

我們已經在第七章讀到，PayPal如何採用前無古人的方式涉入信用卡週期，提供有如初生之犢的eBay小商家社群便捷的收款方式。PayPal是透過有效地擔綱商家一角辦到這一點。它和傳統收單機構合作，將可以接受買家的信用卡。一旦買家收到商品，它就會付款給eBay賣家的PayPal帳戶，最終才從實際收單機構手中收到款項。

或者，不如看看條帶這家公司如何破壞線上購物世界，一如傑克．多西的「方塊」顛覆實體購物世界。條帶是兄弟檔派屈克（Patrick）與約翰．克里森（John Collison）的心血結晶，他們倆來自愛爾蘭南部蒂珀雷里（Tipperary）農村，當地「什麼都沒有，就只有整天哞哞叫的牛」。但他倆可非泛泛兄弟：還沒到愛爾蘭合法飲酒年紀之前就已經勇奪全國年度青年科學家獎，並獲准進入美國麻省理工學院（Massachusetts Institute of Technology, MIT）與哈佛（Harvard）大學就讀。他倆在都還沒有任何一人年滿二十一歲，就已經出價五百萬美元賣掉生平第一間新創企業，搖身一變成為身價百萬美元的大學生。

條帶成立於二〇一〇年，誕生前提在於「支付是一道根植於程式碼而非金融本身的問題」。因此條帶的基礎不是一套硬體，而是簡單的應用程式界面「呼叫」（請參見第十一章），僅有短短七行程式碼，而且任何開發者都可以將它們放進自己的程式碼中。這套應用程式界面呼叫要求提供金額、貨幣、付款方式（附帶姓名、卡號、到期日期等諸如此類的細節），以及一個可以領取收據的電郵信箱。隨後這套呼叫將回覆這筆款項是否已經獲准，同時啟動處理及付款程序。它是一套專為電子零售商打造的全方位支付解方，結合支付閘道器與支付流程，讓它成為一種處理電子商務的便利做法（就算不必然是最便宜的選項）。條帶就像方塊一樣對外陸續擴充其他服務，好比為小企業提供融資與處理薪資單。

諸如 PayPal、方塊與條帶這類平台的業務仍有一處不起眼但重要的細微差別，那就是在交

69 再來的收入除以它處理的總量。這些費用是在交換費的基礎上產生，因此商家折扣會高出許多。

易前台充當「主商家」。這讓新商家輕而易舉就可以註冊，允許平台觸及經濟領域中卡片類從未觸及的那一部分領域。這顯然也是一門好生意；然而，充當「主商家」意味著，平台通常得與處理退款以及其他私下庶務的傳統收單機構合作。傳統收單機構為了支付自身成本，將提供這些主商家一道選擇：若非排除搞出高額退款的顧客，就是得面對更高的處理費用。諸如條帶與方塊這幾名玩家選擇前者：結果是，它們在接受業務類型時必須謹慎行事。舉例來說，條帶拒絕毒品、大麻、盜版音樂這些非法生意，也包括：酒精、線上藥房等受到規範的生意、「聲名狼藉」的多層次傳銷，或是演唱會預售與機票等高財務風險事業。它也將不接受可能與洗錢及詐欺，不然就是諸如色情或性玩具這種可能損害自家品牌的產品。方塊看似可以接受酒精和性行業，但不放行色情業。它也禁止任何非法行徑，也徹底杜絕銷售彈藥或武器。

這種選擇性一旦結合市場力量，便引發一些關於金融包容性、審查制度公民自由之類的有趣議題，不過看似並未傷害企業本身。二〇一五年方塊公開上市籌資三十億美元，如今市值約達一千億美元；條帶保持私有狀態，但二〇二〇年四月那一輪融資時，預估市值是三百六十億美元；到了當年十一月公司尋求融資，市值已達七百億至一千億美元之譜，比愛爾蘭龍頭銀行集團的市值高出十多倍，而且這個數值也讓約翰與派屈克成為有史以來最年輕的白手起家（紙上）億萬富豪。[70]

還有另一派的全新收單機構，它們做的事和傳統收單機構沒什麼兩樣，只不過做得更好。金融科技大元帥彼得・范・德・杜斯（Pieter van der Does）與阿諾・楚威夫（Arnout Schuijff）即為貼切的實例。他們最新的工具是「再來」，原文 Adyen 是南美洲國家蘇利南共和國（編按：荷屬殖民地）克里奧語（Creole）「再一次」的意思。再來的故事始於二〇〇四年，當時這對荷蘭創業搭檔剛賣掉他們的第一間新創企業小樹（Bibit，印尼爪哇語「樹苗」的意思）給皇家蘇格蘭銀行的前商戶收單部門全球支付（WorldPay）。[71]

小樹以前專注線上商家收單，全球支付一心想要將它的專門技術加入自家產品組合中。但是就在收購結案後，這門專門技術也很快就離開全球支付，二〇〇六年另起爐灶創辦再來。杜斯與楚威夫想要「再來」做一次小樹，利用事後學到的優勢打從一開始就取得正確的技術。整道過程有如施了魔法。諸如臉書、Uber、eBay 與 Netflix 等眾所矚目的線上商家全都被這座全球平台跨國、跨管道的統一商務主張吸引，紛紛立馬簽約。二〇一八年，再來以市值八十億美元公開上市，交易第一天就飆升至一百五十億美元，遠超過前一年才以一百億美元出售的全球支付整個集團。值此撰文之際，它正向六百億美元扣關。

70 值此撰文之際，愛爾蘭龍頭銀行集團愛爾蘭聯合銀行（Allied Irish Banks）的市值為五十五億美元。
71 它們取名都有一定模式，因為印尼與和蘇利南以前都是荷蘭殖民地。

然而，請提防收單永遠是一條通往金融科技金脈之路這道假設。臭名昭彰的威卡也曾置身這一行。威卡自己往臉上貼金「超越支付」，就是金融科技狂熱如何遮掩惡劣的金融不當行為的絕佳實例。我們剛開始動手撰寫這本書時，威卡的市值也超過一百億美元；然而，那就得回溯當年它依舊是德國的金融科技活海報，而非國家之恥的年代。

這家企業成立於一九九九年，躬逢當時所謂的達康熱潮（dot-com boom），之後便在二〇〇四年公開上市。二〇一五年，它以迅雷不及掩耳的速度崛起，成為德國最重要的科技新希望與股市強力軍。威卡的驚人成長讓它一路從德國挺進歐洲、美國、中東與亞洲。到了二〇一八年，它成為法蘭克福證券交易所（Frankfurt Stock Exchange）上市企業中最有價值的前三十大德國公司之一，並超車德國銀行業龍頭德銀。

套一句它自己的話說，威卡曾是「數位金融科技的全球創新領袖」。它與卡塔爾航空（Qatar Airways）、荷蘭皇家航空（KLM）及倫敦交通局（Transport for London）等家喻戶曉的公司合作，經手代幣卡與信用卡支付業務。然而，儘管威卡的色情與賭博客戶都在官網上超高調表明它熱中於為它們處理付款業務，但因為金融科技收單機構多半會避開這類客戶，威卡的官方文獻僅是輕描淡寫交代過去。

就算這一點還不足以敲響警鐘，當威卡的財報真實性及業務的實際規模與形態等相關指控浮出水面，這時警鈴也應該大作了。有人曾對英國《金融時報》記者丹．麥克拉姆（Dan

McCrum）通風報信關於這家公司的帳目，二〇一四年起他就一直詳細審查這家公司，隨著他與同事陸續從更多這家企業的營運數字挖出更多商業實務，這才擴大調查範圍。

威卡採取的回應是強力否認，並且對包括《金融時報》在內的一票反對者採取法律行動以大動作自清。

出人意料之外的一點是，威卡極力拉攏德國監管機構站在它那一邊，直到最後一分鐘。德國的金融監管單位聯邦金融業監理局（Federal Financial Supervisory Authority, BaFin）甚至禁止投資者押注威卡股票長達兩個月，而且對報導這些指控的記者提起刑事訴訟。

《金融時報》毫不動搖，二〇一九年至二〇二〇年依舊鍥而不捨地調查威卡，另一方面，威卡則是指控這家報社發布假消息並試圖借道抹黑高層操弄市場。但是直到二〇二〇年六月，就在倫敦的空頭賣家備受騷擾的駭人聽聞的新聞報導中，一名利比亞前任情報主管策劃監視關鍵投資者的行動，加上這家公司的營運長遁逃馬尼拉，整起事件開始逆轉。威卡的審計公司安永聯合會計師事務所（Ernst & Young, EY）終於承認，它無法證實理當存在兩家亞洲銀行的十九億歐元信託基金真實存在，這個數字約占這家企業資產負債表的四分之一。證明這些帳戶的會計文件已獲證實是假貨。

德國給矽谷的回應是眼睜睜目睹股票市值暴跌。在位多年的威卡執行長馬庫斯・布勞恩（Marcus Braun）辭職，幾天後就依涉嫌造假會計、操縱市場遭到逮捕。美國財政部金融犯罪執行部門（US Department of the Treasury's Financial Crimes Enforcement Network, FinCEN）前任主管吉姆．費里斯（Jim Freis）倉卒間卸下法遵長（Chief Compliance Officer, CCO）一職，獲委派擔任臨時執行長，並在就任一週內聲請破產。德國的金融科技活海報徒留一大堆懸而未決的問題，好比犯罪活動成長至如此龐大的規模，期間竟然不曾被監管機構或投資者注意到，從此被貼上歐洲版安隆（Enron，編按：二十一世紀初北美最大天然氣商安隆突然破產，終至滾出作假帳掩蓋債務而製造美國史上最大破產案的醜聞）電廠標籤。

CHAPTER 20

現在生活，以後付款：隱形的魅力

在英國勛爵拜倫（George Gordon Byron）的名著《唐·璜》（*Don Juan*）中，敍述者哀嘆：「唉！凡是掏錢，總叫人多麼痛苦。」打從拜倫的時代（編按：十八世紀末）以來，付錢之舉或許是變得比較容易，但終究沒有人可以讓這件事變得比較不痛苦。這不是說支付產業未曾投入大量時間和精神，想要減少支付之痛。業者確實很努力，而且理由相當充分：我們圖方便，商家想熱賣。只要讓我們掏錢越簡便，就越有利它們的業務。

截至目前為止，我們還沒看到支付背後的心理學，但這是一個許多人都緊迫盯人的領域。提供或希望提供支付服務的企業想要讓它們的產品更成功；學界想要理解我們瞬息萬變的支付習慣對社會（經濟）有何影響。

谷歌的支付專家黛安娜·蕾菲德屬於前面那個族群。她的觀察是：「眾人都不想掏錢，只想做付錢帶來的爽事。」這句話提供谷歌和其他試圖利用支付開發產品的公司一道清晰訊號：讓眾人少痛一點。

終極實例就是叫車應用程式 Uber，它讓付錢之舉完全流於無形：你一踏出計程車就等於付完錢。這項可能之所以成真，是因為 Uber 儲存顧客的帳單與付款資訊。值此撰文之際，有好幾股力量正前仆後繼將這一點應用在其他產業中，好比酒吧與餐廳：不再需要揮手引起服務生注意，枯等或甚至查看帳單之後才掏出信用卡。走進新型態亞馬遜無人店（Amazon Go），單單是走過（或爬過）店鋪就會觸發付款之舉。隨著我們進入物聯網（Internet of Things, IoT）時代，應該預期到更多創新圍繞著「內嵌式」支付崛起。

所有這一切聽起來都很美好。正如我們目睹 PayPal、條帶與方塊讓人人付錢都變得容易，進而創造商機並推動商業這具社會引擎。但是，讓支付順暢、不費力、無摩擦力這門藝術，無論你想貼上什麼標籤，難道真的只是一股善的力量嗎？

儘管有許多行為經濟學家、心理學家與人類學家受雇於前述服務提供商，但來自學界的評論實則褒貶不一。超支與詐欺是他們最關切的兩大主題。雖說暫時消除付款之痛有助加溫現代經濟，但是確實存在黑暗面。在《搶錢家族》（*The Joneses*）這部電影中，行銷人員偽裝成一個郊區的家庭，心懷一項誘使鄰居深陷消費狂熱的目標。讓人膽寒的是，這麼做很爽。

每當我們掏錢付款，除非是把錢存進儲蓄帳戶或養老金戶頭，否則對體驗來說，感覺有點悶可能有所幫助。每當我們真正拿出紙鈔、硬幣付錢，當下的感覺確是如此。花現金就是會讓支出的衝擊立即發自內心產生痛感。反之，非現金支付卻會減輕這道衝擊。那就是為何深陷債務泥淖的族群經常會聽到改用現金的忠告。確實，充分的證據顯示，一旦眾人採用支付工具而非現金通常會花更多。即使是諸如代金券（scrip money）[72]等其他工具碰巧是實物也照樣會感受到這種效果。地中海會（ClubMed）過去曾提供賓客使用珠串當作便攜式替代貨幣的選項，雖說佩戴珠子踏上海灘、進入游泳池顯然比攜帶現金更實用，但賓客花起這些珠串也比花費那一筆買下這些珠串的現金更無拘無束。

當然，「無摩擦力支付」的強大成長已經日益加溫有關現代的支付之道是否讓消費變得太容易的辯論。這種支付指的是，我們甚至無感地被引領遠離實際的消費行為，也渾然不察自己正在付款。一九九九年，亞馬遜獲得「一鍵購物」的專利，這是一種借道持續存檔記錄顧客付款、開立帳單與商品運送資訊的概念。雖說這道概念是後見之明，但這項專利的強大程度足以迫使美國連鎖書商邦諾（Barnes & Noble）在二〇〇二年解決亞馬遜提起的訴訟。蘋果採取比較謹慎的手法，早在邦諾和解之前的二〇〇〇年就為它的iTunes商店購買許可證。一般來說，或許對行動商務來說算是走運，亞馬遜的專利在二〇一七年到期。

這套模式肯定是友善消費者之舉的奇蹟，與實體門市購物相較格外如此。無須走進門市，

72 「代金」指的是任何類型的替代貨幣，可以用於取代法定貨幣。一旦傳統或法定貨幣不可得或是供應短缺，代金也廣泛應用於本地化商業。

也無須掏出你的錢包。只要在購物衝動與完成購物舉動之間快速搜尋、輕擊按鍵就搞定一切。在行動螢幕上購物特別方便，但不太適合結帳時重新輸入詳細資訊。然而，它確實讓購物行為演變成超支（或許這是一道連亞馬遜都還想不出解方的問題；但是考慮到不這麼做的動機，或許永遠都想不出來）。

亞馬遜不是第一家記存信用卡數據以便刺激重覆銷售的企業。舉例來說，雜誌業早已行之有年，當作一種「流於無形的」續訂之道，你可以稱其為零點擊續訂術。不過，當亞馬遜開始為其他零售業者提供附帶顧客資訊的自家平台後，確實開闢出全新道路。亞馬遜與它的夥伴發現，一鍵購物降低購物車被擱置一旁的風險並提升轉換率。

不利的一面是，一鍵購物很容易吸引詐欺，因為顧客付款時不會被要求提供諸如信用卡驗證碼（Card Verification Value, CVV）等任何額外資訊。然而，亞馬遜應用演算法就已經十分拿手地辨識出犯罪行為。它的詐欺能力使得這家電商巨人更往前邁出一大步，並借道現在被稱為亞馬遜支付（Amazon Pay）的產品提供支付即服務（payment-as-a-service），如今從英國精品家電商戴森（Dyson）到百貨公司利伯提倫敦（Liberty London）都採用。

不僅是亞馬遜和 Uber 讓支付變得（太）容易，你可曾注意過，現在幾乎所有的電商網站都記得你丟在購物籃的商品嗎？還有它們如何提供你儲存信用卡資訊的服務，好讓你下回付款更簡易？遊戲商祭出「程式內」（in-app）購買以便提供更無縫的體驗。當英國父親道格．寇森（Doug

Crossan）發現十三歲兒子卡麥隆（Cameron）花他的信用卡積欠三千七百英鎊時簡直「嚇壞了」。這張卡連結卡麥隆用來玩遊戲的 iPad 上的 iTunes 帳戶，他在諸如《植物大戰殭屍》（*Plants vs Zombies*）、《饑餓鯊》（*Hungry Shark*）、《槍生成器》（*Gun Builder*）與《近地聯盟先遣隊》（N.O.V.A.）遊戲已經累計超過三百次程式內購買。這些遊戲都可以免費下載、使用，卡麥隆便聲稱原先也假設購買這些遊戲不用錢。與此同時，五歲小男孩丹尼・基辰（Danny Kitchen）則是花了一千七百英鎊在 iPad 遊戲《殭屍大戰忍者》（*Zombies vs Ninjas*）購買虛擬武器與彈藥。

卡麥隆與丹尼的年紀都很小，很容易就認定他們不堪一擊；然而，不是特別懂財務知識的成年人也可能同樣不堪一擊。你把簡便結合現在低度金融知識賦予我們的花錢觀就可以看到問題大條了。根據金融服務商標準普爾（Standard & Poor's）的全球金融知識調查，全世界成年人僅百分之三三被歸類為具備金融知識。平均而言歐洲得分較高，為百分之五二，但是存在龐大差異。雖說諸如丹麥、瑞典與荷蘭這些國家在（部分）全球排行榜上名列前茅，但葡萄牙與羅馬尼亞敬陪末座。在英國（歐洲排名屬於中段班），財富諮詢服務（Money Advice Service）公司預估，幾乎半數的工作適齡成年人數字能力僅與十一歲孩童相當。

大量研究指出，不同的金錢表現形式都會影響消費者行為。隨著新科技問世，許多人的開銷模式顯著改變，這點毫不意外；幾百萬人再也不用大排長龍等著檢視支出明細，而是在收銀檯前面晃幾下卡片就可以非接觸支付，甚至無須檢視收費明細，遑論逐筆計算金額。當然，這可能意味著詐欺，但也會對消費者監控支出或謹守預算界線產生影響。

根據研究金錢心理學的麻省理工學院教授卓森・培列克（Drazen Prelec），每當談及超支，導入切斷購買之趣與支付之痛的時間延遲工具格外陰險。培列克進行一場實驗以便檢驗他的論點。他的研究團隊組織一場無聲拍賣會，標的物是已經售罄的職籃球隊波士頓塞爾提克（Boston Celtics）門票。一半的競標者被告知，他們只可以付現，另一半則是被告知只能刷卡。平均來說，信用卡買家的競標價格是現金買家的兩倍多，這暗示著，刷卡一美元的心理成本僅為五十美分。

如果你也曾納悶，為何現在還是很常看到商家在門上與收銀台貼出信用卡網路商標或不同支付方式的標誌，那麼，現在你明白了。不只是想做品牌或顧客資訊。大量研究指出，僅單單出現信用卡商標就足以讓主力消費者想到產品的好處，因此更願意花錢，反倒是現金更可能讓他們考慮成本。下次你走進汽車展示間，業務員問你是否想要刷卡付款時，你就會知道那不是什麼蠢問題，反而只是讓你花錢的入門問題。

我們樂意刷卡花更多，有助解釋為何商家也願意付出伴隨信用卡而來的費用。問題在於，這麼做也讓卡債更容易累積，對持卡人來說這是昂貴代價。利息被加入餘額中，導致可能讓人深陷卡債泥淖的惡性循環。為數眾多的實驗研究鑽研信用卡的消費與借款風險，現在也有許多法規就定位以便解決問題。不過雖然政府與監管單位採取行動保護不知情的借款人免受發卡機構所害，但現在信用卡放款已經有點過時了。一批全新的銷貨點放款機構已經冒出頭，將「先買後付」模式推升到一個完全不同的層次。回顧二〇〇五年，三名胸懷大志的瑞典新創家為更優質的線上購物支付體驗發想出絕佳點子。賽巴斯欽・薛米亞寇斯基（Sebastian Siemiatkowski）、尼可拉斯・艾道伯斯（Niklas Adalberth）與維克多・約克森（Victor Jacobsson）帶著他們的構想闖進斯德哥爾摩經濟學院（Stockholm School of Economics）創業家獎項。他們功敗垂成，但不屈不撓地在一年後創辦客來那。

客來那的模式迥異於信用卡商。消費者加入會員使用服務，當他們走到任何客來那的二十萬家夥伴商家收銀台時，留下電郵信箱與送貨地址就好。然後他們從各種付款方式中選出中意的選項：通常這些方式將包括兩個月內分四期無息付款；延遲付款三十天，也是無息；或是加入最長三十六個月的融資計畫（但這時客來那將收取每年高達百分之二〇的利息）。顧客完成採購後，客來那直接付款給商家並承擔顧客跑單的風險。

可以說，客來那為線上世界做的事，就像卡商美國運通之於商業大街購物。它們都經營一種三角模式，借此道與商家及購物者簽約，而非銀行（此際，客來那已經正式獲承認是一家銀行）。這與萬事達卡及Visa採用的四角模式大不相同，後者獨與銀行簽約，而非商家與消費者。客來那就像美國運通一樣，借道向商家收費賺錢，不過它的費用更低，僅約百分之二，相較之下美國運通則高達百分之三至百分之四。[73]

73 有些來源將費用定在百分之三至六，但客來那的佣金收入約為交易總量的百分之二。

從商業視角來看，客來那取得驚人的成功：至今，它的身價超過一百億美元，九千萬名消費者都只需輕觸一鍵，就可以快速完成「軟性」信用查核，僅花二十五秒就可以拿借來的錢支付購物款項。登入或下載應用程式卻口袋空空的消費者可獲告知應該去哪些地方花錢，考慮到客來那的千禧世代目標市場阮囊羞澀卻熱愛玩穿搭，最主要的場域是快時尚與美容門市。對欠錢不還的借款者則是祭出額外紅利：軟性信用檢查不會觸發借款的正式紀錄。

儘管相關疑慮升起，特別是這套商業模式是否鼓勵少不經事的顧客積欠根本還不起的債務，它顯然大受歡迎：除了客來那，現在還有清醒付（Clearpay）、下單買（Laybuy）等不一而足；此外，亞馬遜與 PayPal 也都來湊一腳。對商家來說這是大好消息，它們不僅可以賣貨給可能手頭沒有現金的對象，無須負擔風險；還能獲得緊隨著它們（通常是大規模）行銷而來的額外打擊層面及全套支付服務。

對我們許多人來說，此時此刻，流於無形的支付無所不在可能已經站穩腳跟，銷貨點借款的可及性也無可避免，但現在這些都不是支付的唯一走向，它們也正在社群化。你對公開分享自己的支付明細有何感受？

CHAPTER 21

新時代的黑金？數據的重要性

美國維吉尼亞大學（University of Virginia）媒體研究（Media Studies）助理教授拉娜．史娃茲（Lana Swartz）花了很多時間思考金錢與付款。你可能會納悶，為何聚焦媒體的學者會關注這道問題，除非你就像她一樣，視付款為一種交流形式。若此，你可能也會相信付錢不只是交流，更有關我們在何處與何人互動。

史娃茲試舉 Venmo 當作範例。對年輕的美國人來說，Venmo 是當今首選的支付武器，廣泛應用在互相寄發小額現金。這支免費的應用程式從二〇一二年每季轉帳五千九百萬美元，到了二〇二〇年已經成長至每季三百五十億美元。不過，它也成功地將轉帳變成另類的青少年互動模式。Venmo 用戶與他人「共享」他們的交易（在預設情況下可與每個人共享，比較謹慎的類型則是僅限朋友），讓他們看到自己在什麼時候付錢給誰、買了什麼玩意兒。

「Venmo 不是錢包，是對話！」史娃茲說。Venmo 宣稱，這種公開分享私人數據正是加溫自身成長的神奇元素，讓人聯想起小說家戴夫．艾格斯（David Eggers）在著作《揭密風暴》（*The Circle*，編按：原文說的「同名」是指書名 The Circle 即為書中超大型網路企業之名）中的知名標語：「共享即關懷」（Sharing is caring）。（但這句之後還有兩句：隱私即盜竊〔privacy is theft〕、祕密即謊言〔secrets are lies〕）

某種程度來說，這道概念正在回歸基本面：金錢是一種結構，付錢則是非常社交的舉動。打從最開始，金錢就與數據相連，正如史娃茲說：「金錢即記憶。」人類寫作的第一道已知實例並非文學，說起來還真讓人有點失望，它們既非詩歌也非書信，而是記錄所有權及債務的黏土板。照定義而言付款幾乎是生成紀錄，一旦它們生成紀錄，我們往往就麻煩大了。對我們多數人來說，不著痕跡付款現在得費點功夫。

在此我們看到一道悖論。我們付現時是採用直接、面對面的方式交流，但是我們的交易無跡可尋，因此完全匿名；反之，我們採用電子方式付款時，人在遠端進行去個性化的交流，卻留下這些不可磨滅的「對話」紀錄。Venmo 的模式就是借道公開付款過程的對話，重新塑造個性化的電子支付。

雖說你可以調整自己的 Venmo 隱私設置，但這家二〇一三年被 PayPal 收購的企業在數據反饋方面做得十分到位，至今囊括五千二百萬名用戶。不過雖然 Venmo 將數據當成獨家賣點，實際上卻未曾貨幣化數據。它依循老路賺錢營生，也就是我們在第十二章看到賺取交易費，對所有卡片類與企業付款收取約莫百分之三費用。

其實有不少人相信，可以從支付的數據堆中淘選出黃金，因此吹捧它是新石油。他們說對了嗎？還有，要是真的如此，拿我們的隱私而非我們的金錢「支付」是否更可取？

我們若欲探究這道問題，就得回頭看看支付寶與財付通這兩大中國巨頭。在這兩家企業中，行動錢包都可以在母公司封閉的生態系統內免費使用，顧客幾乎可以在虛擬環境下進行所有事務：支付、購物與社群媒體。英國或美國消費者在從事這些活動時，可能同時使用好幾種不同的行動應用程式，但中國顧客不會離開他們供應商的應用程式。支付寶與財付通如何讓這些錢包支付？借道善用顧客的支付數據進而提供他們金融服務，特別是貸款與共同基金。支付寶握有那些資訊就可以擷取兩種情境的答案：何時顧客可能需要貸款、他們是否可能還款。支付寶的信貸業務超級龐大，如今業務量約占中國非房貸消費者貸款的十分之一。金融機構伯恩斯坦（Bernstein）與《金融時報》進行的研究估計，截至二〇二〇年六月，支付寶母公司螞蟻集團已經發放總計人民幣一兆七千億元的未償還消費信貸，超過任何一家中資銀行的零售貸款總額。

這還不是我們的支付數據可以證明具備獲利潛能的唯一方式。支付服務供應商可以依循臉書模式，利用我們的數據打造精準行銷與廣告，或是賣給第三者好讓對方可以這麼做。我們可能更願意掏出數據而非現金為我們的支付埋單：市場上有句話這麼說，「如果數據免費，你本身就是產品。」

支付寶與財付通的做法和長期以來銀行的作為大同小異，後者是我們支付紀錄的傳統託管單位。銀行總是運用我們的支付數據做出有利於己的事情，好比每當看到我們的收入增加，便會提供我們頂級帳戶、信用卡與存款工具；一旦我們觸及一定歲數，就會建議我們房貸與養老金產品；等到我們入不敷出，貸款與透支就上門。不過前者至今還不傾向於站在這般產業規模上做到這一點。

事實上，它們不能這麼幹，至少歐洲不准。美國監管單位對科技業應用借道社群媒體得來的個人數據，採取稍微睜一隻眼、閉一隻眼的做法，它們的歐洲同業卻是堅守底線。歐洲對銀行應用金融數據的態度甚至更強硬。試舉例子荷蘭安智（ING）銀行為例。二〇一四年，它宣布即將推行一項測試，看看它能否根據顧客的支付數據成功推出精準鎖定的廣告。隨後便刮出一場大眾風暴，並遭荷蘭的數據隱私與行為當局雙雙否決，迫使這家銀行放棄這項計畫。

五年後，它捲土重來，這次僅限於應用顧客的支付數據提供自家的產品與服務；顯然，這家銀行計劃在完全遵守數據隱私法規的前提下辦到這一點。但其實一點都不重要。它又重蹈覆轍了：先是掀起一場媒體風暴，然後是議會質疑與監管機關拒絕。這一次，隱私當局根本不等行為當局出面發表評論就先去函告知安智，這類行銷完全嚴格禁止。

相較之下，亞馬遜會應用你的數據資料為你提供購物建議（要是你發現那些用途有限，敬請耐心靜候，人工智慧有可能改善結果）；允許你在結帳時借錢；並向你發送關於以前瀏覽產品的提醒。當銀行抱怨其他業者採取它們不准採行的方式應用我們的數據，聽起來確實是有點道理。不過它們要擔心的問題更大條：開放銀行（open banking），在這門領域，數據高度受到矚目。

開放銀行的概念源自二〇一五年英國競爭及市場管理局（Competition and Markets Authority, CMA）進行的一項調查，其間發現「資訊不對稱」為現有銀行帶來不公平的優勢；因為競爭對手無法一窺究竟，消費者一敗塗地。直白說法是：你的銀行手握與你相關的大量資訊。舉例來說，你的銀行只要檢視你的付款紀錄就可以辨識出，你可能會想要買保險或是某一項投資產品。你的銀行也可能更周到地評估提供你貸款產品的風險有多高。因為外部競爭者看不到你的收入和支出，因此無法就定位提供你最優惠的條件，因此你往往只能受制於往來銀行所提供的任何利率。

英國產業為了鬆綁銀行箝制數據，被迫轉向開放銀行業務，之所以如此稱呼便是因為你可以准許其他業者擷取你的銀行數據資料，就字面意義而言就是將它們帶進你的付款對話中。[74]舉例來說，如果你在其他家銀行或是金融科技商申請一筆貸款，可以准許對方向你的往來銀行檢索最近的付款紀錄。

同一年稍晚，歐盟通過類似的立法，但是原因不同：據傳它的《支付服務指令II》（Payment Services Directive，PSD2）[75]法規源自某一家特定的金融科技業者成功遊說。德國新創商速發（Sofort；原意為立刻）即是（或曾是）所謂的「挖取器」（screen-scraper）。基本上，挖取器是一種可以利用顧客主動提供的登入密碼，從數位銀行業者的官網檢索顧客帳戶數據資料的軟體。隨後它們利用「挖取」技術為顧客提供金融服務，包含總合帳戶紀錄（你在一個電腦螢幕前獲得好幾家銀行帳戶的資訊）、帳單支付與記帳細節。業界最知名的挖取器便是美國企業鑄幣（Mint）與金格（Plaid）。

速發在努力遊說歐盟期間，便賦能顧客啟用自己銀行帳戶的轉帳功能線上購物。顧客將奉送速發他們自己的電子銀行登入憑證，這樣速發就可以代表顧客進入銀行官網，啟用支付功能並且完成確認程序。這家公司開始營運不久後，銀行便導入諸多變更，讓第三方代表它們的顧客登入的程序變得比較困難。速發高喊犯規並控訴銀行排斥競爭。

《支付服務指令II》設定目標，要為速發（不久後就被客來那收購）這類金融科技商打造公平的競爭環境。這道法規迫使歐盟的銀行賦能第三方服務供應商代表它們的顧客啟用支付業務，並代表它們的顧客閱讀帳戶聲明。《支付服務指令II》也要求這些第三方供應商遵循法規。這道管理指令還乘機導入更多首字母縮寫的規範，要求支付交易發動服務業者（payment initiation service providers, PISP）與帳戶資訊服務提供業者（account information service providers, AISP）必須先取得執照資格，才能獲准擷取銀行應用程式介面。[76]無論你如何看待《支付服務指令II》，規範所謂挖取器活動的構想看似立意良善，因為第三方擷取銀行數據這一行看起來快要變成蠻荒西部（Wild West；編按：意指法紀不全，業者任意妄為）了。這肯定就是美國的現況，在此挖取器將顧客數據賣給避險基金已經是眾所周知的行徑。

無論起源如何，英國的開放銀行與歐盟的《支付服務指令II》設計宗旨都是為了確保銀行

---

74 「開放銀行」已經由英國競爭及市場管理局強制授權並資本化。然而，這個說法在全球其他地方並未被視為專有名詞，通行已久。儘管兩者經常讓人一頭霧水，本書還是依循常例。

75 修訂後的《支付服務指令II》（歐盟指令二〇一五／二三六六）建立基礎是最初的《支付服務指令》，原意為協調歐盟全境支付業務，並提升泛歐競爭力。

76 帳戶資訊服務提供業者（ＡＩＳＰ）擔任線上服務商，提供支付服務用戶名下一個或好幾個支付服務帳戶中完成整併的資訊。這些帳戶可能來自一家或好幾家支付服務供應商。支付交易發動服務業者（ＰＩＳＰ）提供的線上服務是在收到支付服務用戶的請求之際，發動有關其他支付服務供應商持有的支付帳戶的付款指令。

將會賦能第三方供應商，在取得銀行的客戶同意後，便代表他們發揮銀行提供的服務與數據安全、可靠並快速地工作。雖說《支付服務指令II》並未明確要求銀行善用應用程式介面履行這些義務，但一般來說，應用程式介面被視為進步的最佳途徑。這一點足以解釋，這種應用程式介面為何即使在英國境外擷取之道也會被指涉為「開放銀行」。

從韓國、新加坡、澳洲與加拿大等全球多數地區，開放銀行業務現在已經是現實。然而，在美國，開放銀行倡議還有很大的努力空間。毫無疑問，某部分來說全拜繁複的監管體制所賜，它提供許多監管單位介入、被遊說的機會。儘管如此，事情終究如火如荼進行著。當然對我們這些顧客來說，開放銀行應該是一樁美事。也就是說，在我們接受它所提供的一切的假設前提下，它會強化競爭，讓我們無須轉換銀行帳戶就能獲取更優質、平價服務。

假使你即將歸納出，人人都應該樂見《支付服務指令II》與開放銀行上路，那你就想歪樓。首先，有些金融科技商就不開心。歐盟的新模式需要銀行合作，但是以前挖取器就不需要任何此類合作；反之，它們靠的是軟體。有些金融科技商投資那種軟體，因此害怕《支付服務指令II》將會抹除它們的優勢，允許任何人都可以這樣做。

銀行本身也不熱中。他們最大的恐懼就是必須開放支付數據給第三方，但是自己又無法使用數據，反倒可能推動科技業一舉拿下它們的領土。它們指印度為例，在此統一支付介面賦能谷歌與亞馬遜成功推出錢包，允許顧客採用應用程式介面，提取自身銀行帳戶中的資金在門市與線上付款。銀行害怕當前以銀行為中心的模式在未來有可能被顛覆：支付將不再是一項它們可以用來補強資產負債表業務的服務。反之，支付將會形成數據驅動的平台的核心部分，為擁有者提供我們稍早討論過的支付數據金粉。在這道願景中，可以說銀行業最可怕的噩夢就是將會被降級成為擔負公共事業的角色，承擔維護底層基礎建設的成本，科技業玩家卻能掌控顧客介面並善用它們獲得的資訊。

銀行自己的景況據理力爭時很快就指出，為它們制定的標準遠比金融科技商與科技老大哥更嚴苛。它們說得沒錯，至少目前來說確實如此。如果監管機關特別擁護金融科技現身、技術普遍採用，那麼近年來它們的燙手山芋就與如何監管息息相關。雖說銀行牢牢被釘在監管範圍內，但類銀行服務的非銀行供應商往往並非如此。正如銀行所見，監管單位面臨的棘手問題可能很快將獲證明與存在有關。

銀行被要求遵循較高標準，並非僅適用於數據、行銷與廣告領域，也與消費者信貸有關，舉例來說，歐洲銀行的放款實務便面臨嚴苛標準，金融科技商與科技老大哥則是，還沒。

頗合理的一點是，德國銀行很快就指出，消費者的經常帳戶出現紅字後，再為衝動購物申請融資，將會比採用諸如客來那（由於它買下速發，德國銀行特怕）這些「先買後付」公司提供的分期付款選項更便宜。歐洲大陸銀行的利率比起來經常優於客來那的百分之二十，尤其是在歐元區，此處利率往往定在百分之十或更低。

競賽場本身都有一種夷平整地的習慣，一旦那種情形發生，銀行的景況是否真的會變得更好恐怕有待商榷。金融科技商很靈活，在許多情況下，用來對戰的銀彈口袋也很深。科技老大哥們享有那兩大優勢；尤有甚者，它們不僅具備善用數據的商業模式，更具備科技能耐與規模足以處理成千上萬筆銀行的應用程式介面，同時開發、應用演算法以及人工智慧，輾壓堆積如山的數據。說實在的，銀行根本辦不到。

當然，谷歌、臉書之流的企業已經蒐集天量用戶數據，我們不禁納悶，它們早已徜徉在汪洋大海中，支付紀錄實際上是否可以再提高水平面？或許情況恰恰相反，科技龍頭們設想的是納進銀行當作子公司，為支付領域可能的未來發展提供保險，以便更輕易就能串連它們的自家服務與金融系統。

谷歌收購高盛就是有趣的構想，但眼下暫且按兵不動，因為有必要先搞定一、兩道癥結，數據才能真正推進業務。第一便是監管問題。各界擔憂權力過大，正如最近《經濟學人》所言，「一票未經選舉的高階主管」現在正對我們的線上談話施加影響力。科技老大哥的平台正越來越深入涉足制定言論自由界線的業務。我們奉送自己的支付數據之前，可以說我們，或我們的監管機關，或我們兩者，都應該要求採用某種制定標準形塑而成的保證。

第二，大眾對大型科技企業的信任則是另一道障礙。最近荷蘭發布一項調查，僅百分之二的消費者樂於與科技老大哥分享他們的支付數據，同時只有不到百分之五受訪者信任科技老大哥的支付啟動服務。不過同一批消費者信任他們的私密資訊、對話與圖像可以交付臉書與即時通訊軟體WhatsApp及Messenger，以交換這些服務提供的便利性。或許這只是時間遲早的問題，再不然就是財務誘因的問題。

雖說科技老大哥們具備金融影響力，足以為更多的消費者服務提供資金以便換取支付數據，但是Apple Pay、亞馬遜支付與Google Pay（已從最初失敗後捲土重來）背後的商業模式看起來並非基於數據應用，但是當然那不意味著它們絕對不會這麼做。一旦技術人員搶到市占率，他們將會拿我們的支付數據做些什麼，依舊是一道懸而未決的問題。舉例來說，谷歌的行動支付軟體快手（Tez，現在納入Google Pay）已經吃下一大塊印度市場，但至今還未曾解釋它打算如何用它來賺錢。

科技老大哥們具備花個十年左右開發產品，並打造自家的市占率，然後才必須開始從中獲利的能耐。它們可能指望我們放棄自己的隱私，但要是如此，它們的策略便會假定，我們的監管機構允許它們貨幣化我們的數據。這可不是我們所知道的事實。它們也將會考慮地緣政治，正如歐洲與印度看待美國與中國的科技老大哥們格外猜疑。不過或許那全都無關緊要，因為其他躍躍欲試打算重塑支付根本之道的玩家，正在應用形式完全不同的嶄新科技。加密貨幣的死忠鐵粉認為他們已經找到答案了，只不過，他們真的問對問題了嗎？

CHAPTER 22

我們信仰程式碼：認識加密貨幣

二〇一八年一月下旬，我參加在瑞士小鎮達沃斯（Davos）舉辦的世界經濟論壇（World Economic Forum）。有一天我正漫步回到下榻旅館，在人行道上行經一票喧嘩的人群。其中有些人蓄鬍、臉上與頸上布滿刺青，還有幾些人剃光頭，看起來就像是出來透透氣的電子菸之友。他們站在一扇標示著「密碼總部」（CryptoHQ）的門外。我的好奇心被勾起來了。

密碼總部裡頭人滿為患，一片黑壓壓，有一座吧檯，音樂震天嘎響。我絕望地感覺到誤闖禁地，因為我的年紀是其他人的兩倍，更是唯一西裝革履的傢伙。儘管如此，我還是找了一名小伙子攀談，他經營一家「搞點區塊鏈生意」的公司。我問起他的商業模式，「我只是先完成首次代幣發行（Initial Coin Offering, ICO）募資二千萬美元，」他說，「真的是超值回票價。」難怪他看起來一整個爽爽過。[77]

樓上是一間光線比較明亮的房間，大約五十張座椅與一座講台。座無虛席，也有少數人一身西裝行頭。我開始覺得自在一點了。站在講台上的年輕小夥子正在解釋他要怎麼把印尼生產的編織裙放上區塊鏈；他正在物色投資者。另一名傢伙詢問滿屋子聽眾有沒有人想投資，幾名穿著西裝外套的男士立馬舉手。換下一個人上場募資。

我前後看了幾場募資案，每一場都進行大約五分鐘，讓我想起電影《大賣空》（*The Big Short*）的一幕場景，一名投資者發現，佛羅里達州有幾名跳膝上舞的舞孃買進幾間大樓公寓兼做包租婆，當下立刻決定要放空次級房貸。[78]不過，雖然他早在二〇〇八年危機爆發前就了然頓悟，當我正在達沃斯的密碼總部晃來晃去時，加密崩盤就已經悄悄上路了：二〇一七年十二月十七日，比特幣上衝二萬美元的高峰價，現在一路重摔至三千美元。

然而，比特幣沒有跌到零值；反之，它有點像是觸底反彈，近幾年來就在四千美元與三萬

77　首次代幣發行（ＩＣＯ）相當於加密貨幣產業的首次公開發行（initial public offering, IPO），賦能企業籌募資金打造新幣、應用程式或服務。

78　賣空是一種交易技術，好讓投資者賣出自己手中沒有的股票，圖的是可以在價格更低的時候買進，藉此賺取中間價差。

美元之間交易。[79]無論就何種定義而言，這個價格區間都算很寬，對貨幣而言尤其寬得嚇人。

比特幣第一次問世是在二〇〇九年，當時金融危機剛爆發，因此它被視為一個科技烏托邦，亦即銀行與貨幣的替代品，後兩者運作失敗已經是歷歷在目。比特幣消除諸如銀行等中介機構，以及諸如央行與政府等監管機關存在的必要性。有了比特幣，支付的完整性（其實是貨幣本身）就寄託於信任電腦程式碼與密碼學了。

正如推動加密產業的有志之士與狂熱鐵粉所見，比特幣和其他加密貨幣是我們貨幣支付體系的超優質替代品，甚至可以取代我們大部分金融體系，我們再也不需要信任諸如銀行的中介機構；反之，信任得借道將交易記錄在不可變更，而且開放給所有人檢閱、查看的共享分類帳而實現。這是一句意義重大的聲明，但是自此加密貨幣已經走了一段漫漫長路。

比特幣背後的機制堪稱純粹的天才。尤有甚者，它們當真行得通。因此我也非得試圖闡釋何謂比特幣不可。要是我講完後你還是一頭霧水，甚至更有聽沒有懂，請不用擔心，你和我不是唯二。自己搞清楚本來就不容易，解釋起來更是複雜。只有極少數加密鐵粉融會貫通。

首要之務就是知道，比特幣運作倚靠密碼學、顧客、網際網路與一批被稱為礦工的族群，這批人多數生活在天寒地凍的國家，當地的工作成本比較低廉（因為數據中心接收的電力大部分是用來冷卻電腦）。

比特幣使用公鑰與私鑰加密。它們都成對出現：一支私鑰與一支公鑰；主要形式是一長串數字，而且真的就是長長一大串數字。正如其名所暗示，私鑰得藏起來，公鑰可公開。如果我使用你的公鑰加密某物，唯獨就只有你這個人可以採用相應的私鑰解鎖。我也可以拿我的私鑰加密某物。你可能會納悶這樣做要幹嘛，畢竟任何人都可以拿我的公鑰解鎖然後一窺究竟。然而，既然是拿我的私鑰辦事，那就表示，唯獨就只有我這個人可以解鎖。這種功能被用來簽署文件：我藉由使用自己的私鑰解鎖文件就等於是昭告天下，我已經寄出這份文件，而且從那一刻起它再也沒有被修改過。我使用自己的私鑰簽署交易因此證明，我實際上擁有自己正用來轉帳的比特幣。

比特幣和其他加密貨幣一樣都採取可以在線上轉帳的電子代幣形式。假使你想要付我〇．〇二單位比特幣（約合六百美元），我將（超開心，謝謝你）提供你我的公鑰。這支公鑰扮演稍後你用來寄發比特幣的接收「位址」。你可把它想成我的帳號。由於我擁有相應的私鑰，稍後就可以向其他人證明，我實際上擁有你剛剛寄給我的這些比特幣。重要的是，你轉帳給我的內容並不是一顆固定單位加上其他零碎單位的代幣所構成，而是由一顆與你付我的金額一模一

79 值此本書付梓之際，比特幣已經飆破五萬美元。在此我們以比特幣兌換成美元的匯率計算，採用三萬美元這個數值。（即二〇二一年一月一日四捨五入的匯率）。

樣的單一顆代幣構成。在這道範例就是指一顆〇・〇二單位比特幣代幣。（譯注：比特幣不像實體貨幣，每一張紙鈔／一枚硬幣都有固定的一百元或十元面額，而是每一顆比特幣各有被指定的價值。好比我們若支付三十二元，會是三枚十元硬幣加兩枚一元硬幣，但比特幣的話是一顆單位價值三十二的比特幣）

現在讓我們假設，我想要花那些比特幣，支付〇・〇一單位比特幣代幣給某人。我不能單單就只是轉帳你付給我的那顆代幣，因為它的價值是我打算付款價值的兩倍。正是出於這項原因，比特幣交易不是轉移既存的代幣；反之，每一筆交易都是將一顆或多顆代幣當作入帳，等到要出帳時就先銷毀它們，並且同步創造全新的代幣。所以說，我若想花用你寄給我的〇・〇二單位比特幣其中一部分，我就會執行一筆交易，先銷毀你寄給我的那些代幣，同時在出帳時創造兩顆全新的代幣，每一顆都得被指派寄往收款人的公共位

入帳：

14R53VhdJKtGsxprPZnC6hZPK8kuMhe1e	0.02 比特幣

出帳：

1hCsAdJPfaqF8cJz231piY5CAMJBqje3GU	0.01 比特幣
14R53VhdJKtGsxprPZnC6hZPK8kuMhe1e	0.0095 比特幣
總出帳：	0.0195 比特幣

交易費：0.0005 比特幣

圖四 比特幣交易註記在公共帳本的範例[80]

址（即公鑰）。我將寄出／指派第一顆代幣到我需要付款對象的公鑰／位址，第二顆則是寄回給我自己，當作找零。

附圖四表明這項交易如何呈現在公共帳本／區塊鏈上。它顯示一筆入帳，價值○．○二單位比特幣（約合六百美元），並附帶公鑰／位址（14R534V...）。由於這筆入帳是你稍早寄給我的款項，因此這就是當你要付錢給我時，我提供你的位址。因為我有相應的私鑰，因此可以證明我擁有這顆入帳代幣。

這張圖也顯示兩筆出帳，一筆是○．○一單位比特幣，另一筆是○．○○九五單位比特幣，都再度使用公鑰／位址。第一筆是實際付款到我的收款人的位址，另一筆是進到我自己的餘額，因此（再度）與我的位址相關。出帳與入帳金額差異在於交易費，就這道範例來說是○．○○○五單位比特幣，付給礦工（稍後馬上解釋）。

交易都會上線廣播。每十分鐘，所有在這段時間內完成的比特幣交易無論是在哪裡進行，都會被打包成所謂的區塊，上限是一百萬位元組，代表大約二千五百筆交易。每一個區塊都包

80 請注意：位址是一組（散列）二百位元二進位制的數字，但是以Base58格式編製而成，採用數字○至九，以及二十四個大寫與二十四個小寫英文字母，省略大寫的O與I、小寫的o與i，以免與數字0與1混淆。

含一段簡述前一個區塊內容的摘要（稱為「雜湊」〔hash〕），只要改變那麼一個數位符號，就會改變雜湊值，反過來又會改變隨後一整串區塊（所以才稱為區塊鏈）。交易因而記錄在不可變更的公共帳本上，開放給所有人檢閱、查看。

交易被納入鏈串或帳本之前得先被驗證，交由礦工執行，會這樣命名是因為他們付出努力挖出新鑄的比特幣就會得到獎勵。礦工驗證入帳的代幣確實和之前交易的出帳都有同一個公共位址，而且遞件者或說「付款人」千真萬確擁有代幣。他們藉由檢查相應的私鑰是否可以用來簽名入帳，以便完成檢查程序。礦工為了避免在同一顆代幣上重覆做工，也會驗證入帳代幣確實沒有在其他交易中被用來當作入帳。

誰來做挖礦的工作？任何人只要想做，而且也具備（或是可以獲得）充裕的算力就可以做。聽起來好像是一場大災難的完美配方？原則上，雖說礦工可以在過程中動手腳，好比在帳本中擅自加入區塊，其中附帶幾筆交易指派（大筆）出帳到他們掌控的位址，但是還是有一些防止惡象發生的保護措施。區塊必須先取得多數礦工同意，然後才能被加入區塊鏈。比特幣為了確保所謂多數真的是多數，而不是同一個人呈遞一百萬次的申請書，會要求出具「工作量證明」（proof of work），這需要真槍實彈的算力。多數不是源自百分之五一的礦工投票，而是百分之五一的總算力，這一步實現難度就高得多了。[81]

就這項工作量證明來說，礦工解決需要大量運算時間的難題。他們收下最新這顆內含二千五百筆交易的區塊，加入他們自己選擇的數字，然後計算出這個區塊的摘要（即雜湊值）。這份摘要又是另一長串數字。雖說計算這份摘要可能只花幾分之一秒，雜湊值卻必須從某個一定位數的前導「〇」開始（目前是十九）。[82]礦工必須調整他們加入這顆區塊的數字，直到摘要可以從指定位數的前導「〇」開始。（譯注：比特幣生成區塊的過程中，一套符合要求的區塊雜湊值是由N位數的前導「〇」所構成。這個N取決於當時網路中的難度值，位數越大，難度越高）。

這是一道反覆試錯的過程，得經歷龐大有如天量的可能數字；計算這些雜湊值就讓安置於好比冰島、蒙古等地的大型電腦中心忙個不停。它們的算力被定義成這些特製的硬體每秒可以執行的雜湊數量；目前落在每秒執行接近一百次「ExaHashes」，或是每秒一千零二十個雜湊值

81 這部分或許是比特幣運作原理中最難理解的環節。共識不是由投票結果達成；反之，礦工必須決定選擇哪一顆之前的區塊當作他們驗證的基礎（畢竟他們的運算包括內含在這顆之前的區塊中的雜湊值）。要是有兩條互相競爭的鏈串，代表多數算力的礦工挑選的那一串很可能將是第一條產生所需低雜湊值的鏈串，因此它就會「成長」最快。由於礦工將會眼尖發現詐欺交易，就算是詐騙分子也將必須獲得百分之五一挖礦算力的後援。一般人需要花點時間沉澱一下才能想通，不過就實務而言，這種做法已獲證明很管用。

82 形式上來說，雜湊值需要低於某個數值，這部分是由難度值所驅動，而且每兩週就要設定一次，以便考慮礦工的算力。

（hashes per second, H/s）。把這個數值放進上下文來看，一台普通電腦可以執行大約一〇八H/s，所以目前比特幣的總挖礦力相當於一千零十二台電腦，或是換算成地球上每個人平均配置一百台電腦。第一名成功挖出一個夠低雜湊值的礦工得到獎勵，相當於六．二五單位比特幣（約合十八萬七千五百美元），外加區塊中的交易費。[83]這道過程已經被形容為「礦工在地底下挖金礦的數位版本，而且還是埋頭在沙盒（sandbox；編按：一種保護傘機制，讓軟體在安全環境下試運行，並將修改成本降到最低）裡猛挖。相信我，真的很吃力。（譯注：1 exahash = 1 quintillion 雜湊值；1 quintillion 是一百萬的三次方）

由於一顆區塊大約內含二千五百筆交易，在每一顆價值六．二五單位的比特幣區塊中，扣除每一筆收取三至五美元的實際交易費，挖礦獎勵代表七十五美元。有趣的是，這種（顯著）挖礦成本／獎勵不是由付款人承擔，而是所有的比特幣持有者，所以只要比特幣「被挖礦」越多，他們就會看到庫存被稀釋越多。

所有這一切都要花時間，這意味著，比特幣不是在交通顛峰時間搭捷運通勤，或是上雜貨店採購的便利支付方式。比特幣交易唯有經過礦工們驗證才會變成「最終版」，這道過程費時約莫十分鐘。除此之外，一般會建議收款人再多等六十分鐘才放心將這項交易視為不容逆轉。

根據加密世界的權威網站貨幣市值（coinmarketcap.com），市面上流通中的加密貨幣整體價值約莫七千六百五十億美元。考慮到加密產業二〇〇九年才問世，這個成績算是挺不錯。雖說它是被當成支付方式採納，這一點遠比狂熱鐵粉所期盼的用處更受限制，但是加密貨幣已經深刻地重塑有關金錢與支付的爭議。若說模仿是最真誠的恭維，那麼一大票比特幣創辦人（除了富甲一方之外）都應該覺得受寵若驚。現在，始自科技老大哥到銀行界再到央行圈，人人都想要發行自己專屬的加密貨幣。

目前市面上流通的加密貨幣高達五千五百種，讓人看得眼花撩亂，其中許多甚至都不是嚴格意義的貨幣，它們只是借道首次代幣發行的貨幣。就像你或可借道首次公開發行買進企業股票一樣，現在你可以借道首次代幣發行投資加密貨幣，它們代表某種形式的新創企業所有權。因此說真的，這些加密貨幣應該被視為股票而非貨幣；其他則是功能型貨幣，單純用來支付某些特定任務的費用。

在這些五千五百種貨幣中，規模前四大高占整體價值的百分之八五，它們合體則是充分彰顯我們可以拿加密貨幣完成不同的事。所以，讓我們一個一個認識一下。

83 區塊獎勵每四年減半，最近一次是在二〇二〇年五月十一日，就是在交易以這個計算方式開始的前一週，當時是從十二・五單位比特幣對半砍至六・二五單位比特幣。

比特幣

比特幣是最早的加密貨幣，至今依然獨大業界。截至二〇二一年一月一日為止，它的價值落在五千四百億美元左右，占全體加密貨幣總價值超過三分之二（請參見表四）。

表四　前四大市值最高的加密貨幣

排名	貨幣	市值（10億美元）	市值占比（%）
1	比特幣	540	71
2	以太坊（Ethereum；以太幣 Ether）	85	11
3	泰達（Tether；泰達幣 THT）	21	3
4	瑞波（Ripple；瑞波幣 XRP）	10	1

資料來源：貨幣市值，截至二〇二一年一月一日

比特幣允許你在多少帶有匿名性的前提下，隨時隨地數位付款給某人，無需銀行或其他中央供應商干預。但是，若是這門技術打算邁入主流，兩大重要缺陷非得克服不可：成本高昂、詐騙天堂。

比特幣支付不是零成本，事實上比起多數其他支付形式反而是貴森森。每一筆交易都涉及發送方和挖礦成本費用。

以太坊／以太幣

以太坊的以太幣吃下貨幣市場總價值的百分之一，堪稱繼比特幣之後的第二大加密貨幣，也是功能型貨幣的主要範例。

以太坊是一座「分布式運算平台」，與比特幣截然不同。它的貨幣是以太幣，不是用來支付商品或服務；反之，用來向參與者購買電腦的時間。這些參與者在交換過程中運行你提供他們的程式碼。參與者的呈交方式便是將這些程式碼貼在公共帳本上（很像比特幣的區塊鏈），好讓所有人都可以看到並審查。

以太坊背後的重大理念就是，它賦能智能合約。這些是自主執行的合約，假使預先約定的條件獲得充分實現，價值就會自動被釋出：加密世界中的貨到付款。舉例來說，安排預先為生日付款，或是一旦雨量或氣溫超過某一道定義門檻就支付農民保險費。這道理念就是，這些合約不容撤回：一旦付款條件獲得充分實現，一方就不能拒絕付款。一項重要有潛力的應用是交遞與支付證券。假如資金與證券雙雙都被「貨幣化」並可借道加密技術轉讓，那麼智能合約就可以確保，唯獨雙方代幣都被轉讓交易才會發生。

對這些合約來說，勒索軟體將看起來像是理想的應用程式。唯獨你以比特幣形式轉讓贖金，詐騙分子才能加密並解密你的文件。一旦你轉出資金，你要如何相信駭客實際上會解密你的文件？將比特幣支付功能和解密文件所需的私鑰放在一份智能合約中，這樣一來它們就可以同步交換，這一步看起來將是可行之道。就我們所知，至今這種好事八字還沒一撇，不過或許這正是以太坊程式碼編寫員默默努力的商機。

智能合約的其他應用程式也還不成氣候。或許這是因為加密形式的可用資產基礎薄弱；它們可以出力解決的社群規模太小或太分散，難以互通有無；或是智能合約聲稱要解決的問題只不過是芝麻小事，或者實際上根本不存在。後者很有可能就是勒索軟體遇到的情況。新冠肺炎疫情爆發之初，許多被勒索軟體攻擊的醫院都因為信任詐騙分子而付出代價。這些詐騙分子或許對自身的業務模式有賴回應贖金支付的聲譽這項事實相當敏感，因此紛紛解鎖系統。

在以太坊中，合約被當作程式碼呈交出去並自動執行或強制執行。這一步推動比特幣背後的思維更向前邁進一步。比特幣鎖定取代貨幣與多數的銀行業務：一旦我們信賴程式碼與加密技術，便再也無須將我們的信任交付（中央）銀行之類的機構。以太坊不僅會將這項前提套用在貨幣與銀行身上，更會套用在所有合約與中介機構中。合約與數據都被放在共享帳本中，在此它們的完整性可以被審查，而且會被用戶或礦工社群所驗證。是故，程式碼即法律。

這種思維有一道堪稱險境的範例可以從以太坊的去中心化自治組織（Decentralized

Autonomous Organization, DAO）這項冒險事業一窺究竟。這道構想是打算創造一支由加密技術編寫成電腦方程式的規則所治理的投資基金。這支基金不是交由投資經理人經營，反而將根據代幣持有者的自動輸入進行投資。二〇一六年五月，去中心化自治組織借道一場販售代幣的活動，向群眾募集一億五千萬美元資金。一個月後，用戶發現程式碼中有一處弱點，可以讓他們竊取高達三分之一資金，也就是五千萬美元。

根據合約條款，從資金中提取的款項得先保留二十八天才釋出，所以資金不算真的發出去。接下來幾週，關於「程式碼即法律」這項原則是否應該包含程式碼中的任何漏洞或錯誤，引發一場近乎宗教般的辯論：如果包含，那麼用戶的行為理當「合法」。結果是分裂成兩派：一種解決宗教爭端經得起長久時間考驗的做法。在這種情形下，它導出程式碼「硬分叉」（hard fork）的發展。純粹主義論者另闢蹊徑遁入古典以太坊（Ethereum Classic），實務主義論者則是修改程式碼，將資金物歸原主。然而，恢復原貌的去中心化自治組織並沒有達成預先期望，到了二〇一六年底，多數主要的加密貨幣交易所已將代幣從交易中下架。古典以太坊屹立不搖，但目前在加密貨幣清單的排序是第四十一位，占以太坊價值僅百分之一。

雖說以太坊的程式語言是專門為智能合約準備，但是至今只有寥寥少數的智能合約成立。不過，隨著多達五千五百種加密貨幣（多數是首次代幣發行）已在以太坊的分布式運算平台上建構並執行，它的程式碼看似十分適合用以推出全新的加密代幣。

泰達（泰達幣）

接下來我們要看價值二百億美元的泰達。在好幾種試圖解決價格波動問題的「穩定幣」中，泰達的泰達幣是最重要代表。泰達的總部設在香港，即是這種貨幣的發行商。泰達幣是貨幣，與美元維持一比一的兌換比率，靠的是以等值的美元支付發行泰達幣，並提供以泰達幣兌換美元的做法實現這一步，同樣按照面值計算。

根據泰達，泰達幣的流通存量完全是交由它在銀行開設的帳戶提供支持（不過這種說法一向存在爭議）。泰達肯定很活躍：泰達幣每日交易總量介於二百億至三百億美元之譜，高於包括比特幣在內的任何其他加密貨幣。

所以說，泰達幣有流動性，非常好。怎麼說？是這樣的，泰達的貨幣用在交易兌換其他加密貨幣，如果你想打個比喻的話，它堪稱加密世界中的美元。一直都有人暗示，泰達大部分的應用都涵蓋繞道中國人民幣的貨幣管制。所以，如果你熱中於將加密貨幣當作資產，或是面臨無法將你的人民幣從中國匯出的困難，那它當然是美事一樁。但美中不足的事實便是，多數泰達幣交易都是借道訂單簿進入好幾處為客戶維護帳戶的大型交易所，因此它是發生在「鏈下」的行為。[84]第一，這種做法有其成本，而且得冒風險；第二，這些交易所使用允許「暗池交易」（**dark trading**）的交易平台，意思是你看不到完全透明的定價機制。

瑞波／瑞波幣

清單上第四名是瑞波幣，由總部位於美國加州的科技商瑞波實驗室（RippleLabs）所發行。瑞波的構想是（或說曾經是）從根本上改進跨境支付的陋習。一開始的思維是銀行將會採用瑞波的加密貨幣瑞波幣，全面應用在它們的跨境交易業務，消除中介代理銀行、銀行國際代碼、國外同業帳戶與其他所有相關機構的必要性。瑞波幣將會賦能轉帳交易秒發生。一家需要轉帳資金到中國的美國銀行將可以簡單地買入一筆適量的瑞波幣，就可以直接寄發到中國供應商的銀行中。這是一道絕妙的點子，但是有些實際障礙。

銀行為了應用這種方式轉帳，將必須持有永久流動性充足的瑞波幣，這將會讓這種貨幣暴險在劇烈的價格波動中。瑞波幣是全新未經測試的貨幣，又掌控在民營組織手中。另一種做法是，銀行可以讓某人承擔（並為此收費）價格波動，選擇處理每一筆轉帳時才兌換瑞波幣，這樣一來，它們就可以避免長期價格風險，不過它們的整體成本將會居高不下，因為提供銀行這些服務的對象將會為現在自己承擔的價格風險收費。再者，每一次轉帳資金都必須兌換兩種貴

84 「鏈上」交易發生在以太坊，大部分泰達幣都在此發行；全能（Omni）管道則是剩餘的泰達幣池。全能管道在比特幣上運行，這樣全能的交易就可以在沒有被使用的（碎小）字段上記錄交易。

森森的貨幣。舉例來說，如果一家在美國的銀行正轉帳資金到另一家位於澳洲的銀行，美國銀行將必須先將美元兌換成瑞波幣，然後澳洲銀行再將瑞波幣兌換成澳幣。

或許由此而生的結果是，瑞波實驗室看似改變做法。最近它宣布正和央行商議，看看民間版本的瑞波幣分類帳本能否用在發行央行數位貨幣（Central Bank Digital Currencies, CBDC，這部分我們將於第二十四章進一步討論）。這道策略變革發生在這家企業面臨監管行動的關頭。二〇二〇年十二月，惴惴不安的美國證券管理委員會（Securities and Exchange Commission, SEC）寄發一份長達七十一頁的抱怨信函給它的總裁與執行長，指控他們違反規定，並尋求禁令性救濟（injunctive relief）、追繳判決前利息和民事罰鍰。[85]

所以呢，總之，我們的四大主要競爭者就是：比特幣，龐大卻易變，還有高昂的運作成本與一群非常可疑的鐵粉；以太幣，假設前提是精通編寫程式碼與尚不見任何用於日常應用的現有智能合約技能；泰達幣，對美元穩定，但是沒有擔保；瑞波幣，一種雷聲大雨點小的貨幣。

比特幣支付和現金一樣，大量見於地下經濟圈中，不過公平來說，不單單是比特幣而已。加密貨幣已經變成名為暗網（dark net）的線上非法交易生態系統中不可或缺的一部分。用戶可以借道美國海軍代表美國情報圈開發的洋蔥路由（TOR）這種匿名協定造訪暗網。[86]雖說洋蔥路由的原意是協助生活在可疑獨裁統治下的合法活動家，但事實證明，它也帶給生活在民主國家的非法活動家諸多方便，而且現在還被廣泛應用在匿名造訪見不得人的市場，這些地方全是在兜售從毒品、武器、惡意軟體、竊取的信用卡號碼與被侵盜的銀行帳號等所有商品。

對所有加密貨幣來說，犯罪都可說是燙手山芋，但是最近一項調查預估，所有比特幣支付中一大半都用在非法交易。直到二〇一六年，高達百分之六〇至八〇的交易都出於這項目的，不過，先別以為接下來比率下滑是因為出現改變生命的清掃門戶時刻，單純是因為多數非法活動轉向其他的加密貨幣，尤其是門羅幣（Monero），它格外適合，而且是非常特意設計成可以混淆並隱藏交易細節。

不單是非法商品的買、賣雙方喜歡加密貨幣，詐騙集團也愛它們。詐騙分子總是迅雷不及掩耳地把新科技弄到手，因此隨即把加密貨幣世界搞成他們的新後院。它們早早就看出來，加密貨幣是犯罪分子夢寐以求的貨幣：匿名、難以追蹤並且超容易轉帳到全球各地。腦筋動得快的詐騙分子自從發現這一點，就開始獲取加密貨幣，舉例來說，他們借道在別人的電腦中植入

85 追繳（disgorgement）是指法律強制要求從事不法行為者償還不法所得。透過不法或不道德的商業交易所獲得的資金將被追繳或返還給這項行動的受害者。

86 洋蔥路由的全稱是 The Onion Router，命名由來是因為位址包被加密技術層層疊疊裹住，然後這些加密層被它通過的路由器一層一層剝除，使得正在瀏覽掃視的電腦幾乎無法追蹤流量。借道洋蔥路由造訪的網址接尾是「.onion」，而非一般的 .com、.org 等。

惡意軟體，借力對方設備的算力挖礦比特幣。電腦所有者儘管可能想不通電費為何高得莫名其妙，但通常是渾然不察傻傻過日。與此同時詐騙分子則是賺好賺滿。有一則笑話這麼說：「如果你的智慧型冰箱開始過熱，很有可能是它正在開挖比特幣。」除此之外，有許多情況是詐騙分子可以侵害別人的系統盜取私鑰，順此竊占加密貨幣。

然而，最龐大的詐欺案都和讓你買、賣加密貨幣的加密貨幣交易所脫不了關係。這些交易所往往持有顧客的資金與加密貨幣。二〇一〇年至二〇一四年總部設在日本營運的加密貨幣交易所 Mt.Gox 就是典型範例。它的人氣爆棚，二〇一四年初就主宰整體比特幣交易量百分之七〇左右。二〇一三年，第一道麻煩跡象乍現，當時交易者開始覺得從自己的戶頭提領資金橫遭阻礙。二〇一四年二月 Mt.Gox 宣告破產，聲稱自己是網路欺詐的受害者，顯然還可回溯至二〇一一年。它透露，大約八十五萬單位貨幣人間蒸發，其中七十五萬單位屬於顧客。當時比特幣的價格僅稍微高於五百美元，造成損失接近五億美元。

接著就是加拿大規模最大的加密貨幣交易所 QuadrigaCX 創辦人兼執行長傑洛．卡頓（Gerald Cotten）的離奇案例。二〇一八年，卡頓在印度去世，為兩隻吉娃娃（不用問了，我直接告訴你名字是氮氮〔Nitro〕與溝溝〔Gully〕）留下十萬美元信託基金、為太太準備加幣九百六十萬元的遺產，卻沒有任何可以打開 QuadrigaCX 為十一萬名顧客持有的一億三千七百萬美元加密貨幣冷錢包的資訊。他是不是真的死了依舊成謎：唯一明顯確定的事實就是，戶頭裡的資金現在都人間蒸發了（當然，硬說他真的帶著私鑰入土為安，應該是不太可能）。

如果你還沒準備好放棄當前的帳戶與各家卡片，並和其他形形色色的玩家一同潛入加密支付圈，不用擔心，有一些主要的潛在玩家一馬當先等在門關之前了。

CHAPTER 23

科技老大哥和銀行加入混戰

如果你一向相信，全球貨幣體系應該要穩掌於一名喜歡快速行動、打破常規的三十多歲億萬富翁手中，請為臉書進軍加密領域狂按「讚」(👍)！

二〇一九年六月，臉書宣布發行自有加密貨幣天秤幣計畫。它擄獲所有商業媒體頭版，但使命宣言只是大膽的一句話：「簡單的全球貨幣與金融基礎建設，賦能幾十億人口、重塑貨幣並改造全球經濟，這樣世界各地的眾人就能過上更好生活。」

哇！真是多虧我們這些好有愛的臉書同志呢。

天秤幣原本打算成為一種加密工具穩定幣，但是用來形容它的說法令人難忘：既不穩定，也非貨幣，不過至少原則上來說，它直接錨定某一種特定資產的價格，就這次的情況來說是幾種現有的貨幣。天秤幣與一籃子主要貨幣掛鉤，因而得以避免成為受到比特幣與其他貨幣劇烈波動影響。天秤幣的發行商是孕育自臉書的天秤幣協會（Libra Association），但想當然耳兩者毫無關係。假定天秤幣協會是出於避嫌之故所以把總部設在瑞士，交易將不會交由礦工們驗證，而是天秤幣協會與夥伴們代勞。這些夥伴將會打造並運作各種應用程式，允許用戶購入、持有並賣出天秤幣，並在商業交易使用它。

天秤幣宣布一份讓人印象深刻的創始夥伴名單：Visa、萬事達、PayPal、Uber、音樂串流平台Spotify，當然還有臉書本身。它的用戶（也是子公司WhatsApp的用戶）可以輕而易舉互相匯款、線上消費。臉書打算提供這門技術，因此早已在這項宣布行動之前幾個月就找來五十名工程師埋頭苦幹。

臉書這項舉動吸引前所未有的媒體報導篇幅，但也引來大量批評、懷疑和擔憂，尤以央行為甚，因為這類發展將會強力挑戰它們的地位。怎麼說？因為臉書的願景引發直接涉及金錢和支付本質的爭議。要是大家都張臂擁抱並改用天秤幣，決定從此棄用現金與銀行資金那會怎樣？它會對貨幣政策、銀行與金融體系造成什麼衝擊？這類貨幣實際上是有多穩定？要是大家失去互信，爭先恐後想要贖回自己持有的資產，有可能導致天秤幣擠兌嗎？由於天秤幣是一種全新貨幣，將會有效取代現有的國家貨幣成為記帳單位嗎？記帳單位是我們用來估量事物價值的標準，尤其是我們的債務和稅收。

貨幣具有三大基本功能：扮演儲存價值、交易媒介與記帳單位的角色。如果某種特定形式的貨幣當作記帳單位，就意味著我們用它來計算其他每一樣事物：好比這件襯衫價值二十五英鎊之類的。

三大功能中，記帳單位的重要性排第一。就算少了其他兩項功能，還是可以儲存價值：一般來說房產提供理想的儲存價值作用，但它是不良交易媒介，而且價值單位不高。你也可以擁有一種（往往是）儲存價值的理想手段，但無法當作記帳單位的交易媒介，好比黃金就是。不過，你幾乎找不到任何記帳單位不是良好交易媒介與儲存價值手段的例子。[87]

記帳單位很像語言或是度量衡，是一種深植於社會的慣例。它為所有經濟活動提供一套參考架構，加以變更會讓大家突然失衡。歐元約莫是在一九九九年引入，紙鈔與硬幣都是在二〇〇二年才開始流通，不過直到二〇〇四年法國房價依舊採取法郎報價。有些甚至還是一九五九年底就已經逐步汰用的舊版法郎（面額為新法郎的百分之一）！

在英國一八一六年的鑄幣大改革（Great Recoinage）中，舊式的基尼幣（guinea coin）被英鎊和主權金幣取代，不過因為律師、醫生和其他專業人士繼續使用，所以之後基尼幣依舊流通很長一段時間（一基尼幣價值一英鎊加一先令，因此別的不說，他們持續收取基尼幣就可以賺取比英鎊高出百分之五的溢價）。甚至是兩百多年後的今天，在英國出售的馬匹與其他某些牲畜依舊採基尼幣計算，兌換值相當於一．〇五英鎊。傳統上來說，拍賣會的賣家每一基尼幣只能收到一英鎊，剩下的五便士就當作拍賣師的佣金。基尼幣續命因此成為拍賣商將佣金計入銷售額的巧妙招數。

記帳單位是一項超級強力的工具，允許一國政府借道貶值提升競爭力：諸如薪資之類的當地成本都以當地貨幣計算，貶值避開強制減薪的痛苦，有效降低工資與薪水。打亂記帳單位，也可以重新分配經濟中的財富，好比借道惡性通膨，將存款戶的財富轉移給借款人：債務「消融」不見，對借款人來說是好事，但是存款也一樣「消融」不見，對存款戶來說卻是災難。擁有自屬記帳單位和靈活匯率的國家可以實施自家的貨幣政策，舉例來說就是提高與降低利率。各國都傾向高度重視實施自家貨幣政策，看看英國對歐元的厭惡就可窺豹一斑。

諸如一開始就設想成為全球記帳單位的天秤幣將有效引領我們回到金本位制，當時政府當局影響自家貨幣的影響力極低。[88]如果天秤幣擔綱全球記帳單位，各國政府將會發現自定貨幣政策的能力同樣被剝奪，好比讓境內物價相較於其他地方的價格往下調降。多數經濟學家都視其為爛點子，因為會對不同的經濟體施加普遍的限制。自由主義派（與備戰末日派）傾向認定，金本位

87　一種可能的例外是，國際貨幣基金組織（International Monetary Fund, IMF）的記帳單位：它的特別提款權（Special Drawing Right, SDR）是一種基於世界五大主要貨幣的全球儲備，但鮮少用於組織之外。

88　舉例來說，在金本位制下，央行有必要維持自家貨幣兌換黃金的價格，進而對上所有其他貨幣，因此不能放手貶值（以便在危機時期刺激經濟）。

制是有史以來最棒的發明，但是天秤幣看似也不太適合他們：他們對黃金的偏好源於根深柢固不信任權威，我們可以合理假設，不信任某人有可能會延伸至不信任臉書這樣的科技龍頭。

一開始圍繞著天秤幣打轉的狂喜沒有持續太久：無論是出於公共部門的壓力或一般常識，**Visa**、萬事達與**PayPal**這三大占據主導地位的支付商實際上沒有任何一家簽約成為創始會員。有好長一段時間這項計畫似乎遁入冬眠，除了可以拿時髦的官網和一票由創投家、區塊鏈人士主導的創始夥伴陣容說嘴之外，其餘乏善可陳。

然後，遠遠談不上快速行動、打破常規，天秤幣開始收斂它的野心（但它自己喜歡用「增強」這個字眼）。二〇二〇年四月，它宣布，不再試圖將天秤幣與一籃子貨幣掛鉤，而是提供數位版本的單一貨幣，好比天秤幣美元和天秤幣歐元。對消費者而言，這一步將肯定更容易：每一次我們花錢買襪子時，將無須在兩種貨幣之間來回換算價錢；反之我們將只要倚賴諸如美元、歐元或英鎊等熟悉的單位所表示的熟悉價格就好。這些數位貨幣中，每一種都將由現金或現金的等價物完全以一比一支持。換句話說，臉書內部那一票正派又誠實的好人，將會取走我們存在往來銀行（受存款保險保護的）資金，然後存入他們自己的帳戶，再拿他們自己的數位貨幣歸還我們。或許天秤幣是想對提高警覺的央行遞出橄欖枝，要不就是想挖苦央行啦，還特別聲明它將會十分樂意地支持它們的數位貨幣。

無論你如何看待臉書與天秤幣，要是全球金融體系中有這麼一種全球貨幣與單一組織坐鎮中央地位，難道萬事不會簡單一些嗎？可能有點老大哥的味道，不過外匯交易、匯款轉帳公司、銀行國際代碼、收代付業務（Automated Clearing House, ACHs）與即時總額清算，與更多縮寫為名的機構就再也沒有存在必要，就連本書篇幅也都會大幅縮水。只是說，社群媒體龍頭想要搶坐這個寶座，是玩真的嗎？

諸如西聯、美國運通和富國銀行這些昨日的運輸與郵政公司，早已經成功轉型為今日的支付巨人，所以我們絕對不應該說別傻了，但是單一家公司就想要手握所有權力？這或許是更宏大的議題。二〇二〇年五月，歐洲中央銀行（European Central Bank）發表一篇聚焦揭露有關天秤幣的論文，倘使我們採用這種貨幣，未來它會怎樣處理我們所有的資金，有助我們理解究竟有多宏大。天秤幣之前曾經宣布，它的代幣將受到注入優質、短期資產的投資支撐，好比政府公債與銀行存款。天秤幣可能假定央行將會審慎並傾向接受這道提議。事實不然。

如前所述，天秤幣的投資組合產生的報酬將會遠低於銀行業的水準，這是因為天秤幣資產的到期日將會比銀行資產來得短（一般來說，長期利率會高於短期），而且政府公債的報酬率低於銀行提供的高風險貸款。然而，天秤幣也將會提供交易服務，而且有一定代價。

歐洲央行的論文提出一道問題：天秤幣化身銀行是否真能做得更好？當然，往後它必須遵循法規，但這樣做將會允許天秤幣為自身資產尋求更高報酬率，才能打平一開始就打算涉入提供交易與支付服務的成本。對歐洲公共部門組織來說，擔憂美國企業的私有利潤似乎不符人設，但質問你的支付業務將如何取得資金則是完全合情合理。然而，歐洲央行真正的煩惱不是這一點，而且可說是遠大於此。

這篇論文拿天秤幣比較PayPal與阿里巴巴旗下的餘額寶共同基金，得出一些數字。PayPal用戶的帳戶平均水位是七十美元，據此推斷，臉書二十四名億用戶的天秤幣帳戶總額計將高達一千七百億美元。雖然聽起來很大，但比起銀行存款只不過是九牛一毛。不過如果大家也開始將天秤幣當作儲存價值的工具，情況可能會改變。平均支付寶用戶在餘額寶中投入二百三十美元，要是臉書二十四名億用戶也這樣做，將會推升總額觸及五千億美元，順勢成為全世界規模最大的基金之一。

隨後歐洲央行再次拿餘額寶持有總額當作基礎，進一步檢視另一種極端情境。二〇一八年，這支基金的持有總額爬上高峰，每一名用戶平均投入四百三十美元。修正購買力後，每一名臉書用戶的國內生產毛額約莫支付寶用戶的三倍，我們得到的總數大約是三兆美元。那將是至今全世界首屈一指的基金，幾乎是全世界排名前四大的主權財富基金總和。[89]這樣一來天秤幣便將掌握天大的經濟影響力；它的投資決定可能動搖全球金融市場，打趴主權借款人，或是恩賜緩刑。

假若你像歐洲央行一樣，覺得這類事務還是留給銀行承辦比較好，聽到有一家銀行趕在臉書採取行動之前幾個月就搶先涉足這個領域時可能會鬆一口氣。怪的是，這家銀行的主事者以前一提起加密貨幣總是一臉興趣缺缺：摩根大通總裁傑米・戴蒙（Jamie Dimon）。戴蒙曾經評論過，比特幣是一種「可怕的儲存價值工具」，它不會有什麼搞頭，而且根本就是詐欺產物。他最後一次深思比特幣並做出以下結論：「我沒有想要當什麼反比特幣發言人。我真的是一點也不關心。這才是重點，可以嗎？」

並非所有加密貨幣都是比特幣，也並非所有數位貨幣都是加密貨幣。所以，那就這樣吧，或許摩根大通一頭栽進加密熱潮也不算什麼大變臉。這家公司選擇走一條與臉書截然相反的道路，以一種反襯的方式宣布它的加密貨幣將會是銀行在背後撐腰的穩定幣，直接錨定美元，而且一對一支持。

摩根大通幣不像天秤幣，看起來是為批發支付設計，而非零售支付。它被認定為服務機構市場，意思是，摩根大通幣身為封閉型貨幣，它的大型企業與代理銀行這些客戶可以應用它來結算彼此之間的付款業務。就像銀行存款，貨幣部分將交由摩根大通提供；但也有不像的地方，那就是摩根大通的客戶可以在無需銀行涉入的情況下彼此轉移摩根大通幣。交易只會簡單註記在摩根大通的區塊鏈上。

89 挪威、中國、阿拉伯聯合大公國與科威特。

摩根大通的聲明和天秤幣一樣引起各方興趣。如果說誰有能耐為機構市場引入數位貨幣，肯定非摩根大通莫屬。這家全球身價最高的銀行被比喻成「超大錢海八爪章魚」，經營的代理銀行網路規模就算不是全球第一大，也是名列前茅。它在外匯、債券、衍生性商品和證券市場都高居前三名，也是全球前三大交易銀行，更是第三大證券託管商。[90]摩根大通就像臉書帶來超強行銷力，也貢獻某些讓人印象深刻的科技能耐。摩根大通還有一點很像天秤幣，它引出我們如何付款的嚴肅議題。

摩根大通實際上是在提議，它的區塊鏈結合平台與貨幣，可以為批發支付打造一處由它經營並主導的封閉性全球生態系統嗎？摩根大通會想要保持封閉性，並挾此產生有競爭力的報酬嗎？它辦得到嗎？另一方面，如果這處生態系統開放，諸如花旗銀行、美國銀行這些競爭對手會想要加入，還是說它們反而想要搞一套自己的貨幣和鏈串？

且讓我們假定，摩根大通幣廣受客戶追捧，舉例來說，它們可能珍視可以一天二十四小時、全年無休暢快使用的能力，完全不受銀行營業時間所困。那樣的話可能促使它們維繫這種貨幣的流動性，而非存在其他銀行的現金。那樣甚至可能催生出好比外匯或是衍生性商品市集，而且要求參與者採用摩根大通幣結算，進一步推進採用程度與流動性。（這會是無與倫比的可能，因為在這些工具之間打造流動性難如登天，要是它們還與專有資產掛勾就難上加難。）

倘使摩根大通看似取得任何稱得上成功的斬獲，競爭對手絕對不會袖手旁觀，也會紛紛發行自家代幣，而且我們將會看到一大堆貨幣在大型企業與投資者（一般來說，指的是和好幾家銀行打交道的顧客）之間流通。這些貨幣將會採取不同的利率交易，反映出發行商的信譽嗎？好比在加密貨幣圈裡，一百萬單位摩根大通幣相當於信譽比較差的銀行的一百萬零九千五百四十六單位自家代幣嗎？這正是實際上發生在美國所謂的自由銀行時代（一八三七至一八六三年）的情況。在當時，美國央行還沒問世；反之，商業銀行各自發行紙幣，各自依據發行商的體質穩健程度採行不同匯率交易。第一輪下場不太好，所以為何要重蹈「自由銀行」覆轍，就算這一次改成數位型態，難道我們就會比現在更好嗎？

簡言之，它眼前有一大堆問題得先搞定，但監管機關甚至還必須解決更多問題。也還有諸如銀行顧客實際上是否真的會採行並使用它的貨幣之類的問題。由於銀行越來越大量實時、全年無休轉移存款，那是一道非常現實的問題。

至少目前對我們來說，摩根大通和臉書的聲明看似雷聲大、雨點小，徒留我們對它們規劃進軍數位貨幣的大計更多疑問而非答案。不過它們倒是丟給央行們再也不能無視的燙手山芋。

90 託管商是出於降低竊盜或損失風險的安全考量，為顧客持有證券的金融機構。

CHAPTER 24

成年人的加密貨幣：中央銀行走向數位化

切．格瓦拉（Che Guevara）接手古巴國家銀行行長職位的四百五十六天裡做了很多事。他除了在紙鈔上親簽「切」，嚇壞當地銀行體系之外，也將央行國有化、帶領古巴退出世界銀行、徵召武裝民兵占領所有外國銀行，還全面實施貨幣管制。有一道疑似杜撰的說法是，他獲任行長之職是因為當時古巴領袖菲德．卡斯楚（Fidel Castro）問起，小房間裡有沒有人是優秀的經濟學家。格瓦拉這位醫師兼共產黨馬克思主義分子誤聽成「優秀的共產黨員」，立馬舉手，於是這份工作就落到他頭上。

或許你對央行行長的典型印象不是很符合切的作風，前者一貫謹慎小心，而非快狠準；他們喜歡研究、調查、反思、沉思、評估、理解、測試、試驗、假設、發表和諧作。因此，就在摩根大通拋棄數位挑戰的四百五十六天後，全球央行還繼續忙著借道探索打造自屬的數位貨幣前景因應這項挑戰。至今，它們多數堅持發行討論文件或運作自己的「概念證明」。不過特別是以中國人民銀行（人行）為首的幾家央行走得更遠，開始發行真正的央行數位貨幣。

考慮到央行手握貨幣大權，央行數位貨幣是潛力無窮的變局者。這玩意兒是有什麼了不起嗎？央行數位貨幣頗具提供全世界最優質產品的潛力：所有比特幣可以提供的便利，好比你可以在彈指之間寄發給身處任何地點的任何人，但不受任何價格波動所苦，就是因為央行數位貨幣將以現有的記帳單位計價。正如天秤幣很晚才意識到，要是我們全都採用加密貨幣，它們將必須以國家單位計價。所以，美國的美元、英國的英鎊等依此類推。央行數位貨幣將會承受比其他加密貨幣更低的風險，因為它的價值將受到發行它的央行擔保。你可以把它想成數位鈔票：無論誰持有它就擁有價值，它可以在不借道商業銀行系統的情況下傳送。在現金交手需要接近實體的前提下，央行數位貨幣可以藉由網路、行動裝置對行動裝置互相寄發。

擁護鐵粉視央行數位貨幣為許多問題的解方，包括現金消亡。他們視它為實物貨幣的數位替代品，或是一種個人直接持有央行貨幣的方式。對沒有銀行帳戶的族群來說，可能隨著現金消亡被冷落在一旁，這套理論就是，央行數位貨幣可以在無需銀行帳號的前提下提供獲取貨幣的管道。所有人都不用再透過銀行或西聯這類轉帳機構匯款，而是可以發送數位貨幣給置身其他國家的收款方。（當然，對那些根本沒有網路或是合適裝置可用的族群來說，這些都不能解決他們如何因應現金消亡的問題。這部分我們稍後再回頭探討）。

央行數位貨幣還可以解決另一道縈繞央行行長們心頭的難題：如何推進利率降至零以下的水準。值此撰文之際，有幾家央行正在做這件事，還有更多正躍躍欲試，推促我們所有人花錢而非省錢。不過，雖說央行可以讓銀行為存款支付負利率，意思是它們對帳戶持有人收取利息而不是支付利息，但是大家都有以現金形式保留財富的替代選項，這樣一來實際上支付的利息就是百分之〇，不會更多，但也不會更少。央行數位貨幣將會賦能央行針對央行數位貨幣餘額收取利息，這是它們無法以現金形式辦到的事：一項影響貨幣政策的針對性工具。

假若這番說法聽起來好到不可置信，至少許多央行相信它確實如此。第一，加密貨幣具有匿名性，因此它是犯罪分子夢寐以求之物，而這部分不折不扣正是央行試圖借道逐步淘汰高面額紙幣終至擺脫的業務。監管機關明確指出，它們將不會打造或容忍堪比類固醇的高面額現金。因此央行數位貨幣將需要被至少是政府機關或某位代理它們行使職務的代表追蹤至活生生的個人與企業層面，一如當前銀行所作所為。

第二，央行數位貨幣可能弱化商業銀行。不受存款保險保障的大型存款戶可能偏好將他們的銀行存款轉成央行數位貨幣，尤其是在銀行業體質穩健程度不確定的時期，因為許多存款戶在最近這場金融危機中確實處於高峰期。這麼做可能會從商業銀行手中吸走流動性、壓抑它們放款的能力，導致銀行擠兌並加劇危機。

還有政治層面的考量。發行央行數位貨幣可能導致「美元化」（dollarisation；意指眾人開始混搭使用當地貨幣與美元，或是單用美元），特別是那些境內公民不信任自家貨幣的國家。稍早在第四章提過，大量實體美元與歐元在拉丁美洲與非洲（這兩處是美元），以及東歐（這一處是歐元）流通，美元化將是數位版的情景重現。

在委內瑞拉，許多公民不信任政府或貨幣，二〇一八年二月，總統尼可拉斯・馬杜洛（Nicolás Maduro）政府引入一種加密貨幣，儘管是出於各種不同原因。二〇一七年，美國以委內瑞拉政府侵犯人權並採取反民主行動之名實施制裁，將它排除在國際銀行體系之外。石油幣（petro[₱]；petromoneda）原本應由委國的石油和礦產儲備支持，起初構想是補充委國貨幣玻利瓦（bolívar），並當作規避美國制裁的有用手段。公開聲明上路兩年後，整套賴以維生的系統理當運作得宜，卻依舊處於癱瘓狀態，所謂石油換萬物的唯一證據就是委內瑞拉可可（Cacao de Venezuela）所販售的「巧克力石油」（chocopetro）與「加密巧克力」（‘criptochocolate）貨幣。

撇開委內瑞拉不談，央行的挑戰是，雖然不甘願直接投入並發行央行數位貨幣，但也不想被拋在腦後，肯定更不樂見「勢均力敵」的央行或加密貨幣領跑。舉例來說，拉丁美洲經濟體「人民幣化」（yuanisation）的前景會讓美國覺得超丟臉。在這種情況下就可以看到它們正在進行並高調宣傳央行數位貨幣實驗。央行正試圖找出降低潛在風險的方法，好比去匿名化代幣、限制交易規模等。不過，要是某一種競爭貨幣積極進攻的話，它們也可能希望自家的央行數位貨幣好整以暇地大舉出籠。

這些實驗可能會揭開某些最大的未知數：眾人將如何使用央行數位貨幣？他們視它為新鮮玩物然後只為了有限目的使用，或是張臂擁抱當作更上等形式的現金或銀行鈔票？那將會帶領我們面臨關於央行數位貨幣的重要問題：它們真的比我們現在使用的諸多選項更好嗎？眾人會像實體錢包做法一樣，將央行數位貨幣收在電子或行動錢包中，拿它們付款與收款嗎？或者他們會逕自把收到的任何央行數位貨幣全都存在銀行帳戶裡？畢竟，有一大票好理由值得我們將一般紙幣存入銀行帳戶，多數也可以適用數位鈔票。

對開始採用央行數位貨幣支付的那些人來說，這類貨幣在協助我們克服第三章提到的三大挑戰方面，將必須比現有的支付方式更出色，而且／或者更便宜。它們將必須：降低風險、最小化所需的流動性，以及為雙方提供共同約定。

先讓我們從降低風險開始談起。現金是一種不記名工具，所以當你搞丟或被偷，那也只能認了。同理適用於加密貨幣：無論誰持有私鑰就坐擁資金。至於你怎麼打理現金，可能會偏好讓某人替你看照央行數位貨幣，就好比現在銀行看照你的現金。雖說銀行也可能破產，但多數零售存款都受到存款保險保護。

央行數位貨幣必須克服的第二項挑戰是提供流動性。正常情況下，我們將錢存在銀行賺取些許利息，同時銀行則放出那筆錢，在這道過程中賺取比較高的利息。我們的存款供應它們流動性，反過來又為我們的支付提供火力。與此同時，硬是要現金支付誰也賺不到任何利息。

央行數位貨幣有一點挺妙的，那就是它不像現金可以任由央行支付或收取利息。舉例來說，它們很可能每一天都增添三百六十五分之一的價值，實際上每年支付資產持有人百分之一餘額。或者是它們可以依據金額限縮價值，好比是當作實施負利率政策的一部分。

央行支付利息，將我們的資金以央行數位貨幣的形式保留下來，而非散存在各家銀行中，進而把這套做法變成一道吸引人的提議，因為我們既能在央行持有個別帳號，還能在此存放貨幣。不過央行支付利息就和銀行處理我們的存款一樣，將會加重它本身的放款負擔。將央行轉型成銀行是一種遠比構想本身聽起來還要激進的主張：雖說央行最近一直借道好比購買企業債等做法大手筆放款，長期來說我們將不會樂見央行參與決定誰可以獲取貸款、哪些企業可以借款、借多少這項業務。央行本身也不會想要這麼做（但可能有不尋常的例外）。

將現金存入銀行的另一個原因是獲得支付服務。無論你置身何處，都可以運用銀行帳戶裡的資金支付任何對象（正如我們所見，需要使力的程度不一，而且還得排除沒有銀行帳戶的族群）。這正是慣例發揮作用之處。央行數位貨幣將必須建立起廣泛的接受度，也要賦能伴隨現代支付作業而來的資訊交換。當你遞出自己的信用卡或亮出智慧型手機裡的QR碼，就是在向商家表明自己的身分。想必央行數位貨幣不需要落落長的公共位址（好比我們在比特幣看到的情況），反而會要求諸如電郵信箱或行動手機號碼等化名。

約定成俗需要系統與基礎建設：交換買賣雙方資訊的應用程式；安全儲存私鑰、發起交易並訪閱分類帳本以便確認交易紀錄的錢包；遵循金融犯罪法規的系統與流程；處理詢問與抱怨的顧客服務中心。你將體認到，當前的「傳統」支付領域提供的許多活動。央行數位貨幣可能讓它們變得更便宜，但絕非免費。

所以我們兜了一圈回到原點：央行數位貨幣將會真的非常類似現金，人人因此樂意也能夠使用它。它將會提供（幾乎）所有前瞻技術所能帶來的優勢，但是對那些不能或不願數位化的族群則沒有解方。多數貨幣可能繼續保留在銀行（或是那些言行舉止都很像銀行的供應商），這一點想必將會促進改用帳簿支付，就像它們現在做的一樣。你可以在自己的電子錢包裡持有央行數位貨幣，但是就像現金一樣，在某些情況下花用數位鈔票付款可能比其他替代方案更可取，好比說它就是比較便宜或比較方便。

我們可以脣槍舌戰當前體系的效率，事實上我們也已經在之前幾章描述它的諸多摩擦。不過我們也可以看到，這套系統並未坐以待斃，因此關鍵問題不在於央行數位貨幣是否將提供比當前銀行帳戶更優質的支付服務，而是它是否比明天的銀行帳戶提供更優質的支付服務。

事實上，雖說央行一直在長考央行數位貨幣，但新技術為競爭對手開闢管道。我們在第十章看到，支付寶和財付通如何為商家做到店內付款超級簡單又便宜，許多商家現在都摒棄信用卡終端機。我們在第十八章看到，**PayPal** 開第一槍，接著是方塊與條帶如法炮製，提供小商家遠比傳統收單業者更方便（但不必然更便宜）的替代方案。我們在第十七章看到，哈瓦拉、西聯與諸如智匯轉或再來這些業者提供匯款到國外的替代選項，遠比借道銀行更方便（也稍微便宜一些）。

所有三道實例都鎖定銀行提供產品的關鍵致命傷。銀行的支付產品是被開發成支援高價值支付，在此流動性與風險都是關鍵考量因素。新競爭對手挾著更便利低價值支付的替代選項進入市場。他們確實從銀行手中搶走業務，但是在所有這三道實例中，它們也都解鎖全新市場：因為沒有任何便利的方式可以實現，因此之前從未發生過的交易。

經常有人指出，這種動態看起來就像是哈佛商學院教授克雷頓．克里斯汀生（Clayton Christensen）在經典巨作《創新的兩難》（*The Innovator's Dilemma*）描述的情境：挾著新技術的競爭者從低階市場進入，一路向上發展，最終破壞並驅逐在位者。然而，這道比喻不算盡善盡美：雖說新進場的玩家「一路向上發展」成為更大的支付業者，但有些關鍵要素為在位者提供保護盾，在此指的是銀行。第一，網路效應與顧客慣性提供銀行更多時間做出回應；第二，在比較大規模的交易中，風險與流動性也比較重要。這點有助銀行，部分原因是因為它們提供的產品被調整成更適合這些支付，其餘部分就是因為風險與流動性吸引監管審查，而銀行十分善於和對方打交道。

光是試想我們的央行數位貨幣將如何放低身段與現金競爭就覺得頗有趣，不過現金本身也正受到各種卡片類、電子錢包與支付寶和財付通等營運商之類的數位貨幣排擠。而且銀行主導的系統也沒有停滯不前。或許這單純只是回應來自央行、金融科技業或科技老大哥的競爭威脅，但無論如何它都在迅速改進並創新。銀行與它們的基礎建設越來越順應全年無休的需求，讓我們可以即時帳戶對帳戶轉帳。應用程式界面賦能服務供應商直搗銀行分類帳本，讓我們更輕鬆、愉快地付錢，進而提供許多區塊鏈科技將會帶來的好處，而且或許也能因此消除對它的需求。

倘若這些改進與創新都借道「傳統」技術實現，你真的還需要加密技術來打造你的央行數位貨幣嗎？你結合第十一章描述的這些應用程式界面與傳統的資料庫並加以善用，就能實現相同結果嗎？[91]說到底，你真的需要央行數位貨幣嗎？

也許是，也許不是，但這場競逐未來支付的比賽已經起跑，沒有人想要當墊背。央行想要掌控、銀行想要獲利，而科技商想要成長。它們全都知道，科技正讓「贏家通吃」的場景化為可能，就算不是普世皆然，至少是在它們各自的後院。

91 傳統意義上來看不涉及共享帳本與加密。支付寶和財付通採用的技術顯然相當先進。

CHAPTER 25

開放造訪或自成一國：支付網絡如何競爭客戶？

如果你是航空公司忠誠計畫會員，二〇二〇年可能三不五時就會納悶究竟你累積的所有里程數會有何下場。要是你擔心屬意的航空公司即將國有化或倒閉，可能會稍微調查一下還可以怎樣花用。你若造訪過航空公司的線上里程商店可能會很失望地發現，好比說，一具小小的電晶體收音機就讓你吐出法國巴黎飛回土耳其伊斯坦堡的「里程數」。

一九八一年，自從美國航空（American Airlines）打造業界第一套成功的客戶忠誠計畫以來，幾乎每一家業者都有樣學樣。時間快轉到二〇一八年，產業諮詢公司麥肯錫估計，超過三十兆飛行常客里程數都滯留在客戶帳戶中，讓幾乎全世界每一家航空公司的乘客拿里程數兌換免費單程航班都綽綽有餘。航空里程數與積分計畫行得通是因為它們牢牢綁住顧客。企業收買我們的忠誠度，還經常借道穩定提高獎勵飛行所需的里程數，或限制我們使用忠誠積分的用途，誇大它們應負的責任。我們這些乘客別無選擇，只能隨它們起舞。

忠誠計畫和「卡車系統」（truck system）相去不遠。後者命名的由來是一系列的配套安排，讓某種形式的消費牢牢綁住員工的雇用合約。員工經常收到票據，指的是企業用來替代白花花銀兩的「代金」或是信用，但只能在雇主自營商店花用。有時候員工可以拿代金換現金，但很少等值兌換。

雖說卡車系統存在幾百年，但直到十九世紀才釀成嚴重的社會與政治議題。勞工法規問世與一再改善的勞動標準在很大程度上禁止這些做法，舉例來說，英國有《一八三一年卡車法》（*Truck Act 1831*），美國則是在一九三八年通過《公平勞動基準法》（*Fair Labor Standards Act*），都禁止雇主拿代金支付工資。

代金和航空里程數有異曲同工之妙，亦即它們都是封閉的「貨幣」系統。試試拿你在寰宇一家（One World）的里程數兌換天合聯盟（SkyTeam）或星空聯盟（Star Alliance），也可以反向實驗無妨，看看你會換到什麼。加密的未來前景以及管他是美國還是中國的科技老大哥涉足日深，都將這道關起門玩的議題，以及開放對比封閉的系統端上檯面討論。這是支付領域的重大議題，畢竟，它正是推進我們的經濟運轉的系統。

歷來銀行運作採取開放的「四角模型」（請參見第六章），但是科技老大哥偏好封閉系統。只要你和朋友同時都在臉書上，雙方可以自由自在地愛聊多久就聊多久，如果你登入谷歌帳號，它就提供盡善盡美的服務。支付寶和財付通都是封閉的支付系統：在雙方各自的系統內和其他用戶交易輕而易舉，跨系統就行不通。假設你的朋友們和你使用同一套系統，你付錢給對方、給商家，甚至給乞丐都不用多花一文錢，但是想要轉帳到銀行或其他供應商提供的帳戶，就得花手續費。因此，許多中國消費者一邊使用支付寶和財付通，一邊維持銀行帳戶。

這是一記衝著保有支付基礎建設與網路開放而來的逆轉趨勢，可以回溯至一九七〇年代早期，當時銀行國際代碼還是一套尚未落實的計畫，直到花旗的競爭對手終於意識到，銀行界這隻重達八百磅的大猩猩正在規劃打造自家的電子代理銀行網路。對其他銀行來說，花旗的野心是一針催化劑，讓它們翻出埋在抽屜深處的銀行國際代碼藍圖，捲起袖子開始建構。後來的ATM也是走類似老路，而且花旗再度成為領銜主角。直到一九八〇年代中期，花旗時任執行長約翰．瑞德（John Reed）終於對其他銀行的客戶開放它在紐約的大型ATM網路，但僅僅在那之後他便成功運用排他性大舉擴張花旗在紐約市場的存款市占率。

什麼原因促使企業保持它們的系統封閉，而不是解放它們？實非一言兩語就能交代清楚。事實上，答案非常複雜，讓我們得回頭看看第九章探索的網路效應。企業可能會選擇開放網路，如此才能更迅速成長；這樣一來就會為它們的用戶提升價值，因為他們現在可以連結更多其他人（在社群媒體上）、在購物商城使用信用卡，而且／或者是在門市迎進更多持卡人（卡片類網路）。善用這種方法的一道佳例出現在第八章，亦即一九六〇年代美國銀行開放美銀卡

（BankAmericard）。

或者是，企業可以保持網路封閉，將競爭轉化成一場「贏家通吃」的賽局。經典個案是錄影帶產業，當年VHS（video home system，家用錄影系統）大獲全勝，Betamax系統則是一敗塗地（僅為年輕讀者稍微說明，錄影帶是一種用來看電影的工具，出現在DVD與網路時代之前）。再不然就是第三種變體做法，大型營運商可能會決定，短期內保持自家網路封閉將可以賺進更多收益，放眼在更長遠的未來才會開放。花旗保持自家的紐約ATM網路封閉不對外開放，直到其他銀行的連結網路壯大至足以打造一套開放網路，就規模與密度而言都能與它一爭長短才甘願屈服。

一般來說，網路規模最龐大的營運商從保持自家網路封閉賺到的收益遠高於小型營運商。舉例來說，支付寶禁止中國以外的特約商家和財付通簽約，賭的就是這些商家將會選擇支付寶，因為它坐擁更龐大用戶。

表面上看來，封閉網路內部的顧客得到的待遇都更差。ATM問世之初，所有銀行的系統都是封閉式。漸漸地，銀行開始連結它們的ATM網路，時至今日，你可以在任何一部ATM插入（幾乎）任何一張卡都能領出現金。對用戶來說，這顯然是天大的好處；不過其間交鋒卻不甚明確。封閉系統之間的競爭可能促進競爭，正如它推進銀行國際代碼的發展：少了花旗自行其事的計畫，銀行可能依舊互傳電報。同理，兩大中國平台之間的競爭有可能確保它們各自保有定價的競爭力，並推動兩者加速創新。最終有可能嘉惠消費者與商家獲得比公共的開放網路更多好處。

除此之外，網路的「開放性」或「封閉性」並非總是二元對立。支付網路可以是半開放系統，意思是它們不會把切換到另一套網路變成不可能的任務，只是會窒礙難行。長期以來，在同一家銀行內部轉帳或多或少可稱得上即時發生，但是轉到其他銀行可能就要費點功夫。諸如公共事業這類的大筆支付收款方往往依舊在好幾家銀行保有帳號，這樣它們才能即時查看客戶是否已經完成付款。

雖說開放對比封閉的辯論一向很重要，科技老大哥崛起卻顯著提高賭注。部分原因是科技界的集中度遠高於銀行界。若是你掌控一半以上的市場，好比支付寶肯定就是，至於谷歌和臉書或許也可以這麼說，那麼開通並繼續領跑一場贏家通吃的賽局就變得十分可行。各家銀行的市占率遠遠不及這等水準，即使只看國內市場亦然。（所以說，既然產業集中度遠高於以往四角卡與ＡＴＭ模式的時代，如今諸如摩根大通等幾大美國銀行龍頭再度考慮封閉網路或許並非完全巧合）。

開放網路比封閉式更難建立並維護，因為它們需要共同標準（與共識）才能運作。ＶＨＳ與Betamax之間的錄影帶戰爭實際上就是一場標準規格之戰。打開封閉系統讓彼此可以互通往往涉及事事標準化的工程，從網路協定到資訊格式，再到定價結構與爭議解決機制。儘管相當繁複，有些開放的支付系統成績斐然。

串連ATM網路的可能性成真，是因為它們多數打從一開始就採用同一套標準與協定。代理銀行業務差不多也是倚賴一系列共通標準，從諸如銀行識別代碼（即ISO九三六二）與國家／幣別代號（即ISO三一六六／四二一七）等每一樣事物的識別字符，到訊息格式再到通訊協定，遑論支應支付流的法律架構、法規與市場實務。

卡片類成功是借道嚴格把關每一張卡片類的內部與外部網路標準而實現。就基本層面來說，這些可能是卡片類尺寸、磁條與晶片的運作方式，以及數據的格式化方式之類平淡無奇的事，但Visa與萬事達不像支付寶與財付通，它們也為商家啟動多棲（multi-homing）模式：不強迫商家選邊站，而且由於它們的商家協定與訊息格式很雷同，商家連結兩邊都很容易。它們放棄你爭我奪特約商家，反而是爭搶發卡商，好比借道提供更高利率的做法。這當然更有益發卡商，也讓用戶變得事事更方便，不過當然可能（有時確實如此）會為消費者帶來更高價格。

監管機關對於進入網路深感興趣，這一點很容易理解。競爭主管部門肩負一項艱難任務，即是決定企業之間的緊密合作何時對顧客有利（舉例來說，設定標準與網路合作）、何時不利（約定價格）。別的不說，光是電信與能源產業，現有企業就被迫得向規模比較小的玩家開放網路，就像英國的開放銀行與歐盟的《支付服務指令II》（請參見第十一章）。

在這座廣袤的戰場上，監管機關決定哪幾處的競爭比較激烈、哪幾處則否，並非易事。就最近的個案來說，有些人可能會比喻是五十步笑百步，亦即澳洲「四大」銀行認定，因為蘋果在自家產品iPhone的「近場通訊」（near field communication, NFC）控制器施加使用限制，將它們推向不公平的劣勢。近場通訊是一種在結帳櫃台溝通卡片類端點的晶片。二〇一七年，它們向競爭監管機構申請集體與蘋果談判的許可。銀行想讓自家數位錢包可以使用iPhone的近場通訊功能，但是蘋果限制自家數位錢包Apple Pay的開通功能，因此實際上是保有自家系統封閉。對銀行來說，遺憾的是澳洲競爭及消費者委員會（Australian Competition and Consumer Commission）裁定蘋果勝訴，主張這項科技還在起步階段，強迫取用近場通訊功能將會打壓創新、減損競爭。

要是這項主張放在當今的時空背景來看還站不站得住腳，恐怕十分有意思。答案將來自比利時布魯塞爾市中心一座反倒是毫不起眼的建築物，在此你會發現凶猛好鬥的歐盟執委會競爭總署（Directorate General for Competition, European Commission, DG Comp），堪稱歐盟的競賽羅威納犬。這個掌管競爭的政務總署長期以來對網路、科技老大哥與支付業者緊迫盯人，而且每每論及競爭，它的觀點總是與中國人及美國人截然不同。

二〇一九年底，令人望而生畏的瑪格麗特．薇絲泰格（Margrethe Vestager）挾著如今擴增至涵蓋數位服務的全新組合，再度接任競爭事務執委。她才回任沒多久就明確表示，她派出「狂吸數據的掃地機器人」，谷歌與臉書就這麼正好落在她的眼前。二〇二〇年當新冠肺炎疫情大流行來襲，她力促歐洲國家買入自家企業的股份，以免遭受中國收購企業的威脅。她還在前半年撥出時間發動一、兩項調查，尤其是衝著 Apple Pay 而來。

蘋果的應用程式商店空前成功，內含超過兩百萬支唾手可得的應用程式。蘋果提供的服務之一，是借道 Apple Pay 的「程式內購買」付款形式。這些可能是購買將免費應用程式升級到優質等級、充填行動手遊的虛擬戰利品箱（loot box），或是向發行商購買額外內容的費用。蘋果可以提供這項服務是因為，它坐擁應用程式商店顧客的支付數據（一般來說是信用卡資訊）存檔。

你將認定，應用程式開發者簡直樂壞了。要不是因為蘋果強收購買價格的百分之三十費用，而且或多或少制定這項服務成帶有強迫性：用戶可以直接連上應用程式開發者的官網付款，在這種情形下就不用支付任何費用給蘋果，但是蘋果禁止應用程式開發者在應用程式中提及這道選項，他們的確會樂翻天。蘋果出這一招效果絕佳，這門業務每年帶進據估二百億美元，約占全年收入百分之七！

這齣戲的高潮落在二〇二〇年八月，當時蘋果與谷歌雙雙把人氣爆棚的遊戲《要塞英雄》（*Fortnite*）從自家的應用程式商店中移除，因為它的製作商鼓勵用戶直接付費，免去百分之三〇費用。《要塞英雄》製作商史詩遊戲（Epic Games）隨後狀告蘋果與谷歌，指控它們打破反壟斷法規。[92]史詩的訴訟案立足於代表數百萬名消費者正在進行的大規模集體訴訟基礎，斷然指稱蘋果濫用權力，借道收取百分之三十費用哄抬自家應用程式的價格。隨後是Spotify投訴蘋果的費用規定，歐盟也正在查案。

歐盟競爭總署的調查將會採取另一種視角，檢視澳洲銀行圈無法攻克的近場通訊難題。不過薇絲泰格正把網路越撒越廣，同步調查與Apple Pay封閉本質相關的另外兩大議題。第一，在蘋果的裝置中整合Apple Pay融入商家的應用程式與網站是否扭曲競爭並減少選擇、減損創新。第二，Apple Pay是否對購買競爭對手的產品設下限制。請關注這道案例，因為無論開放或封閉，歐盟的調查結果都將影響遠比Apple Pay更廣泛的支付領域。

薇絲泰格已打響名號。二〇一八年一月，她重罰美國晶片巨人高通（Qualcomm）近十億美元罰款，隔天億萬富豪投資家喬治・索羅斯（George Soros）參加位於達沃斯的世界經濟論壇發表年度演說，話語之間點名她，要大家睜大眼睛看：「美國資訊科技界的全球壟斷地位被打破只是時間問題……法規與稅收將是它們垮台的原因，歐盟競爭事務執委薇絲泰格則是它們的復仇女神。」

92　伴隨史詩行動而來的發展是，二〇二〇年十一月，蘋果宣布，二〇二一年一月起，年收入不及一百萬美元的小型開發者無須付費百分之三〇，只要支付百分之一五就好。

PART 7

政治與監管

CHAPTER 26

誰是幕後推手？法規與監管機構

二〇二〇年底，本來可能成為世上最大的首次公開募股（initial public offering, IPO），被中國政府叫停了。就在支付寶母公司上市的前幾天，中國政府出於與該公司創辦人相關監管面談的「重大事宜」，終止了螞蟻集團的上市計畫。兩個月後，時任美國總統唐納・川普（Donald Trump）基於截然不同的原因，闖進支付領域。他頒布了一則行政命令，禁止與八個中國應用程式進行交易，其中包括支付寶與騰訊的微信支付，聲稱這些公司對美國的國家安全構成威脅。

支付攸關重大，政府重視它出於諸多原因。如我們所見，有時可能是因為各個國家在支付方式上存在差異。但這也反映了支付在我們生活眾多方面占有的中心地位：在任何一個特定的國家，政府的不同部門對於支付及支付提供者可能有著截然不同，甚至背道而馳的觀點。我們傾向認為，最終會出現類似美國電視喜劇《太空部隊》（*Space Force*）中的一幕——在那裡，各個武裝部隊的將軍聚集在充滿睪固酮的指揮中心進行激烈戰鬥。[93]支付領域的監管整體看起來是比較文雅的事，但這競技場選手雲集，緊張氣氛也會升高。事實上，伴隨著權力鬥爭與地緣政治摩擦，支付監管可以說與所有的政治驚悚片一樣，充滿錯綜複雜的陰謀。

出現這種緊張局面部分是因為支付是整個金融體系運作的基礎，也因為不同的監管機構從許多不同角度，以及不一樣的政府層面來管理支付。支付是全球金融體系裡規範度最高的領域之一，但矛盾的是，它也是監管最少的領域之一。這種表面上的矛盾，可以用我們支付方式的本質來解釋。除了近期才引進對現金購買的上限外，沒有任何條例規範雙方選擇支付的方式（除了彼此，以及他們使用支付方式對他們施加的任何限制）。

當進行支付時，我們可以自由選擇一項完全不屬於任何監管支付系統的機制，只要另一方接受即可，同樣的，我們能以我們集體同意的任何形式來支付。畢竟，支付只是一種約定。這個分歧，加上當前支付大戰主要參與者設想的未來，使得一些監管機構（包括國內與國際）面臨的可能問題，與銀行本身面臨的問題一樣，真實存在。

93 Netflix 影集《太空部隊》講述了為對抗來自太空的威脅，這些虛構的人被指派建立美國武裝部隊的第六分隊。

我們的經濟仰賴支付，這是為什麼有監管機構來監督它。管理當局希望確認不會發生諸如赫斯特銀行、北岩銀行（Northern Rock）與雷曼兄弟等爆炸性事件。它們想知道系統是在合理運行，它們在金融與技術上都能承受高峰與低谷。它們想知道，如果災難發生，系統風險是可以控制的，實體與虛擬的備用系統都存在，而且它們能夠抵擋攻擊——無論是人為攻擊或是網路攻擊。

監管機構會檢查數據存放的方式與地點，以及它是否會損壞，如果會損壞，是否能被修復。它們考慮營運風險、網路風險與信貸風險，檢查銀行是否投資於技術並將系統升級，它們檢視資金，來確保必要的投資能到位。它們檢閱、審查、稽核，以及通常會查驗系統、系統操作人員與系統參與者，它們傳達規則與指引——有時候是以飛快的速度進行。

作為長期位處支付金字塔頂端的機構，央行在很大程度扮演主導的角色。畢竟眾所周知，美元的升貶不只止於它，也始於它——它必須在發生問題時提供不可或缺的流動性，就像它在二〇〇八與二〇二〇年所做的一般，讓人印象深刻。

我們說過，央行管理這些注意事項「在很大程度上」是因為上述的監管要求，包括銀行如何執行業務，這領域通常由其他專門負責企業「行為」的管理機構進行審查。直白的說，「行為關注」是確保銀行不會欺騙客戶，或是服務錯誤的客戶。在這方面，行為監管機構傾向聚焦在高階管理階層與企業行為、消費者權益、公平、洗錢、金融犯罪與數據隱私，它們探查使用模式和定價，確保限制參與既不會損害審慎監管的安全，也不會扼殺競爭。

但政府傾向有專職的部門或監管機構來處理這些問題，每個部門通常在自己的專業領域擁有凌駕一切的權力，同時極其小心的守護這項權力。因此它們也發布影響支付營運商的規則，並檢查與指導這些營運商的行為。在任何一個的國家，這種監管興趣可能會影響多到令人眼花撩亂的不同官員。美國任何一家銀行都有多達十個監管機構，在歐洲，這數字還更高。儘管歐盟有自己以全歐盟為範圍的監管機構，各別成員國的國家監管機構並未放棄太多它們的權力。[94]

94 在美國，有美國財政部與它的衍生機構海外資產控制辦公室（Office of Foreign Assets Control）與金融犯罪執法網（Financial Crimes Enforcement Network），以及聯邦儲備銀行與董事會，此外還有金融穩定監督委員會（Financial Stability Oversight Council）、聯邦存款保險公司（Federal Deposit Insurance Corporation）、貨幣監理署（Office of the Comptroller of the Currency）、消費者金融保護局（Consumer Financial Protection Bureau），以及各州的監管機構，像是紐約州金融服務署（Department of Financial Services）。在歐盟，銀行與其他支付機構要與歐洲中央銀行（European Central Bank）、歐洲銀行管理局（European Banking Authority）、歐盟委員會的競爭理事會（Directorate-General for Competition）與金融穩定理事會（Directorate-General for Financial Stability）、金融服務與資本市場聯盟（Financial Services and Capital Markets Union）交涉。歐盟成員國有自己的中央銀行，本國的行為與競爭監管機構來處理相關事宜（有些國家還設置專職的支付監管機構，像是英國的支付系統監管機構），以及它們的數據隱私管理當局、司法當局、網路管理當局，當然還有國家安全當局。

中央銀行看似堅不可摧、無懈可擊，央行總裁煥發至高無上的氣息，彷彿是上天指派他們負責這項工作，但央行未能完全掌控支付，它們的主導地位也持續受到挑戰。中央銀行時常被指責與銀行往來過密，在確保競爭與消費者保護上不夠有力。正如一個美國消費者保護團體令人難忘的說法，「賦予聯準會消費者保護的職權，將為華爾街創造一隻走狗，而非消費者需要的看門狗。」一些人認為，央行在創新上存有利益衝突，尤其對新進者而言更是如此。如果非銀行的機構成功，它們將奪走銀行的生意或利潤：這可能會降低銀行的靈活性。中央銀行是否基於它們的審慎授權，傾向於保護銀行不要受到競爭？或著，它們會只從事自己的日常工作，讓支付由銀行負責？

網路防禦戰場是個說明央行面臨挑戰的絕佳例子。過去五年，中央當局已經深刻意識到諸如電力、水、醫療與金融等關鍵基礎建設，在遭到網路攻擊時的脆弱性。大多數國家已經將這些關鍵基礎建設監督權交給內政部或內務部（或它們的下轄機構）。舉例來說，美國藉由建立國土安全部（DHS）來應對九一一事件，它規定的任務包括反恐、邊境安全、移民與海關，以及災害預防與管理。它還負責網路安全。原則上，所有這些意味著大型銀行、金融市場，與支付基礎設施（這些都被認為是「關鍵」）將受到令人畏懼，但不一定精通金融的機構的審查與監督。

中央銀行預見了這一點，並在很大程度上成功拓展了自己的領域，把對銀行與支付系統的監管，延伸到包含網路安全在內。舉例來說，英國央行開發了所謂的CBEST框架，以執行人工智慧主導的網路安全測試。其中包含「紅隊」演習，在此演習中，合格的IT公司（有時是由棄暗投明的駭客組成）的任務，是去嘗試入侵金融系統。歐洲央行隨後跟進，推出一個名為TIBER－EU的類似計畫。穿著隨性連帽衫的駭客與西裝革履的央行行長一同開懷對飲聽起來似乎不太可能，但這作法將金融部門的網路監管牢牢握在央行與財政部手中，遠離了國家安全部與內政部的控制。

然而，像是美國國家安全局（NSA）與英國情報機構政府通信總部（GCHQ）[95]這些部門，仍然積極參與金融領域的網路保護工作。它們參與的不一定限於本國的機構。在北韓駭客組織Lazarus攻擊事件後（見第十四章），對孟加拉銀行電腦系統進行的鑑定檢查發現，另外兩個組織也進入這家銀行的網路。其中一個明顯是「國家行動者」，它在攻擊中參與竊取資訊的行為被形容為無聲無息但「不具破壞性」。簡明的說，這大概是間諜活動。

數據隱私管理當局也在密切關注，尤其牽涉到支付系統的網路事件，更是如此。二〇一三年美國吹哨者愛德華・史諾登（Edward Snowden）將美國國家安全局關於全球祕密監控計畫

95 透過它的主管機構——國家網路安全中心（NCSC）。

的高度機密資訊洩漏給一個記者聯盟後，ＳＷＩＦＴ用慘痛的經歷認識到這一點。

九月一個原本安靜的下午，巴西的每週電視新聞雜誌《*Fantástico*》報導美國國家安全局對國營石油巨頭巴西石油公司（Petrobras）進行的間諜活動。此消息立刻在巴西引發軒然大波，但比利時記者們用一個截然不同的隱藏角度報導了這件事。除了巴西石油公司外，法國外交部、谷歌，以及總部位於布魯塞爾郊外的ＳＷＩＦＴ，都名列美國國家安全局的目標。比利時媒體當時已對史諾登揭露具有新聞價值的消息做好準備，因為僅僅在一週前，英國政府通信總部在一項名為「社會主義者行動」（Operation Socialist）的聯合竊聽計畫中，監聽了比利時國家電話公司比利時電信（Belgacom）。比利時是個相當寧靜的地方——更像是大偵探赫爾克里・波洛（Hercule Poirot），而非〇〇七詹姆士・龐德（James Bond）——它不習慣成為橫貫大陸的間諜活動中心，所以比利時另一家公司捲入史諾登事件的新聞，立即登上全國頭條。比利時媒體醞釀的激動情緒一般不會外溢到國際觀眾身上，但它往往會影響比利時的小鄰國。

荷蘭及時注意到這點，沒多久，荷蘭數據保護局的主管現身於現場，在國家電視台宣布，他的機構將對此展開調查。由於ＳＷＩＦＴ的一個歐洲數據中心位於荷蘭，所以荷蘭當局可以就此問題提出管轄權要求。這個漫長的調查在繼之而來的五月告終，結果只是宣告該機構沒有發現ＳＷＩＦＴ任何安全上的違規，沒有太多新聞價值。

那麼，究竟是誰負責掌管我們的支付系統？可以說，是每個人或沒有人。說「每個人」是因為銀行面對一大批在支付上有利害關係，或聲稱有利害關係的監管機構：美國是聯邦與各州的金融監管機構，歐洲是國家或歐盟層級的監管機構，行為與競爭管理當局，數據保護與隱私部門，司法、公民自由、網路安全、國內與國家安全當局等。說「沒有人」是因為作為支付者與受付者，我們在支付給對方時，完全可以依照自己想要的內容、地點、方式、工具來進行——除非我們選擇的支付提供商（像是條帶或方塊）限制我們能做的事，或是當我們想支付大量現金時，才會受限。

在兩端中間的，是諸如金融科技公司等非銀行的提供商，它們與銀行許多外包商與服務供應商能夠在干涉較少的監管沙盒下營運，以及／或是只需遵守低干涉的規章。最後，在監管的世外桃源裡有（或曾經有，直到最近才沒有）中國的支付寶與財付通，此兩者至少在早期，避免了任何重大形式的管控或監督，至今（或因此）在支付方面已經成長到跟銀行一樣龐大，甚至比銀行還大。

這就是問題癥結。如果虛擬的海外非銀行機構在支付上變得比本國銀行還大，許多國家管理當局的角色與責任可能會因此受損，尤以中央銀行為最。但除了監管機構的就業前景外，誰擁有這些管道重要嗎？在很大程度上，或許根本不重要。畢竟，在商就要言商。但如果它們停止運作，或這些供應商的母國與你的國家發生衝突，以上問題就真的攸關重大了。你們國家的數據可能會被仔細審查，或是以某種方式用來對付這個支付管道，它進入雲端服務的管道可能會被損壞，它的路由器與軟體會被放棄修補或升級，它的加密會被打破。在極端的情況下，整個國家的支付能力可能會被完全剝奪。奇怪的是，雖然當前人們對誰在裝設我們的 5G 行動網路感到憂心，但除了監管機構外，幾乎沒有人對我們的支付技術提出類似的疑慮。

各國甚至不必為即將出現的問題劍拔弩張。一致性也可能是個問題。或許你國家關鍵支付管道之一（像是信用卡網路或是電子錢包供應商）的母國，與你的國家有不同的隱私法律，對言論自由的限制有不同觀點，具備較低的彈性標準或較少的網路安全專業知識。

藉由允許外國公司提供支付服務，國家失去的必然不只是支付控制權這單一事物。這個國家可能正將其極為珍貴的數據池拱手讓人，提供競爭對手燃料，幫助它們達成人工智慧的遠大目標，進而危及自己的就業與營收。它可能會限制本國執法機構取得潛在關鍵資訊的能力，或是給予外國機構不受司法程序限制的存取能力。它甚至可能會提供外國人隨意提高支付價格的全部權力。

隨著地緣政治緊張情勢升高，對跨國課稅收入的爭奪加劇，支付變得日益無國界，也愈來愈倚賴技術，對控制權的爭鬥已然展開。從巴西到印尼，到歐洲與其他國家，對支付數據儲存地點的限制都已增加，對於誰能設計系統，何處應該由誰編寫代碼，都有了細則規定。至今為止，這些措施往往藏在文件的細節，或被關起門討論，因此隱藏在公眾視線外。但請關注這議題：它可能會快速膨脹，變得和 5G 的辯論一樣一觸即發。

CHAPTER 27

歐洲統一對外口徑：歐盟監管機構重塑支付之道

美國前國務卿亨利．季辛格（HenryKissinger）曾問過一個知名的問題，「如果我想與歐洲對話，我應該打電話給誰？」這顯然是個杜撰的問題，時常被那些在布魯塞爾推動集權的人提起，但那些熟悉季辛格的人說，如果季辛格對歐洲有所擔憂，他煩惱的與杜撰問句正好相反：他受夠了不得不與一位，在他眼中無能力又無用的歐洲理事會主席打交道，即便他代表了整個歐盟。

如果季辛格想要「與歐洲討論」支付監管問題，他會被打電話對象的選擇弄得眼花撩亂。除了歐洲各國的中央銀行，還有歐洲銀行管理局、歐盟執委會與歐洲中央銀行，更別提還有不同國家的金融行為管理當局。英國的銀行可能不覺得對歐洲央行負有義務（雖然當它們以歐元交易，歐洲央行會唱反調），但它們毋需感到受虧欠：英國有自己為特定目的打造的管理當局——支付系統監管機構（PaymentSystemsRegulator）。

從歐洲消費者的角度看，這些過多的監管者做的沒有不好。他們的信用卡在歐洲各地都能使用，大多數沒有再加額外費用，他們能使用即時支付的服務，他們的銀行轉帳、長期訂單，與直接扣款能在整個歐洲大陸自由執行，而且幾乎是立即執行，他們的外匯費用被設定上限，而且很透明。此外，他們還有一系列實體銀行、數位銀行、網路銀行與電子錢包供選擇。

但從歐洲投資人的角度來看，情況並非如此美好。正如我們在第十三章所見，歐洲銀行的本益比在全世界殿後，它們的營收成長比起中國與美國的同儕相形見絀。你可能會說，不要緊，歐洲投資人可以把錢放在非銀行的支付提供商。他們可以這麼做，即便有幾個顯著的例外，他們會投資中國或美國的提供商。

為什麼歐洲消費者在國外支付的效率與他們在國內一樣高，但他們的提供商卻追不上美國與亞洲競爭者的成長與經濟規模？從某種意義上來說，答案就在這問題裡：支付的定價在歐洲被壓低了，但銀行仍是國有的。歐洲銀行因此在兩個方面同時受到擠壓：因為費用上限，它們不能對支付索價過高，因為缺乏規模，它們無法降低成本。

在這情況下，銀行與消費者要感謝監管機構。早在二〇〇一年，歐洲銀行一覺起來發現它們有了一個嶄新的監管機構。歐盟在兩年前就採用了「虛擬」歐元，新的歐元紙幣預定在該年底發行。然而歐洲支付系統仍固執的維持國有，把錢匯到歐元區的另一國並不比匯到世界另一端個國家更容易或更低廉。歐洲銀行對在其他歐元區國家的 ATM 提款與信用卡刷卡收取高昂手續費，在引進實體貨幣後，它們打算持續這項作法。歐洲銀行喪失這些交易的外匯利潤已經夠糟糕，如果還放棄手續費，它們就完蛋了。

對銀行而言不幸的是，這些費用讓許多在布魯塞爾為歐盟官僚機構工作的外派人士特別感到煩惱。這些歐盟官員中有許多保留了本國銀行戶頭，並使用外國發行的信用卡在比利時購物與提款。他們的許多信用卡無法在比利時使用，即便有些能用，也會被收取使用費。

就在二〇〇一年十二月推出歐元紙幣與硬幣的兩週前，歐盟委員會由於對銀行的缺乏進展感到不耐煩，執行了應用於歐元跨境支付的歐盟法規第 2560/2001 條。這個名字對你可能沒有太大意義，但倘若你是歐洲人或住在歐洲，這個規定會對你的荷包造成巨大影響。藉由取消國內與跨境歐元支付間的任何價格差異（包括轉帳、ATM，與信用卡消費），它確保銀行必須對跨境歐元轉帳與國內轉帳收取相同的費用。由於許多銀行不對國內轉帳收取費用，它們沒有選擇，只能讓跨境歐元轉帳也免費。歐盟委員會也明確表示，如果銀行無法快速動起來，打造一個真正的單一支付區，它將採取更嚴厲的措施。

歐洲的銀行措手不及。它們已經習慣了歐盟新規則是以指令形式出現，這些指令必須先轉為國家法律才能生效。指令給予企業喘息空間與迴旋餘地。相反的，歐盟法規立即生效，不能根據國家需求或利益來調整。這些銀行還習慣與國內政府、監管機構，與監管者打交道（並施加影響），而非與歐盟機構往來。在某種程度上，這些銀行是自己組織起來，在國家層級上這麼做，一同位居國家清算所與其他基礎設施的董事會上。它們的鼓吹或遊說是由國家銀行協會帶領，雖然曾經存在歐洲銀行聯盟（European Banking Federation；現在也存在），但它是一個「協會的協會」，它的成員是歐盟成員國的國家銀行協會，而非銀行本身。令人困惑不解的是，它只代表大型商業銀行，儲蓄銀行與合作銀行都有自己類似的聯邦歐盟代表。

銀行也缺乏全歐的基礎建設。幾年前，亦即一九九八年，歐洲最大的五十二間銀行建立了EBA清算系統，這是一個清算大額歐元交易的轉帳系統，很像美國CHIPS清算美元交易的系統。[96]但當時並未有針對跨境歐元零售轉帳的清算所，像是直接扣款這樣的產品只能在國內使用。

在混淆中，來自支付部門的大約四十名代表，包括二十家銀行、三個聯盟，與像是EBA清算所這樣的基礎設施，在二〇〇二年三月聚集在布魯塞爾的一家飯店。在兩天中，與會者敲定了歐元區的單一歐元支付區（SEPA）專案的基本框架。這些銀行任命了它們自己的歐洲支付委員會（EPC），並授權它在其他任務外，創建一個泛歐洲信用轉帳與直接扣款計畫。銀行擁有的EBA清算所將使用現有的Step2系統來清算支付。

歐盟委員會注意到這點，很顯然沒有太驚訝。它持續透過頒布進一步的規章與指令來維護自己的地位。二〇〇七年，支付服務指令（Payment Services Directive）[97]正式確立了支付服務提供商的概念，並將歐元區內處理轉帳的時間限制在兩天內。[98]我們在第十一章談到，二〇一六年接續執行的第二次迭代《支付服務指令II》，要求銀行授權給第三方，包括我們在第十八章談到的新興金融科技參與者。現在這些金融科技公司可以代表顧客進行支付與檢查餘額，直接與銀行競爭。

讓銀行與遊說團體忙得不可開交的不只是歐盟委員會。同一時間，歐洲中央銀行也在支付方面投入大量精力。一九九九年，歐洲央行建立了大額央行支付系統TARGET，表明了它在基礎建設領域的企圖心。它是透過將歐元區成員，在一些情況下非常不同的即時總額清算系統（RTGS，請見第十六章）聚集在一起成為單一網路來達到這一點。

歐洲央行聲稱，作為歐洲新貨幣政策一部分而開發的TARGET（泛歐實時全額自動清算系統），將讓全歐洲的大額支付更迅速也更安全。TARGET在歐洲央行著手改革前不久才到位，因為它是分散式技術架構，資訊技術缺乏相容性。甚至在系統的第二次迭代TARGET2啟動與運作前，歐洲央行已宣布它有意建立另一個系統：一個名為TARGET2證券的證券清算系統。

---

96 清算所銀行同業支付系統（CHIPS）是美國最大私營部門，以美元為基礎的貨幣轉帳系統。

97 PSD（支付服務指令）或歐盟指令2007/64/EC

98 支付服務提供商是執行受監管支付服務的實體。

歐洲央行迅速指出（並歸功給自己）TARGET作為一個整合性歐洲系統的成功，並清楚表示它與其他監管機構不願袖手旁觀，坐等支付的進一步整合。正如二〇〇六年夏天，董事會成員格特魯德．湯普爾－古格瑞爾（Gertrude Tumpel-Gugerell）在馬德里演講時，簡明扼要指出，「在市場失靈時，管理當局必須採取行動。」

簡言之，歐洲消費者有太多選擇，歐洲銀行有太多監管機構，這意味著它對企業而言，並非一個能從支付上賺飽荷包的理想地方。在歐洲要擔心收費上限與其他監管限制，消費者對低手續費的期待，要取悅大批監管者，還有二十七個成員國的特點需要適應。

當然，一些非銀行的歐洲支付巨頭也已然崛起。我們已經看到將外匯障礙轉為商機，進而繁榮發展的TransferWise；主要藉由服務海外電子商務巨頭而成長的「再來」，以及藉著將信貸整合到支付過程而壯大的客來那。不過它們是例外，並非普遍現象。大多數支付巨頭都不是來自歐盟。

這種情況部分是源於個別歐盟成員國難以改變的國民支付習慣，以及許多法律、語言，與地理位置上的挑戰。這可能也單純反映了私部門想像力的失敗。但是在很大程度上，這歸結為歐洲立法者與監管機構傾向促進競爭與選擇，而非建立區域或全國性的供應商，以及傾向於降低支付成本。此項作法的擁護者認為，這符合歐洲消費者的最大利益，批評者反駁說，更強大的本土支付產業能更滿足他們的長期利益。

CHAPTER 28

支付是如何成為一項武器？

監管機構輕率導致系統過剩的情況並不限於歐洲。同樣的情景在世界各地出現。你可能會問，真的有人負責掌管嗎？這次有一個扼要的答案：是的。

負責掌管的就是美國，不論我們其他人喜歡與否，實情就是如此。

我們有許多例子可選擇，所以讓我們挑一個戲劇性的，這例子裡美國對抗它最大的盟友——歐盟，造就第一個「地緣政治委員會」（geopolitical Commission）的任命。二〇一八年五月，時任美國總統川普宣布，美國將退出其前任總統歐巴馬與伊朗簽署的核子協議。二〇一五年，美國、法國、德國、英國、中國、俄羅斯，與伊朗展開艱苦的談判，達成《聯合全面行動計畫》（JCPOA），承諾解除對伊朗的制裁，作為限制其核武發展的回報。這項協議被譽為偉大的外交成就，預示最終與伊朗關係正常化的前景。

伊朗尋求減輕的制裁之一，是想讓它的銀行不再被排除於全球支付系統外。美國與歐盟藉著禁止本國金融部門處理幾乎所有進出伊朗的交易，實現了這項排擠，有效阻擋了伊朗進入國際金融系統。伊朗希望確保重回國際金融系統——這是它簽署協議的必要條件。當時歐巴馬是美國總統，民主黨勝選的情勢看好，而共和黨（許多人公開反對此協議）內部有些混亂。怎麼可能會出問題呢？

隨著二〇一八年來臨，人們很快的發現，許多地方可能會出問題。川普政府開始退出《聯合全面行動計畫》，但其他簽署國仍希望維持協議。歐洲的簽署國仍團結一致，堅持實現《聯合全面行動計畫》。這讓它們與美國產生直接衝突，因為美國打算重啟之前解除的所有金融制裁。這讓歐盟的金融部門進退維谷。

因為歐洲企業是受到歐盟法律約束，這問題並未立即顯現。然而，許多透過歐洲實體機構執行的交易都是以美元計價，這意味著它們需要通過美國的清算系統與銀行。因此，假若違反美國的法令，即便是歐洲金融公司也會遭受美國制裁，最終被排除在美國的支付系統外，致使它們無法服務客戶。

在接下來的幾個月裡，外交車輪日夜不停的快速轉動，歐洲與其他大國先是試著弄清楚川普會做得多絕，然後陳述利弊，最終減緩其影響。隨著川普掌握大權，約翰・波頓（John Bolton）領導國家安全委員會，仲裁人知道他們的任務難以完成，但仍舊懷抱希望直到最後一刻。歐盟甚至制定了一項阻斷法令，以保護歐洲組織不要受到美國制裁，大抵是希望即使這不能以法律保護它的金融產業免受美國的執法，至少能給川普與波頓一個優雅的臺階下。[99]這是很好的嘗試，但並未奏效。二〇一八年十一月，川普的財政部長史蒂芬・梅努欽（Steven Terner Mnuchin）宣布重新執行歐巴馬撤銷的所有金融制裁，並向歐盟明確表示，美國會毫不猶豫的對任何從事違禁交易的人採取行動。

歐盟雖然懷抱最好的希望，但也做了最壞的打算。就在歐盟金融機構撤離伊朗之際，歐盟委員會發布了一項計畫，打算建立一個特殊用途的機構，處理與伊朗的非美元交易，來避免美國的制裁。由外交官設計的貿易往來支持機制（INSTEX）在理論上能允許歐洲公司繼續與伊朗做生意，而歐盟可以宣稱它維護《聯合全面行動計畫》的精神（即使不太嚴格）。然而，令他們懊惱的是，INSTEX設計者很快發現，這些銀行沒有興趣與伊朗做生意，即使這些交易都不需要通過美國的銀行體系進行。因此INSTEX能做到最好的就是充當一個帳冊，只要：第一，歐盟從伊朗進口的商品價值與出口到伊朗的商品價值完全一致；第二，這些貨品

99 這項阻斷法令力圖保護在美國境外進行合法活動的歐盟企業與個人、慈善機構或志願組織，讓它們免受美國所列與伊朗貿易有關的治外法權制裁的影響。

都未違反美國特定的進出口禁令；第三，歐盟銀行樂於對歐盟公司之間流動的相關金額進行借貸。結果這三方面都讓外交官失望透頂。

INSTEX在成立後好幾年，都沒有被使用。一位觀察家視之為「小型地毯貿易商功能失調的保險工具」，直到二〇二〇年三月，法國、德國與英國才確認了第一筆INSTEX交易：出口醫療用品來對抗伊朗的新冠肺炎疫情。但這太少，也太遲了。那時伊朗已經宣布退出《聯合全面行動計畫》，並重啟核子武器的開發。雖然不是因為沒有嘗試，但歐盟已經證明了自己在面對美國制裁時的無能。

一個國家怎麼能阻止世界任何地方的其他兩國間的交易？我們又回到一個無法逃避的事實，就是支付在一些重要的方面，是個單一的全球系統。美國對展示自身金融實力的熱情，可能是這種緊密互連固有風險的一個極端例子，但它讓我們回到第二十七章中提到的一個嚴肅問題：誰擁有、控制，並為我們支付背後的管道買單，至關重要。

即便如此，為何其他國家的銀行在處理不鄰近美國的任何地方的交易，必須遵守美國的制裁？答案正是美元以及它在全球支付系統中的獨特作用。美元是如此無所不能，以致於它能促成最終的貿易禁運：阻擋敵人——包括個人、公司、國家——使用美元，藉以有效的將它們排除在國際支付系統外。美國的制裁會讓對方無法進行任何國際範圍的經濟活動。

這部分是因為，大部分的國際貿易是用美元來進行的。Swift計算支付指示中採用的貨幣比例，並定期發布其相對比例的最新值。它一貫的發現，幾乎一半的國際支付都使用美元。在貿易融資支付方面，所有交易裡有高達百分之九十都是使用美元。在某種程度上，美元就跟英語一樣，扮演了全球標準的角色。它為全球商業提供了一個共同的參考框架，一種通用語言。

美元還主導著外匯市場。它是幾乎所有其他貨幣往來的全球中心。這些其他貨幣，像是印度盧比與俄羅斯盧布間，沒有直接交易的流動市場。這也解釋了為什麼大部分交易都是以美元進行。比如說，英鎊持有人想要購買墨西哥披索，會發現這麼做所費不貲，因為這一組貨幣沒有足夠的買家與賣家。每花一英鎊，他們可能會得到二十五披索，但用每二十五披索，他們可能會發現自己只能換得七十六便士：這些買賣價格間的差異就是所謂的「點差」（spread）。如果他們先用英鎊兌換美元，再用美元購買墨西哥披索，就會划算很多，這兩個市場擁有更大的「流動性」，就有更低的點差。這進一步強化了美元在外匯交易中的地位。

但美元的主導性遠不止於此。美元是其他國家外匯存底的貨幣。擁有貿易順差的國家，像是德國、日本，與中國，將大部分的儲蓄以美元形式存在海外，其中大部分是購買美國的國債。當政府與大公司在海外借款時，他們也傾向債券以美元計價。為什麼？投資人喜歡投資以美元計價的債券，因為美元支付的市場擁有最佳的流動性，使得債券買賣更容易。這是因為即便發行債券的政府決定讓國家貨幣貶值，以美元計價的國債仍舊能保值。美元也時常違反直覺的，被視為安全港。當雷曼兄弟破產，美國房地產與金融業陷入一片混亂時，投資人把錢放在哪裡？放在美元。

為什麼投資人認為美元安全？在某種程度上，只是因為他們知道其他人認為美元安全。或許更重要的，是因為美國經濟強大而且極具復原力，它在國內還有實力堅強的機構，在國外也有硬實力：美國的國防支出相當於其他國家的加總。流動性也是關鍵。美國至今擁有最大規模也最穩固的國內證券市場。因此，若你不想把多餘的美元存在銀行，可以把它存在眾多的流動資產中。[100]

全球儲備貨幣的地位帶來「過分的特權」：美國是唯一可以用自己的貨幣，借入幾乎無限量資金的國家，這有效保護了它免受貨幣貶值與投機者的影響。它還可以印鈔票來還債，其他任何國家都無法以這樣的速度與規模做到這一點。

這個現象既不是最近才出現，也不是偶然發生。兩次世界大戰和戰後一些有技巧的活動，幫助美元取代英鎊成為世界的儲備貨幣。美國很快就意識到儲備貨幣地位帶來龐大的權力。當一九七一年美國脫離金本位並使貨幣貶值時，時任美國財政部長約翰．康納利（John Connally）在十大工業國集團會議（G10）上發表了著名的聲明：「美元是我們的貨幣，但貶值是你們的問題。」康納利是個有話直說的德州佬，他在達拉斯與甘乃迪同乘一車，並在兩顆子彈下存活下來，正如他肯定指出的那樣，自那時之後，問題只會愈來愈大。

美元過分特權的部分原因是，不論哪個國家的主要銀行，都需要處理大量的美元支付。要做到這一點，銀行需要獲得美元的流動性與清算，而這只有在紐約銀行間市場才能獲得。如果一家銀行想要從事國際業務，它要不是需要一家直接參與大額美元支付系統的美國子公司或分支機構，就是需要一家具有這類權限的代理機構。花旗銀行與摩根大通銀行之所以成為世界最大的代理銀行，就是因為它們享有主場優勢。

不論你從什麼角度看，美元賦予美國支付系統上的巨大影響力，得以有效阻絕任何層面的交易。事實證明，這個系統比它創造者想像的還有效，最重要的，是因為美元在支付上扮演的角色。舉個假設性的例子。一家德國供應商向伊朗出售完全合法的建築設備。美國與歐盟都沒有制裁阻止它們銷售商品或與心中理想的買家做生意。那麼它們如何得到報酬呢？

伊朗仍有數億歐元存在歐洲伊朗貿易銀行（Europäisch-Iranische Handelsbank, EIH），這是一家位於漢堡（Hamburg）為大型伊朗社區服務的德國銀行，因此伊朗買家可以透過歐洲伊朗貿易銀行支付款項。然而實際上做不到，因為現在沒有德國銀行願意與歐洲伊朗貿易銀行往來。銀行能做到最好的事，就是告訴供應商資金已然到位：它們唯一要做的就是來領取。這

100 美國證券市場的規模相當於所有其他國家證券市場的總和。美國證券占將近所有證券價值的一半，在一百八十兆美元中占八十五兆美元。

家德國供應商可以開車到漢堡或法蘭克福，從歐洲伊朗貿易銀行或德國央行（Bundesbank）領走現金，把鈔票裝入幾個公事包，然後開車回高速公路。之後，它們要提供德國央行（暱稱Buba）證據，證明這筆取款符合德國央行在二〇一八年八月頒布實施有關洗錢、制裁，與恐怖主義融資的規定，這些規定無疑是在美國壓力下實施的。

通過這項檢查後，德國供應商就會有一兩個公事包的現金需要處理，即使在熱愛現金的德國，這也是個問題。如果他們想用這些歐元付給自己的供應商與員工，必須先將錢存入自己的帳戶，但他們的銀行會（或是肯定必須）問這些錢從哪來。當銀行知悉這些金錢的來源，就會拒絕存入這些歐元，因為這些歐元來自一家伊朗銀行，這意味著違反美國的制裁。

因此美國將它的貨幣，以及最重要的，它對支付系統的影響力，轉變為一項強大的外交政策工具，有時被稱為「金融武器化」（weaponisation of finance）。儘管這符合數百年來將貿易與貿易工具武器化的傳統，但美國歷史更為近代。它最讓人畏懼的海外資產控制辦公室（Office of Foreign Assets Control, OFCA）是在海外資金控制部門（Foreign Funds Control, FFC）的基礎上誕生。海外資金控制部門是在一九四〇年德國入侵挪威後，防止納粹取得他們占領國家的海外資產而成立的。一旦美國參戰，海外資金控制部門就會去凍結敵人的資產。一九五〇年十二月，中國參加韓戰，杜魯門總統（President Truman）宣布國家進入緊急狀態，海外資產控制辦公室應運而生。它的第一個行動，就是封鎖所有受美國管轄的中國與北韓資產。

然而，直到很久後，美國才開始意識到有針對性金融限制的真正威力。二〇〇五年，美國財政部將澳門的滙豐銀行指為具有「重大洗錢問題」的機構，因為它與北韓有大量的往來。這個認定沒有證據支持，也沒有附帶必須執行的美國財政部最後規定。即便如此，或許是受到美國財政部與海外資產控制辦公室官員主動出擊的促使，中國與其他外資銀行因為擔心成為下一個目標，停止了與澳門滙豐銀行的交易。當美國看到這溢出效應是如何全面阻止北韓銀行進入金融系統，它就明白自己的權力有多大。就如兩年後《國際先驅論壇報》（*International Herald Tribune*）所述：「這家銀行的命運就像一個警告——單單來自華盛頓的威脅，就能引發金融浩劫。」

或許是受到這一成功的鼓勵，海外資產控制辦公室更進一步發展了自己的能力，現在它似乎擁有追蹤支付與資金流的無限權力，還能指定個人或實體機構是美國安全與外交政策的威脅。這些人被統稱為特別指定國民（SDNs），一旦被列入名單，他們的資產就會被凍結，所有「美國人」（這類別包羅廣泛，遠超過擁有美國護照的人）往往都被禁止與你做生意。美國還發展並調整了它的法律框架，將「壞分子」繩之以法、處以罰款，並堅持執行補救方案。但事實證明這只是一個開始，所謂二次制裁現在已經出現，並把情勢帶到一個新的水平。

一級制裁（如果你想，也能稱基本制裁）禁止與訴諸制裁國（在這個例子是美國）直接相關的制裁對象進行交易。例如，它們可能會阻止伊朗石油交易以美元結算，以及／或是禁止美國機構與伊朗機構做生意。二級制裁讓一級制裁的效果更進一步——實體機構無論位處世界何處，都可能因為與受到一級制裁的對象往來，而成為二級制裁的目標。在我們德國的例子中，這些二級制裁可以有效阻擋任何地方的任何銀行，處理任何地方其他銀行的所有貨幣支付。

當人們對「壞人」的看法大體一致，以上這些都沒問題。美國傾力投入識別並遏制恐怖主義，追蹤恐怖主義的金主等——沒有國家或銀行想參與這項事務。但是當然，這些事項上並不總是有多邊協議。這就是矛盾衝突之所在：這世界需要警察，但人人都希望警察是自己的。

目前的情況加劇了地緣政治的緊張局勢，因為圍繞這些二級制裁的規則往往刻意模稜兩可，需要所費不貲（而且往往不確定）的法律意見。這種模糊不清，加上美國財政部的影響力，以及昂貴又嚴厲的執法幽靈，形成一種完美的恐懼元素，導致了「過度服從」（overcompliance）。在至今為止，美國最高法院尚未接到任何上訴案件，相關規定與制裁也從未受到真正的挑戰。立法草案與類似文件提及的許多終極威脅——像是將歐洲央行、英國央行，或中國人民銀行列為特別指定國民，似乎有些不切實際，需要先行測試，但還未有一家公司敢這麼做。

一家可能在這一切上挑戰底線的公司，是中國最大的電信公司。美國長期以來，一直對中國電信巨頭華為抱持疑心，尤其它為西方電信商提供目前正在推出的新 5G 網路設備。美國擔憂華為，以及背後的中國當局，可能會在西方機密數據通過其設備時窺探它。5G 也會讓華為在美國供應商前脫穎而出，為中國帶來工業與經濟上的優勢。

美國對華為清楚表態已經有一段時間，但在二〇一八年十二月，華為首席財務長孟晚舟（也是華為創辦人任正非的女兒）在美國要求下，在加拿大以銀行詐欺的罪名被捕，仍令人震驚。加拿大是根據美國的引渡要求採取行動，但根據美國－加拿大引渡條約的條款，任何這類要求背後指控的罪行，必須在兩國都是違法的。因此加拿大必須先將她定罪，然後再引渡她。

美國的引渡要求涉及華為與伊朗的交易，這違反了美國對伊朗的制裁。在指控犯罪時，加拿大並未實施此類制裁。目前在加拿大被軟禁的孟晚舟（編按：已於二〇二一年九月被釋放），正在對抗這項指控，辯稱她被指控的違規行為沒有符合雙重定罪的標準。

美國怎麼知道華為和伊朗做了什麼，沒做什麼？諷刺的是，由於美國擔憂華為的窺探，美國是從該公司的一家銀行取得這些訊息。

滙豐銀行（香港上海滙豐銀行，HSBC）是一家英國銀行，但它大部分的業務在香港。與所有大型國際銀行一樣，它必須處理美元支付，並維持與全球金融體系的聯繫。因此美國可以要求取得它客戶的數據，不論它們身處何處，這讓滙豐銀行處於難堪的處境，必須忘恩負義的提供不利證據，對抗讓它成立並給予它大部分利潤的國家。

美國是否會如歐巴馬總統的前制裁顧問所主張的那樣，單方面的頻繁使用這項強大武器？這可能在兩種情況下發生：第一，美元作為世界唯一儲備貨幣的地位加速消失，以及第二，受制裁的交易發展出替代的支付方法。目前看來，第一個有些勉強。如我們之前所見，美元的力量仰賴幾個支柱，這些支柱都不太可能在短期內傾倒。此外，還有網路效應（如第九章所述）

需要應對：美元的價值很大程度取決於一個事實，即每個人都把它當做全球的計算單位與通用語言。爭奪這項地位並非輕而易舉。

那麼第二個選擇呢？這當然更可能，但替代方案需要時間來開發，而且基本上可以肯定的是，美國在此期間會做好應對的準備。當美國退出《聯合全面行動計畫》，伊朗明確表示願意接受加密支付作為替代方案。然而，當它才這麼做，海外資產控制辦公室就插手這件事。現在，每當海外資產控制辦公室將個人或公司加入特別指定國民名單，它會積極公布它能找到的任何相關比特幣的位址，警告比特幣交易所和其他機構不要處理任何與制裁目標有關的資金。

人們可以想像，出現了一種只有彼此間有往來關係的平行銀行系統。這樣它們就能直接在彼此間進行支付，而無需透過代理銀行系統。

然而，任何參與這類平行系統的銀行，仍容易受到美國二級制裁的影響，而且沒有太多銀行（如果有）願意承擔這個風險。只要美元繼續掌權，這情況很可能會繼續下去。要了解其中的原因，請想像片刻，如果真的存在這樣一個平行的銀行網路。這些「被放逐」的銀行會在彼此之間流通被制裁的美元或其他貨幣，用它來支付伊朗石油與委內瑞拉礦產。因此，這些資金可能會流向石油進口國，像是中國，後者能將資金送回伊朗，從而結束這個循環。到現在聽起來還不錯，但有鑑於美國在海外資產控制辦公室與金融犯罪執法網（FinCEN）的數百位分析師帶來的卓越金融情報能力，美國聽到這消息只是遲早的事。所有牽涉到的公司，包括那些中國的石油進口商，都將面臨二級制裁的風險。你很快也會需要一個被放逐的公司部門。當然，如果這些被放逐的銀行與企業與它們「清白的」同胞進行任何形式的交易，它們很快就會加入美國的黑名單。這並非穩操勝券的事，可能是此方法沒有成功的原因。

這情況會出現嗎？如果美國太過分，那麼可能會如此——但誰想要一個沒有警察的世界？替代方案帶來一個無可避免的挑戰——找出誰會為新系統負責（並埋單）。中國是否樂意倚賴俄羅斯系統，或是印度會願意依賴中國的系統？歐洲的立場又是什麼？

歐洲已經明確表示它的企圖心，是讓歐元成為與美元平起平坐的儲備貨幣與國際貿易貨幣。而且自從二〇一八年美國退出《聯合全面行動計畫》以來，它很明顯對外交政策、銀行、支付，甚至信用卡網路擁有最高主權，其明確的動機都是提升歐元地位。正如我們所見，一個新歐洲銀行卡網路已經出現，或許我們可以看到像是INSTEX這樣工具的第二個實例或第二個化身。但即使在設定更強大歐元與更偉大「策略自主權」的遠大目標時，歐洲也是小心翼翼來避免觸怒它的北大西洋公約組織（NATO）夥伴。歐洲明確表示它的首要目標是在制裁議題上進行協調與統一，這讓那些希望有場制裁混戰的人感到十分失望。

在這些選項中有任一個成功啟動前，幾乎可以篤定的得出這樣的結論：美國將繼續在全球的支付系統中發號施令。於此同時，地緣政治大師最好密切關注支付系統，就像支付界人士密切關注地緣政治一樣：支付權力的改變，可以改變一切。

CHAPTER 29

追著金流跑：支付路徑與打擊金融犯罪

「我們一直從相反方向做這件事。我們一直藉由追蹤毒品來尋找壞人。但如果我們追蹤的是金流，結果會如何呢？」在改變作法後，美國聯邦探員羅伯特・馬祖爾（Robert Mazur）與他的團隊破獲帕伯羅・艾思科巴爾（Pablo Escobar）的毒品網路，這項行動讓八十五名毒梟與貪汙腐敗的銀行家被起訴，並瓦解了國際信貸商業銀行（Bank of Credit and Commerce International）。在七十八國設有分支機構的國際信貸商業銀行，是世界最大的洗錢銀行之一，它的倒閉不只彰顯了支付路徑可以蘊藏多少資訊，還證明了它充滿政治色彩的國際性質。

自從深喉嚨在水門案事件促使巴伯・伍德沃爾德（Bob Woodward）這麼做後，追蹤金流已經成為一項關鍵大事。[101]美國一直以來是追蹤金融交易的領頭羊，在這方面已然發展出卓越的能力。除了負責監聽的美國國家安全局外，美國財政部還有兩個相關部門：海外資產控制辦公室與金融犯罪執法網，兩者都在第二十八章有描述。這兩個部門只聘用了五百位員工，但它們的影響力遍及全球，這導致稅務稽查員做夢也想不到的恐懼情況。

追蹤金錢流向不可避免的會涉及追蹤支付的過程：畢竟錢本來就是這樣「流動」的。通常來說，正是這些支付行為讓當局發現了非法融資，美國對外國銀行祭出許多備受矚目的罰款項目，都是經由美元清算系統進行的國際支付。

美國並沒有追蹤金流的專屬權——世界各地的相關當局都忙著觀察金錢如何在金融管道中蜿蜒前進。但在很大程度上，它們正在努力趕上，其中一些國家還有很長的路要走。二〇一八年歐洲最大的洗錢舞弊案爆發後，歐洲銀行管理局將它負責金融犯罪的職員從兩人增加到十人，足足增加了百分之五百。

這八位新員工都要感謝丹斯克銀行（Danske Bank）給了他們這份工作。二〇一八年九月，這家丹麥銀行公布了一項針對海外前哨站洗錢的內部調查。調查集中在丹斯克銀行的愛沙尼亞分行，這是丹斯克銀行在二〇〇七年收購芬蘭桑波銀行（Sampo Bank）時承接的一家小機構。調查發現該分行的作用實際上是個「洗錢站」，並推斷它在過去九年處理了超過兩千億美元的

---

101 至少在一九七六年的電影《驚天大陰謀》（*All the President's Me*）中，他是這麼說的。

可疑交易。舉例來說，其中三十億美元用於購買由亞塞拜然統治精英擁有的基金，其中有部分通過塞普路斯、英國，與紐西蘭的空殼公司獲得，據稱其他款項流入歐洲政客與說客口袋。

在事件爆發後，丹斯克銀行執行長即辭職下台。到了二〇一八年底，董事會與審計委員會主席也承擔了苦果，當銀行發現自己受到美國司法部，以及丹麥、愛沙尼亞、法國、英國、歐盟等諸多當局的調查，股價也隨之腰斬。

丹斯克舞弊案是個說明如何「不」經手潛在洗錢案件的教材範例。內部與外部關於不法行為的警告被一再忽略，直到吹哨者讓銀行被迫採取行動，這導致一連串曠日長久的調查，股價暴跌，最終的悔恨、辭職、罰款，與長期的面壁思過。

早在二〇〇七年，俄羅斯中央銀行就警告丹斯克銀行說，桑波銀行的客戶「長期從事可疑的金融交易。」這一警告似乎被充耳不聞。更讓人訝異的是，四年後愛沙尼亞分行創造了高達丹斯克銀行總稅前利潤百分之十一的驚人收益，卻仍未敲響警鐘，儘管該分行只占丹斯克銀行資產的百分之〇．五。

情勢在二〇一四年開始逐漸沸騰，當時愛沙尼亞分行的一位吹哨者提交了一份報告，指稱該分行是在知情的情況下與罪犯交易。該銀行進行了調查，結果是建議停止服務外國客戶，其中許多住在俄羅斯或前蘇聯共和國（因此受到俄羅斯中央銀行懷疑）。不想這麼快。管理階層與董事會認為，「加速退出策略是不智的」，因為這可能會「嚴重衝擊所有售價」。因此丹斯克銀行並未終止該分行大部分非居民的交易活動，直到二〇一五年，才在愛沙尼亞金融監管機構要求下這麼做。

到了二〇一六年，丹麥監管機構也參與進來，向警方報告該銀行未能識別並降低「它的愛沙尼亞分行重大的洗錢風險」。出於猛然的悔悟與對未來可能發生情況的考慮，該銀行聘請由前美國監管人員組成的美國頂尖諮詢公司海角睿信（Promontory），它盡職報告了愛沙尼亞分行「控制與治理上的重大缺陷。」不久後，愛沙尼亞與丹麥展開了刑事調查，其他當局也紛紛加入。

就在報導估計丹斯克銀行的總罰款將達二十億美元的同時，一場完全可以避免的公關災難發生了。二〇二〇年一月初，丹斯克發布了一份過去十年豐厚回報的回顧，題為〈告別黃金十年：下個十年會一樣好嗎？〉（Goodbye to the golden decade: Will the next be just as good?）從公眾對該報告的反應來看，可以篤定的說，絕對不會一樣好。

金融犯罪是個龐大生意，二〇一八年約占全球GDP的五．八兆美元，接近百分之七，其中四．四兆美元可用於洗錢。其中接近一半是來自各種類型的詐騙，四千五百億到六千五百億美元是來自毒品走私，另外一．六兆美元是假貨與盜版所得——其中包括兩千一百六十億美元的盜版電影、音樂與軟體，以及三百四十億美元的仿冒玩具。偽造貨幣的三．五億美元比起來似乎微不足道。這數字還不包括估計兩兆美元的貪汙賄賂與四．三兆美元的逃稅。

你可能會假定，金融犯罪的大部分收益是透過難以追蹤的支付方式來移轉，像是加密貨幣、現金或哈瓦拉。實際上，這些支付只代表了問題的一小部分。若是數十億美元規模的大額交易，你就需要銀行。大部分的非法資金都會在某個階段透過金融系統流動。

這個情況讓銀行處於打擊金融犯罪的第一線，當它們沒做好這一點，罰款可能很龐大，更不用説名譽的損害了。在過去十年裡，當局已經收討了三百六十億美元的罰款。其中絕大多數（近百分之八十）是由美國開罰單（並迅速收入囊中）：二百一十億美元來自違反制裁，五十四億美元來自洗錢。相較之下，歐洲幾乎所有罰款都是針對洗錢——但洗錢與制裁犯罪間的界線有時很模糊，而且與制裁相關的違法行為，最終總是牽涉到某些形式的洗錢與不法行為。

美國數字的規模，不只證明了美元在支付上的力量，也證明美國熱衷於行使美元賦予它的權力（我們在第二十八章有加以探討），但也要歸功於它追蹤金流的嫻熟能力，以及執行制裁與追究銀行責任的決心。

美國有一大批管理當局協助這項任務：多家機構都能開罰單，有時是開給同一家銀行。二○一二年八月，總部位於英國但主要業務在亞洲、中東與非洲的渣打銀行發現，自己因為違反對伊朗的制裁，而受到紐約州金融服務部門（New York State Department of Financial Services, NYDFS）的調查。據悉，該銀行是在紐約州金融服務管理局的許可下從事美元清算業務，該局威脅要在短期內撤銷許可。一週內，渣打銀行為和解就花了三．四億美元。

該年晚些時候，渣打銀行又對海外資產控制辦公室支付一．三二億美元，對聯準會支付一億美元，對紐約地方檢察官辦公室支付二．二七億美元。二〇一四年，法國巴黎銀行因為違反對蘇丹、伊朗與古巴的制裁，花了八十九億美元進行和解。其中，紐約州金融服務部門收到二二．四億美元，海外資產控制辦公室收到九．六三億美元，紐約地方檢察官收到四．四八億美元。

美國的罰單常常伴隨著「同意令」（consent orders）與延期起訴協議（deferred prosecution agreements, DPAs），在這些協議下，銀行承諾執行龐大的補救計畫，由當局任命的外部監察員進行監督。這就是渣打銀行的情況。二〇一四年，監察員發現該銀行違反延期起訴協議條款，隨後該行又繳了三億美元給紐約州金融服務部門。

在美國，許多銀行發現從事「支付剝離」（payment stripping）（涉及的銀行被稱作「脫衣舞俱樂部」成員），並被處以罰款。這些銀行知道，美元支付在通過美元清算系統時，會被審查是否遵守制裁，為了阻止「追蹤金流」的行動，這些銀行隱藏了進出受制裁國與客戶美元支付的真實性質。它們可以藉由「剝離」付款客戶的姓名，並使用「我們一位客戶」填上該字段來做到這一點，它們不使用姓名，而是仰賴參考資訊，像是發票號碼，來允許收款客戶對付款進行核對。

沒有哪個國家希望自己的金融產業為犯罪提供便利，而且大部分國家現在都認真嚴肅的看待這件事——但在一個國家的犯罪，在另一國不一定違法。這就為我們帶來犯罪「出口」（或至少是刑事收入）的一個違反常情的影響：資金在跨越邊境時要受到最嚴格的檢查。或許這也是為什麼當涉及非法融資，大西洋兩岸的當局都表現出對其他銀行處以罰款的明顯傾向。[102]以美國為例，罰款對象大多是歐洲銀行（滙豐銀行、渣打銀行、德意志銀行、法國巴黎銀行等）。

歐洲人對美國銀行貌似完美無缺與歐盟銀行的長期犯錯表達了一些驚訝，但他們應該感謝美國花了相當多時間，指出誰從誰身上拿走了什麼。在懲罰其他國家的銀行上，歐洲國家本身也非常熟練。例如，法國當局在二〇一九年對瑞士銀行瑞銀集團（UBS）罰款五十二億美元，比利時中央銀行對英國滙豐銀行罰款三．三六億美元。在這兩起案件中，銀行都因為協助東道國的國民逃稅而被處以罰款。此類跨境罰款的知名例外是北歐國家與荷蘭當局，它們在二〇一八年，因為荷蘭國際集團（ING）為洗錢提供便利，對該銀行開出近十億美元的罰單。

雖然罰款總額巨大，但這並非美國當局對歐洲銀行施加最嚴厲的處罰——要知道最嚴厲的懲罰，我們必須前往拉脫維亞。

二〇一八年二月，當時是拉脫維亞第三大銀行的ABVL，因為美國財政部發布的一份簡單新聞稿而倒閉。該新聞稿指出，它有證據證明該銀行有大規模的洗錢行為。此舉有效的阻止ABLV獲得美國資金，並引發對該銀行的擠兌。在一週內，它就被迫進行清算與歇業。

目前還不清楚這家鮮為人知的拉脫維亞銀行，是如何引起美國財政部注意，但可能與這家銀行參與後來被稱為「世紀竊盜案」的事件有關。二十八歲的生意人伊蘭・休爾（Ilan Shor）從二〇一二年就在為此暗中運作。他控制了三家摩爾多瓦銀行，擔任最大的董事長，利用這職位發放了一系列價值二十九億美元的貸款到自己與他盟友的手上。所需的流動性由摩爾多瓦的國家健康保險基金等存款提供。

二〇一四年十一月下旬，亦即議會選舉的前一週，約有七・五億美元被移轉到海外，其中大多數是在俄羅斯與烏克蘭登記地址的英國公司擁有的未使用的帳戶，這些帳戶存在拉脫維亞，包括ABLV，錢轉走後第二天，一輛屬於Klassica Force（也是休爾擁有的公司）的貨車，在運送十二袋銀行文件時被盜走並燒毀。

移轉的資金為摩爾多瓦的資產負債表挖了一個大洞，迫使中央銀行介入。整體來說，這個欺詐案讓中央銀行損失十億美元，相當於國家GDP的百分之十二。這個欺詐案引發了巨大的醜聞，導致超過七十七個司法程序，使得多位中央銀行官員、前總理等人鋃鐺入獄。ABLV

102 美國已經向它的大型銀行開出數十億美元的罰單，主因是它們的不當行為，尤其是不當銷售由抵押貸款支持的證券：因為操縱倫敦銀行間同業拆借利率（Libor）基準，美國銀行（Bank of America，其中包括美國銀行併購的美林證券與Countrywide）被罰五百六十億美元；摩根大通（其中包括Bear Stearns／貝爾斯登與華盛頓互惠銀行／WaMu）被罰二百七十億美元；花旗銀行被罰一百二十億美元。

在其中扮演的角色相對不重要，但根據美國財政部的調查結果，它「將洗錢制度化成銀行業務活動的一個支柱」，並參與了北韓、亞塞拜然、俄羅斯，與烏克蘭有關的大規模非法活動。

這也許是件可恥的事，但發生在摩爾多瓦的事件並不是唯一一起銀行家最終被判入獄的贓款案。二〇一四年，西班牙政府所有班基亞銀行（Bankia）對其高階主管、高階政界人士、政府官員，與工會領導人發送了所謂的「黑卡」（tarjetas black）。這可以說是有史以來最獨特的卡片，它們附有不必償還，也無須進入稅務機關管轄範圍的終極福利，可以用於支付從珠寶、內衣、家具到假期的所有費用。支付工具通常用於支付賄絡，但在這裡，支付工具本身就是賄絡。醜聞曝光後，事實表明銀行對大約八十五人發送了這些卡片，這些人總共花費超過一千五百萬歐元。該銀行手動管理這些卡片，並將支出隱藏在一個普通的「電腦錯誤」帳戶——這些都應該得益於也在持卡人之列的監察委員會成員的幫助。被判刑的包括銀行行長羅德里哥・拉多（Rodrigo Rato），他曾任政府部長與國際貨幣基金（ＩＭＦ）董事總經理。

清理非法金錢需要協調一致的行動——即便有正直的職員與適當的控制，沒有單一銀行或單一國家，能自己做到這一點。過去三十年來，各國一直在協調打擊非法融資的行動，最為人所知的是透過總部位於巴黎的金融行動特別工作組（Financial Action Task Force, FATF）。一九八九年由七大工業國成立的金融行動特別工作組，主要致力於打擊洗錢與恐怖主義融資上。金融行動特別工作組的建議與特別建議被（或應該被）世界各地的銀行與當局密切遵守。

金融行動特別工作組既是政策制定者，又是監督者，它還負責維護高風險司法管轄區名單。「呼籲行動」（call for action）清單要求所列國家（目前是伊朗與北韓）立即採取補救行動，並建議其他國家在與它們打交道（如果有）時，「採取對抗手段」。「灰名單」上目前有十六個國家，每個國家都有它們承諾要解決的「不足之處」（deficiencies）。

銀行已經藉由提高自己監控帳戶、交易，與客戶的能力來加以回應。對於全球交易銀行──或任何被發現違法的其他銀行來說，除了聘用數千位金融犯罪合規人員、租用軟體與購買服務外，招聘美國財政部、海外資產控制辦公室或英國金融行為監管局（FCA）的前官員，如今已是標配。

當卸任的監管人員被推到公共場合發表適當的言論時，其餘的工作人員（大概）正忙著做「了解你的客戶」（know your customer, KYC）檢查。這些包括追蹤法律實體的受益所有人、對控股公司進行層層檢查，並將其與受制裁的個人與政治公眾人物（PEP，像是政府官員的家屬）的名單進行比對，進而了解他們所做的事，同時尋找對客戶的負面報導。他們還會對付款進行審查，以確保遵守多個國家發布的制裁措施。

這個過程的大部分是透過過濾軟體自動完成，但這樣的系統往往會產生大量的匹配記錄：大多數都是誤報，每個都必須由分析人員進行檢查。然而，大部分的精力都花在提交可疑交易報告與尋找洗錢模式上。有些可能容易發現，像是每週存入三十五萬美元，或經常收到來自避稅天堂連續轉帳的小肉商。多開或少開發票這種被廣泛使用的洗錢技術，在其他情況下是合法的貿易流，但是更難發現。洗錢者在一場貓捉老鼠的遊戲中不斷改變與調整他們的洗錢方式，這讓此任務變得更困難。

那麼，當美國海關人員羅伯特・馬祖爾決定追蹤金流而非追蹤毒品時，他最終發現什麼？丹斯克案件可能是歐洲最大的欺詐案，但與馬祖爾在三十年前發現的案件相比，就相形見絀。一九八六年，他潛入國際商業信貸銀行（BCCI）位於佛羅里達的私人部門，發現該部門正積極的向毒販招攬生意。讓人津津樂道的是，他在邁阿密籌辦了一場假婚禮，邀請來自世界各地的毒販與國際商業信貸銀行官員，所有人都立即被逮捕。

你無法設計出國際商業信貸銀行的簽帳卡：包括「洗錢、賄賂、支持恐怖主義、武器走私、銷售核武技術、收佣金協助逃稅、走私、非法移民、非法購買銀行與房地產……一系列金融犯罪，只要其高階主管與客戶想得到都做得到。」國際商業信貸銀行客戶包括一群惡名昭彰的壞蛋——麥德林販毒集團（Medellin cartel）、伊拉克前總統薩達姆・胡生（Saddam Hussein）、前巴拿馬獨裁者曼紐爾・諾列加（Manuel Noriega）與巴勒斯坦恐怖分子阿布・尼達爾（Abu Nidal），以上只是幾個例子。在美國的國安機構中，國際商業信貸銀行被稱為國際騙子與罪犯銀行。他們早就知道這件事，CIA本身就在國際商業信貸銀行擁有帳戶，為祕密行動提供資金，國家安全委員會也在伊朗門事件（Iran-Contra affair）中，利用該銀行輸送資金與武器。

在遍布三大洲的一連串刑事調查、昂貴訴訟，與大約一百三十億美元失蹤的情況下，國際商業信貸銀行的垮台暴露了許多公眾人物，其一就是克拉克．克利福德（Clark Clifford）。[103]克利福德是四位美國總統的顧問與林登．詹森（Lyndon Johnson）總統時代的國防部長，他在卸任公職後成為第一美國銀行股份公司（First American Bankshares）的董事長。做為華盛頓特區最大的銀行，第一美國銀行被證明是透過代理、被國際商業信貸銀行非法擁有的。如果不是（顯然）罪證確鑿，也令人尷尬的是，克利福德的律師事務所被保留為該銀行的總法律顧問，並處理國際商業信貸銀行在美國大部分的法律工作。在調查過程中，克利福德向一位記者總結了他的困境：「我有兩個選擇，不是看起來貪腐，就是看起來愚蠢。」他選擇了後者，但他欠佳的身體狀況最終讓他免除了審判，交由同胞自己決定他屬於哪一個。

103 德勤以國際商業信貸銀行清算人身分起訴英國銀行，要求它賠償十億英鎊但最終敗訴，還要償還七千三百萬英鎊的法律費用。

CHAPTER 30

支付無門：被排除在支付系統外

銀行一直在為錯誤的客戶服務、處理非法付款，並支付巨額罰款，這是怎麼回事？銀行的員工是道德低下還是能力不足，還是銀行只是接到不可能的任務？群體裡總是有一些害群之馬，但大部分的情況下，都是後者：幾乎沒有銀行想涉足不法的業務。大多數銀行（如果不是全部）已經顯著加強自己打擊非法活動的力度。但是罪犯總是能找到藏匿他們資金的新方法。而現在，他們受益於全球化與新技術，兩者讓罪犯更容易遠距管理銀行帳戶，也更容易躲在友好管轄區的法律實體背後。於此同時，加強對銀行監管審查與執行實質性懲罰的努力，產生了意想不到但影響深遠的結果：某些群體被排除在銀行體系外。

美國與歐洲當局都意識到這問題，並一直努力解決它。美國財政部允許銀行自行決定是否接受外國身分證明文件，例如，允許銀行承認墨西哥駐美國領事館發給墨西哥移民的身分證明文件。[104]然而潛在的銀行客戶必須想要成為銀行客戶才有戲唱：來自銀行與貨幣不健全國家的移民對銀行缺乏信任，這意味著許多人仍保持警戒。

歐盟一直在推動《支付帳戶指令》（*Payment Accounts Directive*）藉以增加支付管道。這項指令明定，應該保障消費者獲得一系列基本支付服務。此外，該指令要求銀行對所有歐盟居民、尋求庇護者，與其他沒有居留證的人，提供基本的支付帳戶。銀行只有在客戶未能提供反洗錢與反恐融資規定要求資訊，或是為他們開立帳戶會威脅到國家安全與公共秩序的情況下，才能拒絕客戶。這裡可以清楚看到，普惠金融（financial inclusion）與旨在驅除罪犯的嚴格執行法規間的緊張關係。當荷蘭議會討論歐盟指令時，幾位代表指出，某些群體，像是性工作者，已經不可能取得銀行帳戶。議會是否可以保證銀行現在會提供他們帳戶，或是否會出現這樣的危險——銀行轉而聲稱這些群體的人，可能被視為國家安全或公共秩序的問題？

二〇一八年，當大量敘利亞難民抵達荷蘭時，更廣泛的問題達到了高潮，他們大多數沒有，或只有極少的文件。敘利亞難民受到嚴格的制裁，銀行不願為敘利亞難民提供帳戶，以防他們中有任何一人與ISIS有關連。雖然如此，荷蘭政府仍舊向銀行明確表示，它們必須為難民

104 美國財政部適用《愛國者法》（*Patriot Act*）第326條。

提供帳戶，如果嚴格的「了解你的客戶」（KYC）程序太過拖延，就應該中止。

類似的緊張情況也存在政治層面。銀行必須對政治公眾人物採取額外的審查措施，並加以密切的監控。但風險情況可能在一夕間反轉，今日的解放者時常變成明日的壓迫者。同樣，銀行的外交行動也被證明是有風險的。

二〇一〇年，安哥拉駐華盛頓大使館突然發現，它在美國銀行的所有帳戶都被關閉，所以無法使用銀行服務。安哥拉被評為世界上最腐敗的十五個國家之一，考慮到大使館與母國政權的固有聯繫，銀行發現幾乎不可能讓大使館使用銀行服務。不過駐美國的安哥拉使團並不孤單，其他三十五個大使館也面臨類似的威脅。媒體拿到一封摩根大通銀行通知外交使團的信，信中表示，摩根大通將關閉服務這些使團的部門。對銀行來說，不值得為這項業務冒險。

由於沒有支付管道，這些大使館立刻向美國國務院與當時的美國國務卿希拉蕊．柯林頓（Hillary Clinton）求助。喔，接下來一連串接踵而來的電話幾乎停不下來！美國金融監管機關及時澄清，它們希望銀行持續為大使館提供進入支付系統的管道，並表示「金融機構有其彈性，能在為外國使團提供服務的同時保持合規。」

因為合規風險與客戶帶來的包袱（而非任何明顯不當行為）而拒絕客戶被稱為「去除風險」（de-risking）。就如位在華盛頓特區的不幸大使館一樣，數個國家的銀行發現，它們被往來銀行當做風險排除了。這在一定程度上是因為，銀行的合規職責已經被延伸到「了解客戶的客戶」。在實踐中，這意味著往來銀行不只要確認它們服務的銀行合法，也要確保這些銀行服務的客戶也合法。

往來銀行在查看風險回報率上總是非常快速，現在常常會放棄整個地區的業務，因為不值得為了與它們做生意而冒險。這帶來的問題是，一些國家進入全球支付系統的管道被破壞。

例如，國際清算銀行研究得出的結論是，二〇一一年到二〇一八年間，往來銀行關係的數量下降了百分之二十。金融穩定委員會（FSB）同樣追蹤往來銀行關係的發展，並就此主題發表了年度報告。報告還發現「在一些區域與司法管轄區，與往來銀行建立關係仍是一個關鍵的問題。」

雖然牽涉很多因素，但研究發現，銀行從高腐敗率國家撤出的數量，比從低腐敗率國家撤出的數量要多。至少，這表明銀行的去除風險行動。正如研究人員指出的那樣，往來銀行的退出可能會阻礙銀行提供所有人服務的努力，提高跨境支付的成本，或是在技術有希望扭轉局面時，讓它們無用武之地。

雖然已經採取一些措施，像是發布監管澄清，在受影響的國家建立內部能力，以及採取措施降低合規成本——金融穩定委員會仍明確表示，如果情況進一步惡化，它會保留採取進一步行動的權利。這些行動會是什麼還不明朗：金融穩定委員會成員（主要是中央銀行）能做來改變其他家國家當局——像是執法部門、國安機構，與其他機構實施的法令，其實相當有限。

一直以來，銀行都處於兩難情況，一方面要嚴格執行金融犯罪監管，另一方面是無法拒絕客戶的政治壓力困境。世界一邊的監管可能會與世界另一邊的政治同情產生衝突。這是一個微妙的平衡，特別還要討好貪婪的股東。問題顯然很嚴重，但正如一位資深銀行家曾經解釋的那樣，有時拒絕客戶的藝術只需要特定的派頭。他在海牙擔任分行經理的期間，海牙最惡名昭彰匪徒的女友走進了他的銀行，要求開立一個帳戶。銀行家清楚了解自己的客戶，既不想做她的生意，也不想因拒絕惹怒犯罪集團。於是他臨場應變：「我們現在無法開立任何新帳戶，因為電腦系統已經滿了。」這招奏效了。

結語：未來情況會如何？

支付的最終階段會是什麼？

你可能會認為，這是一個直截了當的問題，大型科技公司高階主管在二〇二〇年支付人士虛擬會議上提出這個問題，無疑是想要一個簡單的答案。不幸的是，並沒有一個簡單的答案。有鑑於世事變化的速度與利害攸關的事物，想要知道未來會發生什麼是可以理解的。但在支付方面，即使短期也難以預測。

許多關鍵的發展，在過去十年似乎都像是「憑空出現」。誰能預知中國在兩個超級應用程式的協助下，處理了全世界大部分的電子交易？誰能想到行動電話將改變開發中國家取得支付服務的方式，或讓全球三分之一的人口參與金融服務？央行是否會認真考慮一個沒有現金的世界，並試用加密貨幣？或是支付提供商，像 Visa、萬事達卡、Paypal、方塊與再來（其中有一些在十年前還未存在）現在的價值比大部分的銀行還高？

就在十年前，大型科技公司充其量還是中型科技公司。亞馬遜的市值不足一千億美元，臉書市值約當二百五十億美元，兩家的市值都遠低於世界最大的銀行。如今，臉書的市值接近八千億美元，而亞馬遜市值已經超過一．五兆美元。換句話說，臉書的市值略低於亞馬遜，而亞馬遜市值只比全世界六大銀行的總和高一些。

目前推動支付變革的許多技術，都是十幾年前出現的。iPhone是二〇〇七年才問世，第一支安卓智慧手機是在二〇〇八年才初次亮相。加密貨幣是隨著比特幣，在二〇〇九年才出現在世人眼前，在這一年，雲端運算只是一個即將升起的小雲（亞馬遜在二〇〇六年推出「彈性雲端運算」），而且只有程式設計人員知道什麼是API。

同樣的，網路犯罪在更短的時間內從邊緣走向主流。二〇一三年，犯罪分子在竊取信用卡數據時，只處理零錢。隔年他們開始使用一個惡意程式，對數個國家進行一連串的攻擊，最後得到十億美元。到了二〇一六年，他們已經準備好在一次攻擊中竊取一樣數額的資金，攻擊的對象是孟加拉銀行。

就在網路犯罪逐漸涉足電子支付的同時，美國開始以前所未有的方式打擊洗錢與制裁逃稅，將罰款從一般提高到高得離譜的程度。單單在二〇一二年，兩家英國銀行——滙豐銀行與渣打銀行就同意支付近二十六億美元的罰款，這是美國當局就這類指控達成破紀錄和解的一部分。

這些發展的影響許多尚未完全發揮出來，但技術創新的步伐意味著，更多的變化肯定會到來——其中很多無疑是無法預期的。

我們會抗拒一些改變。現金的消失就是一個貼切的例子。世界各地的現金使用都平均下降，但即便是在最先進的經濟體，消費者也沒有準備好跟現金告別。

其他變化將無法避免。英國等頑強抗拒國民身分計畫的國家，將看到數位身分證的迅速普及——如果它們不跟著做，就會被遠遠拋在後面。支付的地緣政治將變得更醜陋。隨著5G、物聯網、大數據、人工智慧，與加密技術等第四次工業革命席捲支付世界，支付將成為世界超級強國間技術軍備競賽的一部分。支付數據與技術會像金融一樣變成武器，在我們撰寫這本書時，美國威脅要從蘋果與安卓應用程式商店移除微信應用程式，與它的支付工具財付通。但這不會只是美國人的問題，限制也不會只侷限在私人企業上。

世界各國的央行已經開始擔心中國的中央銀行數位貨幣（CBDC）。深圳數以百萬的消費者已經能使用它，有些人則擔心它會被用來讓其他國家「人民幣化」。這將不僅僅是美元對陣人民幣與歐元，還是蘋果與臉書對陣阿里巴巴與騰訊，摩托羅拉與高通對陣華為，歐盟對陣所有其他國家，因為它試著進入這圈子。當這一切走向極端，你將無法使用美國手機在中國進行支付或是收取款項，反之亦然。在這樣的情況下，我們在機場換的將不是貨幣，而是手機。

儘管地緣政治局勢已經很緊張，大型科技公司目前仍意氣風發，至少部分是因為它們在支付領域的雄心。像是亞馬遜與谷歌這樣的公司，擁有從根本上重塑產業格局的技能與規模，而這是銀行無法企及的。但是對大型科技進軍支付領域以及金融科技支付估值的假設是，最終有個結局：它們可以提供大規模、跨越多個國家／區域並且獲利的解決方案。

三個不同大洲的監管機構採取的三項行動，向我們表明實現這一假設的難度。二〇二〇年七月，歐盟委員會和歐洲央行宣布了《歐洲支付倡議》的出台。歐洲支付倡議是一個泛歐洲支付系統與銀行間網路，旨在與萬事達卡及Visa競爭，最終取代歐洲各國的支付計畫。僅僅四個月後，印度支付監管機構對任何第三方供應商（像是谷歌與亞馬遜）可以處理的UPI（統一支付接口）交易的總份額設定了百分之三〇的上限，並對谷歌與Google pay發起了反壟斷調查。在那之後的幾天裡，中國當局阻擋了支付寶母公司螞蟻集團計畫中的公開上市——遏止了可能成為迄今最大的公開發行案。一個月後，它們又對螞蟻集團的母公司阿里巴巴展開反壟斷調查。我們可以爭辯印度人與歐洲人是否支持本國的領頭羊，或是中國是否被馬雲的浮誇說詞與螞蟻集團進軍消費者貸款一事激怒——但三個監管機構的行動證明，無論它們多麼渴望擁有高效、由技術驅動的支付系統，它們都打算牢牢控制住它。

科技革命為支付帶來贏家通吃的局面，加大了每個人的賭注，尤其是現金使用減少的情況下，更是如此。誠然，支付領域一向是難以改變的在地化，這限制了全球平台的潛力——但網路效應與規模經濟仍可能在國內與地區市場發揮作用。如我們所見，這對監管機構而言是個問題，對銀行也同樣是個問題。

你可能已經注意到，雖然這本書聲稱是關於支付，但它一大部分的內容是關於銀行——我們不可能避開它。你可能已經推測出，我們對銀行產業在支付中扮演的角色抱持一些舊式的觀點。這本書並不是要為銀行辯護。但我們確實相信銀行在支付方面有著無可取代的重要作用。不必然是我們了解且又愛又恨的銀行，但仍舊是銀行。移動資金有風險也需要流動性：儘管技術帶來許多神奇的東西，這兩個要素是無法用魔法消除的。流動性與風險將持續影響支付，特別是高價值的支付。巨額資金流動（包括那些由小額支付累積而來的巨額資金）需要相當大的流動性，並且伴隨重大風險。考慮到總額的龐大規模，很難想像各國或中央銀行會容許任何人，在沒有銀行資產負債表與大量監管支持下，展開這項業務。

因此，銀行可能會保留進行支付的帳戶與存款，但它們在提供實際支付服務的角色，以及支付產生的收益上，顯然受到威脅。非銀行提供商正在做銀行曾經（或可以，或本應該）做得更好的事。將支付從經常帳中分離出來的真實前景，可能會讓銀行重新獲得光榮公共事業的身分：它們最終將經營基本的基礎建設，檢查是否遵守反洗錢法規，同時間，非銀行機構則拿走客戶介面以及隨之而來的許多商業機會。

這情況將使銀行失去大部分可用於支付的資金，從而使它們無法投資於實現支付的基礎建設。在這種背景下，國內監管機構開始支持國內銀行巨頭並非不可能，這是直到最近，從競爭角度來看還是無法想像的。同時間，各國央行很可能仿效中國推出自己的中央銀行數位貨幣。

未來十年我們會如何支付，將取決於這些對立力量的碰撞：創新與審慎監管的碰撞；技術與傳統基礎建設的碰撞；數據機會與隱私權的碰撞；私人利益與消費者利益、國家利益，與地緣政治的碰撞。

我們在生活其他方面使用的工具與技術，也可能被帶入支付領域——全新的支付形式進而出現。或許我們會看到，在這本書序言提到的那些悖論外，又增加一些新的悖論：支付變得愈來愈難以察覺——或許還完全隱形——但是卻愈來愈重要。我們可能只有在出現問題時，才會注意到支付一事。

政府與私人企業將在幕後爭奪我們的數據與費用，以及一些被包含或排除於支付之外的特定人士、活動與國家。隨著支付行為變得愈來愈隱晦與抽象，哲理上的分歧與地緣政治鬥爭將變得愈來愈明顯與激烈。支付技術的不同部分將成為有爭議的領地，今日是晶片與通信設備、電話，網路與貨幣。誰知道明天會是什麼呢？

體驗支付的下一次演進，必然是段激動人心的旅程。在這段旅程中，我們可以藉由了解什麼最利害攸關，準備好迎接意想不到的發展，為自己打點好裝備（我們希望本書給了你裝備）。正如諺語所言，世上唯一確定的，就是死亡與繳稅——以及與之相關的，支付。但是支付離最終階段仍十分遙遠，是一個沒有結局的故事——或許唯一的例外是天堂，在那兒你理應可以細數你的幸福，而不用花費。

致謝

首先，我們必須感謝我們的家人，是他們忍受了漫長的時間，無盡的旅行，與明顯「無聊」的談話，更不用說那些關於孕育與誕生這本書的一切。特別要感謝克里斯・歐文（Chris Owen），他花了相當多的時間來「改善」（用他的話來說）本書的文字。

在全球金錢世界累積了六十年的歷練，我們有太多要感謝的人，無法一一羅列——我們知道你是誰，我們由衷感謝你。我們也要感謝那些閱讀本書草稿並提供寶貴意見的人：艾力克・那卡穆里（Alec Nacamuli）、吉拉德・哈特辛克（Gerard Hartsink）、道威・里克利瑪（Douwe Lycklema）、齊爾・里山伯格（Chiel Liezenberg）、傑克・史蒂芬生（Jack Stephenson）、奧利佛・丹尼克爾（Olivier Denecker）、朗・博德森（Ron Berndsen）、保羅・泰勒（Paul Taylor）、喬安娜・班福德（Joanna Bamford）、多明尼克・霍伯森（Dominic Hobson）與米契爾・富爾（Mitchell Feuer）。

如果沒有艾略特與湯普森（Elliott & Thompson）出版公司的慧眼，這本書不會問世。尤其是洛尼・佛西斯（Lorne Forsyth），他必然在最初收到手稿時看到什麼特別之處（現在已經無法追溯），奧利維亞・貝斯（Olivia Bays）接手繼續研究，耐心的讓它形塑成現在的樣子。謝謝你們兩位，以及 E&T 的所有團隊。

最後，由於我們撰寫的內容必然會受到我們閱讀書籍的影響，我們必須對自己閱讀的資料致意，感興趣的讀者可以找到我們在本書談及主題（以及一些相關主題）的文本列表，這些都是我們讀過、欣賞，並了解的著作。請參閱 www.thepayoffthebook.com 了解更多內容。

參考書目

Chapter 1 什麼是支付？

For more on Penywaun and access to cash in south Wales, see University of Bristol report: 'Identifying Vulnerable Communities in a Case Study of South Wales', January 2020, https://cpb-eu-w2.wpmucdn.com/blogs.bristol.ac.uk/ dist/3/599/files/2020/01/2020-01-Geographies-of-Access-to-Cash.pdf

For the story on van Halls, see: https://toritto.wordpress.com/2018/10/10/ banker-to-the-resistance-walraven-van-hall/ and the 2018 film, *The Resistance Banker* [*Bankier van het Verzet*] (www.imdb.com/title/tt4610378/).

Twain, M. (1893). *The Million Pound Bank Note*. Berlin: Langenscheidt ELT.

For more on the Irish banking strike, see: Krüger, M. (2017). 'Money and Credit: Lessons of the Irish bank strike of 1970'. ROME Discussion Paper Series ISSN 1865-7052, No. 2017-13, June.

Kyotaki, N. and Moore, J. H. (2002). 'Evil is the root of all money', *American Economic Review*, 92(2), 62–6.

Chapter 2 如果錢不會移動，那要如何使世界運轉？

For the story on the London bus ticket, see: www.ft.com/content/e8a177d4-dfae-11e9-9743-db5a370481bc

'It's time to talk about money', speech delivered by Sir Jon Cunliffe, Deputy Governor Financial Stability, Member of the Monetary Policy Committee, Member of the Financial Policy Committee and Member of the Prudential Regulation Committee, at the London School of Economics, 28 February 2020; see: www.bankofengland.co.uk/speech/2020/jon-cunliffe-speech- followed-by-panellist-at-chinas-trade-and-financial-globalisation-conference

Chapter 3 沒這麼簡單：支付的重大挑戰

The valuation of Stripe is based on a November 2020 financing round through which the company was seeking investors at a valuation of $70–100 billion.

Since the round had not yet concluded at the time of writing we took the lower end of the range.

Chapter 4 現金之謎

Figures from Report by the Comptroller and Auditor General, National Audit Office (2020). 'The production and distribution of cash', HM Treasury, Bank of England, The Royal Mint, the Financial Conduct Authority and the Payment Systems Regulator, September 2020.

For more on the Swiss CHF1,000 banknote, see https://www.swissinfo.ch/eng/ nota-bene_thousand-franc-note-is-a-hidden-treasure/36439396

On the cash shipments to Iraq, see: 'New York Fed's $40 billion Iraqi money trail', *CNBC*, 25 October 2011 (www.cnbc.com/id/45031100).

On the foreign use of euro notes, see: N. Bartzsch, G. Rösl and F. Seitz (2011). 'Foreign demand for euro banknotes issued in Germany: Estimation using (in)direct approaches', Deutsche Bundesbank, Discussion Paper Series 1,

Nos 20 & 21; 'Why is the €500 banknote about to disappear?' Interview with Dr Johannes Beermann, Member of the Executive Board of the Deutsche Bundesbank, published in *Frankfurter Allgemeine Sonntagszeitung*.

Figures on global financial crime, lower estimate, taken from US Treasury (2018): https://home.treasury.gov/system/files/136/2018NMLRA_12-18.pdf; upper estimate taken from RAND Corporation's annual survey: www.rand. org/news/press/2019/08/20.html

For cocaine on bank notes, see: www.theguardian.com/world/2009/aug/17/cocaine-dollar-bills-currency-us

For large denomination bank notes and their use in the underground economy, see: K.S. Rogoff (2016). *The Curse of Cash*. Princeton, NJ: Princeton University Press.

Figures on gold taken from the World Gold Council (www.gold.org)

Chapter 5 現金戰爭

For the 'war on cash', see: 'Why elites are winning the war on cash', *UK Uncensored*, October 2019 (https://ukuncensored.com/why-elites-are-winning-the-war-on-cash/); https://dailyreckoning.com/elites-winning-war-cash/

Willem Buiter's quote is taken from: W. Buiter and E. Rahbari (2015). 'High time to get low: Getting rid of the lower bound on nominal interest rates', *Citi Research Economics, Global Economics View*, 9 April.

Figures in cash from Albania taken from: World Bank Group and Bank of Albania (2018). 'The retail payment costs and savings in Albania' (www.bankof albania.org/rc/doc/WB_RetailPmt_Albania_WEB_Final_12074.pdf); INSTAT-Institute of Statistics provided in Independent

Balkan News Agency (2015). Salaries in Albania, drastic gap between the minimum and maximum pay (https://balkaneu.com/salaries-albania-drastic-gap-minimum-maximum-pay/)

Data on cash usage in various countries from McKinsey: 'Attacking the cost of cash' (2018). www.mckinsey.com/industries/financial-services/our-insights/ attacking-the-cost-of-cash

For more on access to cash in Bristol, see: 'Mapping the availability of cash – a case study of Bristol's financial infrastructure', University of Bristol, http:// www.bris.ac.uk/geography/research/pfrc/themes/finexc/availability-of-cash/

Figures on cost of cash taken from: 'Access to Cash Review', final report (2019). www.accesstocash.org.uk/media/1087/final-report-final-web.pdf

For the quotes on printing money, see: www.nytimes.com/2020/03/23/ upshot/coronavirus-fed-extraordinary-response.html; https://twitter.com/ AsILayHodling/status/1241008225924845568; www.reuters.com/article/ us-health-coronavirus-ecb-qe/ecb-primes-money-printing-gun-to-combat- coronavirus-idUSKBN21D0J4

For the story on Sweden's cash decline and resistance, see www.spink.com/ media/view?id=338; Kontant Upproret, 'The cash uprising – the voice of cash in society' (www.kontantupproret.se)

Björn Eriksson was quoted in D. Crouch (2018). 'Being cash-free puts us at risk of attack: Swedes turn against risk of cashlessness', *Guardian*, 3 April (www.theguardian.com/world/2018/apr/03/being-cash-free-puts-us-at- risk-of-attack-swedes-turn-against-cashlessness)

For the UK Chancellor's 2020 announcement on access to cash, see: www.gov.uk/government/publications/budget-2020-documents/budget-2020

For Puerto Rico during Hurricane Maria and the Fed's response, see: www.nytimes.com/2017/09/29/us/puerto-rico-shortages-cash.html; www.americanbanker.com/news/feds-emergency-cash-plan-swings-into- action-in-puerto-rico

Chapter 7 發明之母：卡片技術的進步

For the story on BankAmericard and Joe Williams, see: Joe Nocera (1994). 'The day the credit card was born', *Washington Post*, 4 November (https://www.washingtonpost.com/archive/lifestyle/magazine/1994/11/04/ the-day-the-credit-card-was-born/d42da27b-0437-4a67-b753-bf9b440ad6dc/)

For the story on the Parrys and the invention of the magnetic stripe, see: www.ibm.com/ibm/history/ibm100/us/en/icons/magnetic/

Figures on global spending on pre-paid cards are taken from: www.mercator advisorygroup.com/Reports/U_S -Canada_-and-U_K_-Prepaid-Markets --Similarities-and-Differences/

Chapter 8 打造塑膠卡：從信用卡到簽帳卡

For the Durbin Amendment, see: https://fas.org/sgp/crs/misc/R41913.pdf

For SEPA and its impact, see: https://ec.europa.eu/info/business-economy- euro/banking-and-finance/consumer-finance-and-payments/payment-services/ single-euro-payments-area-sepa_en

Chapter 9 地理的牢籠：支付習慣為什麼有民族性？

For the story on Citibank and the $900 million error, see: https://dockets.justia.com/docket/new-york/nysdce/1:2020cv06539/542310; for Deutsche Bank's $35 billion error, see: https://money.cnn.com/2018/04/19/investing/deutsche- bank-35-billion-mistake/index.html; and for Oliver North's mix-up, see: www.nytimes.com/1987/05/13/world/north-s-10-million-mistake-sultan-s- gift-lost-in-a-mixup.html

For the story on the mix-up of Barclays' sort codes, see: www.theguardian.com/money/2019/dec/07/i-lost-my-193000-inheritance-with-one-wrong-digit-on-my-sort-code

For the UK introduction of confirmation of payee, see: www.which.co.uk/ news/2020/03/confirmation-of-payee-which-banks-are-ready-to-offer-vital- name-checking-service/

For an overview of network effects and their impact, see: O. Shy (2001). *The Economics of Network Industries*. Cambridge: Cambridge University Press.

Chapter 10 白手起家：中國與肯亞如何將支付行動化？

Estimate for card transactions based on the twenty-five CPMI (Committee on Payments and Market Infrastructures, part of the Bank for International Settlements (BIS)) countries, which have a population of around 4.5 billion (2019).

The figures on global transactions per person are based on the 25 CPMI countries, which have some 4.5 billion inhabitants. The Committee on Payments and Market Infrastructures (CPMI) is the part of the Bank for International Settlements (BIS) that establishes and promotes global regulatory/oversight standards for payment, clearing, settlement and other market infrastructures, and monitors and analyses developments in these areas. The 25 CPMI members are Argentina, Australia, Belgium, Brazil, Canada, China, France, Germany, Hong Kong, India, Indonesia, Italy, Japan, Korea, Mexico, the Netherlands, Russia, Saudi Arabia, Singapore, South Africa, Spain, Sweden, Switzerland, Turkey, United Kingdom, United States. (The BIS provides separate data for China and Hong Kong, but they are counted as a single country.)

Data on Alipay and Tenpay are for 2019 and taken from the PBoC. An English-language version of the report can be downloaded from: www.pbc. gov.cn/en/3688241/3688663/3688681/3861364/3993121/index.html. The report mentions 720 billion online payment transactions by non-bank agencies (mostly Alipay and Tenpay) but that includes transfers from banks to the wallets so there may be double counting. The report also mentions 378 billion transactions for the Nets Union platform, through which the two super apps have to route all 'QR code' payments. The true number of super-app transactions therefore lies in between 378 and 720 billion. We have taken the conservative approach and used the lower figure.

Data in Figure 3 are for 25 CPMI countries and taken from BIS, except the Chinese data, which are taken from the PBoC. The data for the Eurozone represent the total for the six Eurozone countries in the CPMI 25.

Transaction fees for the Chinese super apps are taken from: www.chinadaily.com.cn/bizchina/2016-09/13/content_26778445.htm

For the story on QR codes replacing tin cups, see: www.brookings.edu/ research/is-chinas-new-payment-system-the-future/

For QR codes on uniforms, see: www.businessinsider.co.za/chinese-troops-qr-codes-on-body-armor-massive-parade-2019-10

For the story on Alipay's Yuebao fund, see: www.forbes.com/sites/ywang/2020/01/17/ant-financial-is-shifting-away-from-chinas-76-trillion-online-payments-market/

Chapter 11 無敵印度：瘋狂的支付革命

For an overview of instant payment systems in fifty countries, see: www.fisglobal.com/flavors-of-fast

The number of UPI transactions is taken from the National Payments Corporation of India (NPCI): www.npci.org.in/product-statistics/ upi-product-statistics

Chapter 12 花錢來付錢：支付的隱藏成本

Figures on global payment revenues taken from McKinsey and BCG: 'The 2020 McKinsey Global Payments Report' https://www.mckinsey.com/~/ media/mckinsey/industries/financial%20services/our%20insights/accelerating%20winds%20of%20change%20in%20global%20payments/2020-mckinsey- global-payments-report-vf.pdf; 'Global Payments 2020: fast forward into the future' https://web-assets.bcg.com/7c/e0/596af1214f32820093f1f88c05f0/bcg-global-payments-2020-fast-forward-into-the-future-oct-2020-1.pdf

How much consumers account for payment revenues depends on who you ask. Both BCG (2019) and McKinsey (2019) put consumer revenues from payments at around $1 trillion, but McKinsey has much higher estimates for payment revenues from corporates: some $900 billion, more than double BCG's $400 billion. Much of that difference is driven by a single number: the interest margin on corporate accounts in China, which McKinsey estimates at $275 million. This chapter uses mostly the McKinsey figures because they provide the more detailed breakdown.

For the psychology of interest rate compounding, see the S&P Global FinLit Survey: https://gflec.org/wp-content/uploads/2015/11/3313-Finlit_Report_ FINAL-5.11.16.pdf?x22667

Data on Cardtronics taken from: www.link.co.uk/about/intro/; http://www.cardtronics-uk.com/about/Our-ATM-Network.aspu

Chapter 13 搬錢就能賺錢：誰能從支付中獲利？

Payment industry figures are taken from McKinsey. 'The 2020 McKinsey Global Payments Report': https://www.mckinsey.com/~/media/mckinsey/ industries/financial%20services/our%20insights/accelerating%20winds%20of%20change%20in%20global%20payments/2020-mckinsey-global-payments-report-vf.pdf

US overdraft charges are taken from the US Centre for Responsible Lending.

Payment revenue growth is taken from Oliver Wyman: www.oliverwyman. com/content/dam/oliver-wyman/v2/publications/2020/January/Oliver- Wyman-State-of-the-Financial-Services-Industry-2020.pdf

For China's cap on interest rates paid on deposits, see: www.ft.com/content/997c735c-4482-11e8-803a-295c97e6fd0b

Figures on Alipay and Tencent deposits at PBoC are taken from: www.pbc.gov.cn/diaochatongjisi/116219/116319/3750274/3750284/index.html

Figures on UK credit card debt are taken from: www.theguardian.com/ money/2006/sep/27/debt.creditanddebt

Chapter 14 如何偷走一億元？：詐騙與竊盜

For the story on Ubiquity networks, see: N. Vardi (2016). 'How a tech billionaire's company misplaced $46.7 million and did not know it', *Forbes*, 8 February.

For the story on dating-app fraud, see: https://www.interpol.int/en/News-and- Events/News/2021/Investment-fraud-via-dating-apps

Chapter 15 隱形管道：支付背後的機制

For more on early clearing, see: www.frbatlanta.org/-/media/documents/ research/publications/economic-review/2008/vol93no4_quinn_roberds.pdf

For the Herstatt failure, see: https://academic.oup.com/ehr/article/129/540/ 1129/2769724

Chapter 16 我們為何需要央行？

On the Bank of England's response to the unveiling of CHAPS, see the Gilbart Lecture delivered by Governor, Sir Edward George, 'Steady Eddie', organised by the Chartered Institute of Bankers, 22 October 1996: www.bankofengland. co.uk/-/media/boe/files/quarterly-bulletin/1996/risk-reduction-in-the- payment-and-settlement-systems.pdf

Ernst & Young estimate that the capital of the top 200 banks is $5.5 trillion, up from $2 trillion in 2007. See Global Banking Outlook, 2018: www.ey.com/ Publication/vwLUAssets/ey-global-banking-outlook-2018/$File/ey-global- banking-outlook-2018.pdf

For stories on the CHAPS outage, see: www.bbc.co.uk/news/business- 29687904; www.independent.co.uk/news/business/news/homemovers-stranded-after-bank-of-england-mortgage-payment-system-crashes-9806619.html

Share of real estate purchases in total CHAPS volumes is taken from: www.ft.com/content/995c892e-5869-11e4-942f-00144feab7de; www.bank ofengland.co.uk/-/media/boe/files/report/2015/independent-review-of-rtgs- outage-on-20-october-2014.pdf

Quote taken from A. Greenspan (2007). *The Age of Turbulence: Adventures in a new world.* London: Penguin.

Bank rankings from: https://www.spglobal.com/marketintelligence/en/news- insights/trending/robdlgca1gbjyjrx3sdcjg2

For the story on why KfW became known as Germany's dumbest bank, see: www.nytimes.com/2008/09/18/business/worldbusiness/18iht-kfw.4. 16285369.html

For the *Alphaville* comments on the CHAPS outage, see: https://ftalphaville.ft.com/2016/01/29/2151327/rtgs-and-the-story-of-batches-instead-of-blocks/

The value of JPMorgan wholesale payments is taken from: www.jpmorganchase. com/corporate/investor-relations/document/line-of-business-ceo-letters-to- shareholders-2018.pdf

Chapter 17 跨境支付：要是錢從不流動，你怎樣送到國外？

For the reputation of cross-border payments, see: M.L. Bech and J. Hancock (2020). 'Innovations in payments', *BIS Quarterly Review*, March, 21–36. The authors describe cross-border payments as 'slower, more expensive and more opaque'. The IMF, according to a speech given by its deputy director, Dong He, sees them as 'costly and cumbersome . . . opaque and slow' (www.imf.org/ en/News/Articles/2017/11/01/sp103017-fintech-and-cross-border-payments).

For Hawala volume estimates, see: http://www.treas.gov/offices/enforcement/ key-issues/hawala/; www.un.org/esa/desa/papers/2002/esa02dp26.pdf (calculation based on TransferWise's published statistic of £5 billion per month in transfers).

Figures on value of Swift payments based on McKinsey estimate of cross- border volume: 'A Vision for the Future of Cross-border Payments'. See: https://www.mckinsey.com/~/media/McKinsey/Industries/Financial%20 Services/Our%20Insights/A%20vision%20for%20the%20future%20of%20 cross%20border%20payments%20final/A-vision-for-the-future-of-cross-border-payments-web-final.ashx

Figures on volume of Swift payments based on FSB Correspondent Banking Data Report (2017) combined with BIS figures on number of Swift MT103 payment messages, and their mix of domestic and cross-border. Average value follows from dividing value by volume. See: https://www.fsb.org/wp-content/ uploads/P040717-4.pdf; http://stats.bis.org/statx/srs/table/PS6

For more on public sector efforts to enhance cross-border payments, see the work of the FSB.

For the full G20 report, see: www.bis.org/cpmi/publ/d193.pdf

Chapter 18 不速之客：挑戰銀行的角色

Figures on FinTech investment taken from: https://news.crunchbase.com/ news/q4-2018-closes-out-a-record-year-for-the-global-vc-market/

Figures in growth of payment revenues taken from 'The 2020 McKinsey Global Payments Report': https://www.mckinsey.com/~/media/McKinsey/ Industries/Financial%20 Services/Our%20Insights/Accelerating%20winds%20 of%20change%20in%20global%20 payments/2020-McKinsey-Global-Payments-Report-vF.pdf?shouldIndex=false; and Oliver Wyman, 'The State of the Financial Services Industry 2020': www.oliverwyman.com/content/dam/oliver-wyman/v2/publications/2020/January/Oliver-Wyman-State-of-the-Financial-Services-Industry-2020.pdf

Market shares Citi and JPMorgan Chase from: https://www.spglobal.com/ marketintelligence/en/news-insights/trending/ujwgp8yqefmy0vzsndwjaa2 and Statista.com

Figures on N26 taken from: https://n26.com/en-eu/blog/n26-raises-more-than-100-million-dollars-in-extension-of-its-series-d-funding

Figures on banking numbers taken from: https://ogury.com

Chapter 19 刷卡獲利：收購方的崛起

For the story on Stripe's founders, see: www.wired.co.uk/article/stripe-payments-apple-amazon-facebook

For more on non-acceptance of some businesses by FinTech acquirers, see: https://stripe.com/blog/why-some-businesses-arent-allowed; https://squareup. com/gb/en/legal/general/ua

For more on Klarna, see: www.klarna.com/knowledge/articles/how-klarna- won-over-80-million-shoppers-hearts/

For JPMorgan on payments, see: www.jpmorgan.com/country/GB/en/ merchant-services/consumers-prefer-breachless-payments-to-frictionless

Chapter 20 現在生活，以後付款：隱形的魅力

For the plot of the movie *The Joneses*, see: https://www.imdb.com/title/ tt1285309/

For the litigation between Amazon and Barnes & Noble over 1-click shopping, see: https://knowledge.wharton.upenn.edu/article/amazons-1- click-goes-off-patent/

For the story of thirteen-year old Cameron and his in-app purchases, see: www.dailymail.co.uk/news/article-2298771/Policeman-Doug-Crossan-reports- 13-year-old-son-Cameron-FRAUD-running-3-700-iPad.html

For Professor Prelec's research, see: https://web.mit.edu/simester/Public/ Papers/Alwaysleavehome.pdf

For research on exposure to credit card logos, see: R.A. Feinberg (1986). 'Credit cards as spending facilitating stimuli: A conditioning interpretation', *Journal of Consumer Research*, 13(1), 348–56.

For figures on BigTech and trust, see: M. Bijlsma, C. Carin van der Cruijsen and N. Nicole Jonker (2020). 'Consumer propensity to adopt PSD2 services: Trust for sale?', DNB Working Paper (www.dnb.nl/en/binaries/Working%20 paper%20No%2E%20671_tcm47-387219.pdf)

For figures on Open Banking in the UK, see: www.openbanking.org.uk

Chapter 21 新時代的黑金？數據的重要性

For more on Lana Swartz, see: http://llaannaa.com

For the plot of the movie *The Circle*, see: www.imdb.com/title/tt4287320/

For ING Bank's attempts to use customer data for marketing, see: https://fd.nl/frontpage/

ondernemen/10864/ing-geeft-adverteerder-inzicht-in-klantgedrag and www.finextra.com/newsarticle/34092/dutch-banks-told-to-stop-using-payments-data-for-personalised-marketing

For more on the UK Competition Market Authority and Open Banking, see: https://assets.publishing.service.gov.uk/government/uploads/system/uploads/ attachment_data/file/885537/Notice_of_proposed_changes_to_the_open_ banking_roadmap_-_web_publication_-_cma_gov_uk_---_May_2020_-.pdf

For the story on hedge funds using data from screen scrapers, see: www.politico. com/news/2020/02/07/banks-fintech-startups-clash-over-the-new-oil-your- data-112188

For a scientific article arguing that Big Tech may want to own banking subsidiaries, see: M. Brunnermeier, H. James and J.-P. Landau (2019). 'The digitalization of money', Working paper 26300, National Bureau of Economic Research.

For *The Economist* article, go to: www.economist.com/leaders/2020/10/22/how-to-deal-with-free-speech-on-social-media

Chapter 22 我們信仰程式碼：認識加密貨幣

For the plot of the movie *The Big Short*, see: www.imdb.com/title/tt1596363/

Quote on mining as striking gold in a sandbox from: https://greatestideaever. wordpress.com/category/tales-from-the-crypto/

Figures on market capitalisation of cryptocurrencies are for 15 June 2020, taken from CoinMarketCap.com

For illicit activity on Bitcoin, see: S. Foley, J.R. Karlsen and T.J. Putniņš (2019). 'Sex, drugs and Bitcoin: How much illegal activity is financed through cryptocurrencies?', *Review of Financial Studies*, 32(5), 1798–835.

For the link between Tether and Bitcoin. see: J. Griffin and A. Shams (2020). 'Is Bitcoin really untethered?', *Journal of Finance*, 15 June.

Chapter 23 科技老大哥和銀行加入混戰

Quote on Libra taken from: www.iosco.org/library/pubdocs/pdf/

IOSCOPD650.pdf

For the Bank of England discussion paper on CBDC, see: 'Central Bank Digital Currency: Opportunities, challenges and design', Discussion Paper, 12 March 2020 (www.bankofengland.co.uk/paper/2020/central-bank-digital- currency-opportunities-challenges-and-design-discussion-paper)

For the ECB discussion paper on Libra, see: M. Adachi, M. Cominetta, C. Kaufmann and A. van der Kraaij (2020). 'A regulatory and financial stability perspective on global tablecoins', *Macroprudential Bulletin, European Central Bank*, vol. 10.

Figures on large sovereign wealth funds taken from: www.swfinstitute.org/fund-rankings

Jamie Dimon quotes on Bitcoin taken from: www.pymnts.com/blockchain/ bitcoin/2018/jpmorgan-chase-jamie-dimon-dapper-labs-funding/

Chapter 24 成年人的加密貨幣：中央銀行走向數位化

For more on Che Guevara's stint as Cuba's central bank governor, see: https://sociable.co/web/fidel-castro-appointed-che-guevara-bank/

Chapter 25 開放造訪或自成一國：支付網絡如何競爭客戶？

Figures on global frequent flyer miles taken from: www.mckinsey.com/ industries/travel-logistics-and-transport-infrastructure/our-insights/miles- ahead-how-to-improve-airline-customer-loyalty-programs#

For Citibank and its New York ATM network, see: https://www.cgap.org/sites/ default/files/Interoperability_in_Electronic_Payments.pdf

For the EU investigations into Apple Pay and Qualcomm, see: https://ec.europa.eu/commission/presscorner/detail/en/ip_20_1075; https://ec.europa.eu/commission/presscorner/detail/en/IP_18_421

George Soros delivered this remark at the World Economic Forum, Davos, Switzerland, 25 January 2018; see: www.georgesoros.com/2018/01/25/ remarks-delivered-at-the-world-economic-forum/

Chapter 26 誰是幕後推手？法規與監管機構

For US Executive Order banning eight apps, including Alipay and WeChat, see: https://www.federalregister.gov/documents/2021/01/08/2021-00305/ addressing-the-threat-posed-by-applications-and-other-software-developed- or-controlled-by-chinese

Carmen Balber, Washington Director for Consumer Watchdog, made the suggestion that the Federal Reserve Board consumer watchdog would be a lapdog (https://www.prnewswire.com/news-releases/dodd-proposal-to-give- the-federal-reserve-consumer-protection-authority-would-create-an-industry- lapdog-not-a-public-watchdog-85971237.html)

For forensic analysis of the attack on Bangladesh Bank, see: www.reuters.com/ article/us-usa-fed-bangladesh-investigation/exclusive-bangladesh-bank-remains- compromised-months-after-heist-forensics-report-idUSKCN0Y40SM

Chapter 27 歐洲統一對外口徑：歐盟監管機構重塑支付之道

For comment on INSTEX, see: W. Münchau (2019). 'America's "exorbitant privilege" is Europe's sin of omission'. *Financial Times*, 26 May.

Quotation on ECB's TARGET2 taken from: 'Drivers for change in payment and securities settlement systems', speech delivered by Gertrude Tumpel-Gugerell, Member of the Executive Board of the ECB, speaking at the Banco de España, Madrid, June 2006 (https://www.ecb.europa.eu/press/key/ date/2006/html/sp060609.en.html)

Chapter 28 支付是如何成為一項武器？

For more on the EU's 'geopolitical Commission' see 'The European economic and financial system: fostering openness, strength and resilience', European Commission, 19 January 2021: https://ec.europa.eu/finance/docs/policy/ 210119-economic-financial-system-communication_en.pdf

The figures from Swift on the US dollar share in international payments exclude payments within the Eurozone. Taken from: www.swift.com/file/ 67981/download?token=9jCDTPae

For more on the huge privilege afforded the dollar, see E. Eichengreen (2011). *Exorbitant privilege: The rise and fall of the dollar*. Oxford: Oxford University Press.

For the story on Bundesbank rules on money laundering, see: www.ft.com/ content/24feb850-98a1-11e8-9702-5946bae86e6d

For early use of the term 'weaponisation of finance', see: Ian Bremmer of Eurasia Group (@ ianbremmer on Twitter, 5 January 2015)

Stories on Macau's Banco Delta Asia and early North Korean sanctions taken from: www.treasury.gov/press-center/press-releases/Pages/hp315.aspxu; www.piie.com/blogs/north-korea-witness-transformation/juan-c-zarates- treasurys-war; www.nytimes.com/2007/01/18/world/asia/18iht-north.4255039.html

Story on Iran's use of cryptocurrency to evade sanctions taken from: https://cointelegraph.com/news/iranian-general-calls-for-use-of-crypto-to- evade-sanctions; https://home.treasury.gov/news/press-releases/sm556

Chapter 29 追著金流跑：支付路徑與打擊金融犯罪

Figures on OFAC/FinCen taken from: www.reuters.com/article/us-usa-sanctions-ofac-insight/u-s-agency-overseeing-sanctions-faces-brain-drain-added-work-idUSKCN0QC0CN20150807; www.fincen.gov/frequently-asked-questions

Stories on Danske Bank taken from: www.theguardian.com/world/2017/sep/ 04/uk-at-centre-of-secret-3bn-azerbaijani-money-laundering-and-lobbying-scheme; www.theguardian.com/business/2018/sep/21/is-money-laundering- scandal-at-danske-bank-the-largest-in-history; www.reuters.com/article/us- danske-bank-moneylaundering-timeline/timeline-how-danske-banks-estonian- money-laundering-scandal-unfolded-idUSKCN1NO209

Figures on financial crime taken from: https://thefinancialcrimenews.com/ global-threat-assessment-2018-by-john-cusack/

Figures and stories on fines handed out to banks for financial crime taken from: www.fenergo.com/resources/reports/another-fine-mess-global-research-report- financial-institution-fines.html; www.businessinsider.com/r-bank-settlements- create-windfall-for-us-and-wrangling-over-how-it-is-spent-2014-24?IR=T; www.justice.gov/opa/pr/bnp-paribas-agrees-plead-guilty-and-pay-89-billion-illegally-processing-financial; www.theguardian.com/business/2014/aug/20/standard- chartered-fined-300m-money-laundering-compliance; www.dw.com/en/financial- crisis-bank-fines-hit-record-10-years-after-market-collapse/a-40044540

For the story on the Moldovan bank heist and its links to a Latvian bank, see: www.forbes.

com/sites/francescoppola/2018/02/28/why-the-u-s-treasury-killed-a-latvian-bank/

For the story on ABLV and the US Treasury, see: https://www.fincen.gov/ news/news-releases/fincen-names-ablv-bank-latvia-institution-primary-money- laundering-concern-and

For the story on BCCI fraud, see: https://fas.org/irp/congress/1992_rpt/bcci/ 01exec.htm; http://news.bbc.co.uk/2/hi/business/5056056.stm

Chapter 30 支付無門：被排除在支付系統外

For US policy on banks accepting foreign IDs, see: http://financialservices. house.gov/media/pdf/062603sb.pdf

For Dutch parliament discussion on financial exclusion, see: www.parlement airemonitor.nl/9353000/1/j9vvij5epmj1ey0/vk5dmnhjv5ui

For financial exclusion of embassies, see: www.transparency.org/cpi2018; https://foreignpolicy.com/2010/11/19/37-embassies-in-washington-face- banking-crisis/; www.reuters.com/article/us-financial-embassies/banks-can- keep-embassy-accounts-u-s-regulators-idUSTRE72O3ID20110325; www.federalreserve.gov/supervisionreg/srletters/sr1106a1.pdf

For BIS and FSB on decline in correspondent banking relationships, see: T. Rice, G. von Peter and C. Boar (2020). 'On the global retreat of correspondent banks', *BIS Quarterly Review*, March, 37–52; www.fsb.org/ 2018/11/fsb-correspondent-banking-data-report-update-2/

結語：未來情況會如何？

For the cap imposed on UPI transactions processed by third-party providers in India, see: https://www.npci.org.in/PDF/npci/press-releases/2020/UPI- balances-consumer-experience-with-growth-for-TPAPs.pdf

國家圖書館出版品預行編目資料

支付金融大未來：FinTech到加密貨幣,看支付方式如何顛覆你我購物、理財和投資的未來/戈特弗里德.萊勃朗(Gottfried Leibbrandt), 娜塔莎.德特蘭(Natasha de Terán)著；游懿萱, 曹嬿恆, 吳慕書, 王怡棻譯. -- 初版. -- 臺北市：商周出版：英屬蓋曼群島商家庭傳媒股份有限公司城邦分公司發行, 2022.03
面；　公分. -- (新商業周刊叢書；BW0791)
譯自：The pay off : how changing the way we pay changes everything
ISBN 978-626-318-190-8(平裝)

1.CST: 電子貨幣 2.CST: 電子商務

563.146　　111002130

新商業周刊叢書 BW0791

支付金融大未來

FinTech 到加密貨幣，看支付方式如何顛覆你我購物、理財和投資的未來

原文書名／The Pay Off: How Changing the Way We Pay Changes Everything
作　　者／戈特弗里德・萊勃朗 Gottfried Leibbrandt、娜塔莎・德特蘭 Natasha de Terán
譯　　者／游懿萱、曹嬿恆、吳慕書、王怡棻
企劃選書／黃鈺雯
責任編輯／劉羽芩
版　　權／黃淑敏、吳亭儀
行銷業務／周佑潔、林秀津、黃崇華、賴正祐

總 編 輯／陳美靜
總 經 理／彭之琬
事業群總經理／黃淑貞
發 行 人／何飛鵬
法律顧問／台英國際商務法律事務所　羅明通律師
出　　版／商周出版
臺北市 104 民生東路二段 141 號 9 樓
電話：(02) 2500-7008　傳真：(02) 2500-7759
E-mail: bwp.service @ cite.com.tw
發　　行／英屬蓋曼群島商家庭傳媒股份有限公司　城邦分公司
臺北市 104 民生東路二段 141 號 2 樓
讀者服務專線：0800-020-299　24 小時傳真服務：(02) 2517-0999
讀者服務信箱 E-mail: cs@cite.com.tw
劃撥帳號：19833503　戶名：英屬蓋曼群島商家庭傳媒股份有限公司城邦分公司
訂購服務／書虫股份有限公司客服專線：(02) 2500-7718；2500-7719
服務時間：週一至週五上午 09:30-12:00；下午 13:30-17:00
24 小時傳真專線：(02) 2500-1990；2500-1991
劃撥帳號：19863813　戶名：書虫股份有限公司
E-mail: service@readingclub.com.tw
香港發行所／城邦（香港）出版集團有限公司
香港灣仔駱克道 193 號東超商業中心 1 樓
E-mail: hkcite@biznetvigator.com
電話：(852) 2508-6231　傳真：(852) 2578-9337
馬新發行所／城邦（馬新）出版集團
Cite (M) Sdn. Bhd.
41, Jalan Radin Anum, Bandar Baru Sri Petaling, 57000 Kuala Lumpur, Malaysia.
電話：(603) 9057-8822　傳真：(603) 9057-6622　E-mail: cite@cite.com.my
封面設計／兒日設計
美術編輯／李京蓉
製版印刷／鴻霖印刷傳媒股份有限公司
經 銷 商／聯合發行股份有限公司
新北市 231 新店區寶橋路 235 巷 6 弄 6 號 2 樓
電話：(02) 2917-8022　傳真：(02) 2911-0053

■2022 年 3 月 29 日初版 1 刷　Printed in Taiwan

定價 450 元　版權所有・翻印必究
ISBN: 978-626-318-190-8（紙本）　ISBN: 9786263181984（EPUB）

城邦讀書花園
www.cite.com.tw